# KULTURWISSENSCHAFTLICHE ZEITSCHRIFT

Herausgegeben von der

Kulturwissenschaftlichen Gesellschaft



Heft 2/2023

## Konversionserzählungen

FELIX MEINER VERLAG
HAMBURG

Bibliographische Information der Deutschen Nationalbibliothek

Die Deutsche Nationalbibliothek verzeichnet diese Publikation in der Deutschen Nationalbibliographie; detaillierte bibliographische Daten sind im Internet über ‹https://portal.dnb.de› abrufbar.

ISBN 978-3-7873-4655-4 · ISBN eBook 978-3-7873-4656-1
ISSN (Print) 2751-3106 · ISSN (eJournal) 2451-1765

DOI: https://doi.org/10.28937/978-3-7873-4656-1


Druck: Books on Demand, Norderstedt
Printed in Germany

# Inhalt

*Carolin Amlinger, Nicola Gess, Lea Liese*

# Konversionserzählungen

## Vergangenheit und Gegenwart literarisch-politischer Überläufergeschichten

Erzählungen des Konvertierens und Überlaufens haben in der politischen Rhetorik ihren festen Platz.[1] Untrennbar verbunden sind sie mit dem Vorwurf des Verrats und dem Ringen um Authentizität im symbolisch aufgeladenen politischen Terrain der (unterstellten) Verstellung, sowie mit Figuren, die aus einem untergegangenen »Zeitalter der Extreme« (Eric Hobsbawm)[2] stammen, aber in aktuellen politischen Selbsterzählungen eine neue Gegenwärtigkeit erfahren: Renegaten, Dissidenten, Überläufer oder politische Konvertiten.[3]

Konversionserzählungen haben allerdings häufig ein kommunikatives Problem, das für sie zugleich konstitutiv ist: Das auslösende Moment – das Konversionsereignis – entzieht sich oft der Versprachlichung. Sie sind durch *Ineffabilität* (William James) gekennzeichnet, bei der die Gründe der Bekehrung im Verborgenen bleiben müssen.[4] Denn einerseits begründen sich Konversionserzählungen über ein epiphanes Selbsterleben, über eine vor-rationale Erweckung, die eine fundamentale Umkehrung in Gang setzt und letztlich unaussprechlich bleibt.[5] Andererseits folgen gerade politische Konversionserzählungen, anders als etwa religiöse, keinem einheitlichen Schema.[6]

---

1 Vgl. ausführlich Amlinger, Carolin/ Gess, Nicola/ Liese, Lea (2023): Renegaten. Zur Gegenwart politischer Ab- und Ausgrenzungen. In: *Mittelweg 36*, 32/1, S. 4–16.

2 Hobsbawm, Eric (1998): *Das Zeitalter der Extreme. Weltgeschichte des 20. Jahrhunderts.* München: dtv.

3 Vgl. Seeßlen, Georg (2017): Renegaten, Verräter, Konvertiten, Überläufer oder Überzeugungstäter. Anmerkungen zur Wanderung von Intellektuellen aus dem linken ins rechte Lager. Getidan. Autoren über Kunst und Leben: http://www.getidan.de/gesellschaft/georg_seesslen/76722/renegaten-verraeter-konvertiten-ueberlaeufer-oder-ueberzeugungstaeter. 18.07.23.

4 Müller, Julian (2023): Der politische Konvertit als Fürsprecher seiner selbst. In: *Mittelweg 36*, 32/1, S. 17–27, S. 21; James, William (1902): *The Varieties of Religious Experience. A Study in Human Nature.* Michigan: University of Michigan.

5 Vgl. Felsch, Philipp (2023): Augenblick und Ewigkeit. Fluchtpunkte intellektueller Erneuerung. In: *Mittelweg 36*, 32/1, S. 28–37.

6 Zu religiösen Konversionserzählungen vgl. Heidrich, Christian (2002): *Die Konvertiten. Über religiöse und politische Bekehrungen.* München: Hauser; Ulmer, Bernd (1988): Konversionserzählungen als rekonstruktive Gattung. Erzählerische Mittel und Strategien bei der Rekonstruktion eines Bekehrungserlebnisses. In: *Zeitschrift für Soziologie*, 17/1, S. 19–33.

Neben die Geste des Getroffen-Seins treten in politischen Konversionserzählungen eine Vielzahl an kleineren Gesten des Übertritts. Es gibt nicht zwingend das *eine* auslösende Ereignis, sondern die Konversion scheint in der narrativen Rückschau autobiographisch (mit)angelegt. Konversionsgeschichten sind somit als Bekenntniserzählungen gleichzeitig immer schon Interpretationen, weil sie ihre eigene (Aus-) Deutung des Gelebten mitliefern. Kurz gesagt: Erst die (öffentlich) kommunizierte Konversions*erzählung* begründet die Konversion und somit die eigene politische Identität.

In der diffizilen Poetik der Konversion kommt das Übertreten einer Schwelle – oder das unschlüssige Verharren auf ihr – einem narrativen Begründungsakt des politischen Selbst gleich. Die Schwelle trennt, wie Walter Benjamin im *Passagen-Werk* ausführt, zwar zwei Bereiche, allerdings ist in ihr das Moment der Überschreitung immer schon enthalten: »Die Schwelle ist ganz scharf von der Grenze zu unterscheiden. Schwelle ist eine Zone. Wandel, Übergang, Fluten liegen im Worte ›schwellen‹ und diese Bedeutung hat die Etymologie nicht zu übersehen.«[7] Die eigene Positionsbestimmung bleibt in der Konversionserzählung also negativ auf das verwiesen, von dem man sich als nunmehr geläutert abgrenzen möchte. Politische Konversionserzählungen sind damit Teil einer Ordnungsarbeit, die wesentlich über Ex- und Inklusionen operiert.[8] Dies wird besonders deutlich an der Figur des Renegaten: Mit ihr wird ein Außen konstruiert, das in der Figur des inneren Feindes eine kollektive Identitätsarbeit anregt.[9] Er versichert diejenigen, die ihn des Verrats bezichtigen, durch das, was er vermeintlich nicht oder nicht mehr ist, ihrer eigenen Haltung, und verweist gleichzeitig auf die Gestaltbarkeit des politischen Raums. Konversionserzählungen importieren auf diese Weise eine agonale Dimension des Politischen, in der die eigene Positionierung durch ein negatives Abbild verständlich wird.[10]

Das Sonderheft »Konversionserzählungen. Politik und Poetik des Seitenwechsels« will dieses Schwanken zwischen agonaler Verhärtung und Transgression von politischen Konversionserzählungen aus literatur- und kulturwissenschaftlicher Seite beleuchten. Dazu widmet es sich der Inszenierung von politischen Konversionen, die maßgeblich über historisch tradierte narrative Muster sowie über diskursive und performative Praktiken funktionieren.[11] In diesem Rahmen werden auch vergangene

---

7 Benjamin, Walter (1982): *Das Passagen-Werk. Erster Teil.* Frankfurt a.M.: Suhrkamp (= Gesammelte Schriften, hg.v. Tiedemann, Rolf/ Schweppenhäuser, Hermann; V.1), S. 618.

8 Vgl. Koschorke, Albrecht (2023): Lechts und rinks. Seitenwechsel in Zeiten der Polarisierung. In: *Mittelweg 36*, 32/1, S. 66–78.

9 Die Figur des Renegaten ist eng geknüpft an den politischen Verrat, vgl. Oppelt, Martin (2020): Verrat und Demokratie. Eine postfundamentalistische Annäherung. In: *Leviathan*, 48/2, S. 264–292, S. 267.

10 Amlinger/ Gess/ Liese: Renegaten, S. 9.

11 Zur Geschichte politischer Konversionen vgl. Rohrwasser, Michael (1991): *Der Stalinismus und*

historische Epochen und politische Konstellationen herangezogen, um die Selbstnarration und Selbstinszenierung von Konversionserzählungen in der Gegenwart verstehbar zu machen. Dabei legt das Sonderheft den Schwerpunkt auf wiederkehrende narrative Schemata von Konversionserzählungen, die sich in drei Formen zusammenfassen lassen.[12]

*Erstens* ist das klassische Schema der Konversionsgeschichte zu nennen, der Wechsel vom einen ins andere Lager, der entweder mit plötzlichen Erweckungserlebnissen oder kleinen Gesten des Übertritts einhergeht. Die ursprünglich religiöse Semantik der Konversion wird hier verweltlicht, indem sie einer Neupositionierung und politischen Selbstbehauptung dient. In den politischen Konversionserzählungen wird so eine existentielle Entscheidungssituation aufgeführt. In diesem Kontext stehen die Beiträge von Martina Wagner-Egelhaaf, Lars Koch und Carolin Amlinger, die sich ›klassischen‹ Konversions- und Renegatenerzählungen zuwenden, aber unterschiedliche Textgattungen beleuchten. So spielt für Konversionsgeschichten insbesondere das Genre der (Auto-)Biographie eine wichtige Rolle. Martina Wagner-Egelhaaf rekonstruiert vor diesem Hintergrund die Renegaten-Poetik in Wolf Biermanns Autobiographie *Warte nicht auf bessre Zeiten* (2016). Ihr Beitrag reflektiert die rhetorische Strategie des autobiographischen Ich-Erzählers, die die widersprüchliche Konversionserfahrung zwischen Wandel und Beharrung, Treue und Verrat zu fassen sucht, indem den Selbstbeschreibungen attributive Erweiterungen wie »frommer Ketzer«, »frecher Zweifler« oder »tapferer Renegat« hinzugefügt werden. Aber auch das Genre der politischen Dystopie kann mit den ihr innewohnenden Motiven des allgemeinen Misstrauens und Denunziantentums auf – verdeckte oder unterstellte – Konversionsfiguren und -momente gelesen werden. In diesem Sinne untersucht Lars Koch in drei Erzählungen (George Orwells *1984*, Gerd Ruges *Metropol* und Ralf Rothmanns *Hotel der Schlaflosen*) die mit dem Renegatentum verbundenen Affektpolitiken im Kontext des Stalinismus. Dabei entfalten sich die individuellen und massenpsychologischen Affektlogiken zwischen Hass (auf den Renegaten als Systemverräter), Angst (davor, selbst zum Renegaten erklärt zu werden) und moralischer Indifferenz (nach vollzogenem Systemwechsel). Carolin Amlinger schließt an die affektive Diffusion an, die mit dem biographischen Übertritt einer Schwelle ausgelöst wird, situiert sie aber in einer liminalen Textgattung, die zwischen Autobiographie und Gesellschaftsdiagnose changiert. Gesten der Umkehr und des Wandels sind in Rückkehrnarrativen gegenwärtig, die in Autosoziobiographien einen retrospektiven und schmerzhaften Erinnerungsprozess in Gang setzen. Gleichzeitig artikuliert ein Konversionsereignis eine kollektiv geteilte Erfahrung von gesellschaftlichem Wandel. Die Dreigliedrigkeit der Konversionser-

*die Renegaten. Die Literatur der Exkommunisten.* Stuttgart: Metzler; Carini, Marco (2012): *Die Achse der Abtrünnigen. Über den Bruch mit der Linken.* Berlin: Rotbuch.

12 Vgl. Amlinger/ Gess/ Liese: Renegaten, S. 10–11.

zählung, in der ein Wendepunkt den Lebenslauf in ein falsches Leben vor und ein richtiges nach der Umkehr trennt, wird in Texten von Pierre Bourdieu, Didier Eribon und Deniz Ohde auf unterschiedliche Weise als zeitdiagnostisches Instrument genutzt, um die immanenten Widersprüche von Gegenwartsgesellschaften, in denen Fortschritte und Rückschritte miteinander verzahnt sind, aus einer Ich-Erzählperspektive zu veranschaulichen.

Das *zweite* Schema verbindet die Konversion paradoxerweise nicht mehr mit dem Positionswechsel, sondern mit der Inszenierung von Standhaftigkeit. Das Renegatentum wird hier aus einer Verschiebung im sozialen Gefüge erklärt: was früher Mehrheitsmeinung gewesen sei, sei heute zur Außenseiterposition geworden.[13] Dieses exogene Renegatentum spielt mit der Fiktion einer konsistenten Biographie und Haltung: nicht man selbst, sondern die Gesellschaft habe sich verändert. In diesem Zeichen stehen die Beiträge von Nicolai Busch und Lea Liese. Konkret zeigt Nicolai Busch am Beispiel von Uwe Tellkamp auf, wie sich eine politische Konversion nicht plötzlich und autonom ›ereignet‹, sondern im Kontext von langfristigen Strategien, Vernetzungen und Kulturarbeit begriffen werden muss. Er kontextualisiert die Politisierung der Autorschaft Tellkamps anhand des Verhältnisses von Konservatismus und Rechtsextremismus in Ostdeutschland und dem literarischen Umfeld in Dresden-Loschwitz. Insbesondere Figuren der ›inneren Emigration‹ und des ›Exils‹ werden als fiktionale Schutzräume für die politische Radikalisierung nutzbar gemacht. Auch der Beitrag von Lea Liese diskutiert, wie der politische Seitenwechsel durch ein autonomieästhetisches Programm ›eingehegt‹ wird. Lea Liese analysiert, wie der populäre US-Autor Bret Easton Ellis seine Abkehr vom Liberalismus mit dessen vermeintlicher Transformation zu einem Linksreaktionismus unter identitätspolitischen Vorzeichen plausibilisiert. Im Gegenzug inszeniert Ellis sich als neutraler Beobachter des politischen Geschehens und rechtfertigt seine vermeintliche Objektivität als Bedingung für ästhetische Freiheit. Dabei übernimmt er aber – ob gewollt oder nicht – Narrative, die die Alt-Right strategisch nutzen, um den progressiven Liberalismus zu bekämpfen.

*Drittens* ist das Erzählschema einer umfassenden Ernüchterung zu beobachten. Beschrieben wird hier keine plötzliche, sondern eine schleichende Veränderung, etwa von den naiven Idealen der Jugend zum realitätstüchtigen Zynismus des Alters. Das Renegatentum wird in diesen Erzählungen als eine intellektuelle Tugend inszeniert. Der Renegat tritt dort – anders als der Konvertit – weder konsequent von einem ins andere Lager über, noch bleibt er – wie der Dissident – als kritische Stimme dem eigenen Lager verbunden, sondern er positioniert sich außerhalb jeden Lagerdenkens, in der Pose eines heroischen Außenseiters. Diese Erzählungen schließen an einen agnostischen Skeptizismus an, mit den Wahrheitsspielen des politischen Diskurses zu

---

13 Vgl. Daub, Adrian (2023): Der Campusroman der Neurotiker. Ursprung und langer Nachhall der neokonservativen Renegatenpoetik. In: *Mittelweg 36*, 32/1, S. 51–65.

brechen.[14] Das politische Konvertieren und die Posen, die mit ihm idealtypisch verbunden werden – Provokation, Nonkonformismus, Authentizität – sind also gleichzeitig ein theoretischer Aneignungsprozess.[15] Nicht selten exportieren politische Konversionserzählungen theoretisches Zeichenmaterial, um es im neuen Kontext semantisch neu zu besetzen oder aus ihm andere Schlüsse zu ziehen.[16] Dadurch scheinen sie die politische Dichotomie, die in der Konversion gerade erst befestigt wurde, zugleich zu durchkreuzen und erzwingen auf diese Weise eine Neuverhandlung und Selbstbefragung der entsprechenden Positionen im öffentlichen Diskurs. Die Beiträge von Felix Schilk und Hans Kruschwitz beschäftigen sich in diesem Sinne mit wiederkehrenden Narrativen und Denkfiguren politischer Konversionserzählungen und deren diskursgeschichtlicher Theoretisierung. Felix Schilk nimmt eine doppelte Perspektive auf Bekehrungserfahrungen ein, mit denen eine Konversion von linken in rechte Positionen begründet wird. Zum einen widmet er sich der apokalyptischen Struktur von Konversionserzählungen, die den politischen Seitenwechsel ermöglichen. Zum anderen analysiert Schilk zeitdiagnostische Narrative, die von rechten Renegaten formuliert wurden, und die dort aufzufindenden dichotom strukturierten Narrative von Démotion und Dekadenz. Diese sollen als Heuristik dienen, um die Ideologie politischer Bewegungen auf ihre Anfälligkeit für Bekehrungsnarrative und ein mögliches Abdriften nach rechts zu prüfen. Abschließend rekonstruiert Hans Kruschwitz die liberale Mimikry der Neuen Rechten und die mit ihr verbundene Pose des Desengagements als Anknüpfungspunkt für politische Renegaten am Beispiel von Botho Strauß. Er situiert Strauß' »Ästhetik der Mobilmachung« im Kontext der deutschen Foucault-Rezeption und der wesentlich durch Jürgen Habermas popularisierten Deutung eines Foucaultschen Antimodernismus, der als theoretische Austauschzone zwischen links und rechts gedeutet wurde.

Ein Teil der Beiträge wurde direkt für das vorliegende Heft verfasst, ein anderer Teil geht zurück auf die Tagung *Renegaten. Konjunktur einer Kippfigur*, die im Herbst 2021 an der Universität Basel als Jahrestagung des SNF-Forschungsprojekts *Halbwahrheiten.*

14 Gerhard Zwerenz etwa formulierte das Renegatentum als ein positives Ideal der Illusionslosigkeit: »Der junge Exkommunismus umfasst Ost und West. Insofern ist er kein Exkommunismus, kein Kommunismus, keine Ideologie. Er stützt sich auf die Unzufriedenheit in Ost und West über Ost und West. Er ist intellektuell in seiner Kritik, utopieablehnend, illusionslos« (Zwerenz, Gerhard [1961]: *Ärgernisse. Von der Maas bis an die Memel. Essays.* Köln: Kiepenheuer und Witsch, S. 30.)

15 Zum Begriff der politischen Pose vgl. Séville, Astrid (2023): Renegatentum als politische Pose im Rechtspopulismus. In: *Mittelweg 36*, 32/1, S. 79–99.

16 Zu theoretischen Austauschbewegungen in der Weimarer Republik vgl. Ruddies, Hartmut (2007): Flottierende Versatzstücke und ideologische Austauscheffekte. Theologische Antworten auf die Ambivalenz der Moderne. In: Gangl, Manfred/ Raulet, Gérard (Hg.): *Intellektuellendiskurse in der Weimarer Republik. Zur politischen Kultur einer Gemengelage.* Darmstadt: Wissenschaftliche Buchgesellschaft, S. 61–77.

*Wahrheit, Fiktion und Konspiration im ›postfaktischen Zeitalter‹* stattfand. Die Herausgeberinnen danken dem Schweizerischen Nationalfonds für seine großzügige Unterstützung, den Autor:innen für ihre anregenden Beiträge und ihre Geduld, der Kulturwissenschaftlichen Zeitschrift für die Aufnahme als Sonderheft und Simone Sumpf, Hevin Karakurt und Silvan Bolliger für ihre konzeptuelle und redaktionelle Unterstützung.

### *Literaturverzeichnis*

Amlinger, Carolin/ Gess, Nicola/ Liese, Lea (2023): Renegaten. Zur Gegenwart politischer Ab- und Ausgrenzungen. In: *Mittelweg 36*, 32/1, S. 4–16.

Benjamin, Walter (1982): *Das Passagen-Werk. Erster Teil.* Frankfurt a.M.: Suhrkamp (= Gesammelte Schriften, hg.v. Tiedemann, Rolf/ Schweppenhäuser, Hermann; V.1).

Carini, Marco (2012): *Die Achse der Abtrünnigen. Über den Bruch mit der Linken.* Berlin: Rotbuch.

Daub, Adrian (2023): Der Campusroman der Neurotiker. Ursprung und langer Nachhall der neokonservativen Renegatenpoetik. In: *Mittelweg 36*, 32/1, S. 51–65.

Felsch, Philipp (2023): Augenblick und Ewigkeit. Fluchtpunkte intellektueller Erneuerung. In: *Mittelweg 36*, 32/1, S. 28–37.

Heidrich, Christian (2002): *Die Konvertiten. Über religiöse und politische Bekehrungen.* München: Hauser.

Hobsbawm, Eric (1998): *Das Zeitalter der Extreme. Weltgeschichte des 20. Jahrhunderts.* München: dtv.

James, William (1902): *The Varieties of Religious Experience. A Study in Human Nature.* Michigan: University of Michigan.

Koschorke, Albrecht (2023): Lechts und rinks. Seitenwechsel in Zeiten der Polarisierung. In: *Mittelweg 36*, 32/1, S. 66–78.

Müller, Julian (2023): Der politische Konvertit als Fürsprecher seiner selbst. In: *Mittelweg 36*, 32/1, S. 17–27.

Oppelt, Martin (2020): Verrat und Demokratie. Eine postfundamentalistische Annäherung. In: *Leviathan*, 48/2, S. 264–292.

Rohrwasser, Michael (1991): *Der Stalinismus und die Renegaten. Die Literatur der Exkommunisten.* Stuttgart: Metzler.

Ruddies, Hartmut (2007): Flottierende Versatzstücke und ideologische Austauscheffekte. Theologische Antworten auf die Ambivalenz der Moderne. In: Gangl, Manfred/ Raulet, Gérard (Hg.): *Intellektuellendiskurse in der Weimarer Republik. Zur politischen Kultur einer Gemengelage.* Darmstadt: Wissenschaftliche Buchgesellschaft, S. 61–77.

Seeßlen, Georg (2017): Renegaten, Verräter, Konvertiten, Überläufer oder Überzeugungstäter. Anmerkungen zur Wanderung von Intellektuellen aus dem linken ins rechte Lager. Getidan. Autoren über Kunst und Leben: http://www.getidan.de/gesellschaft/georg_seesslen/76722/renegaten-verraeter-konvertiten-ueberlaeufer-oder-ueberzeugungstaeter. 18.07.23.

Séville, Astrid (2023): Renegatentum als politische Pose im Rechtspopulismus. In: *Mittelweg 36*, 32/1, S. 79–99.

Ulmer, Bernd (1988): Konversionserzählungen als rekonstruktive Gattung. Erzählerische Mittel und Strategien bei der Rekonstruktion eines Bekehrungserlebnisses. In: *Zeitschrift für Soziologie*, 17/1, S. 19–33.

Zwerenz, Gerhard (1961): *Ärgernisse. Von der Maas bis an die Memel. Essays.* Köln: Kiepenheuer und Witsch.

*Martina Wagner-Egelhaaf*

# Zur BRD bekehrt

## Wolf Biermanns Renegaten-Poetik

ABSTRACT: This article examines the interplay of renegade poetics and conversion semantics in Wolf Biermann's autobiography *Warte nicht auf bessre Zeiten* (2016). The autobiographical first-person narrator places himself in a line with famous renegades who legitimize his own renegade status. In the process, the concept of the renegade undergoes a rhetorical intensification into a paradox through attributive extension, modeling the courage and truthfulness of the autobiographical self. Staged orality and a colloquial tone assert the authenticity of the self. The liminal figure of the transition from belief in communism and its realization in the GDR to identification with the parliamentary democracy of the Federal Republic is reflected with close reference to the author's own artistic-literary work. Intertextual references such as the adoption of Heinrich Heine's poem title »Enfant perdu« for one of his own poems on the flight of Robert Havemann's son from the Republic make the change of sides a literary motif.

KEYWORDS: Renegade poetics, conversion, autobiography, rhetoric, GDR

Wenn man versucht, sich einen ersten Einblick in die Geschichte des Begriffs ›Renegat‹ zu verschaffen, stößt man auf Schwierigkeiten. Weder das bewährte *Historische Wörterbuch der Rhetorik* noch das *Historische Wörterbuch der Philosophie* kommen einem mit ihrem üblicherweise gut sortierten systematischen und fundierten historischen Wissen entgegen. Auch die *Geschichtlichen Grundbegriffe* schweigen beharrlich. So sieht man sich auf ein paar dürre Informationen aus dem Internet verwiesen. Das *Digitale Wörterbuch der deutschen Sprache* weiß, dass ein Renegat jemand ist, »der entgegen seiner bisherigen politischen oder religiösen Überzeugung in ein gegnerisches Lager überwechselt«[1], obgleich Wikipedia hier sofort widerspricht, indem es behauptet, dass im Gegensatz zum Konvertiten der Renegat nicht zu einem neuen System überwechseln muss.[2] Dieser Lesart zufolge kann der Renegat lediglich seiner bisherigen Überzeugung abschwören. Es bleibt einem ein bisschen Etymologie, die auch nicht wirklich weiterhilft[3], einen bestenfalls über das Präfix ›re-‹ ins Grübeln

1 *DWDS* (2023): Renegat. Dwds.de: https://www.dwds.de/wb/Renegat. 19.05.2023.

2 Vgl. *Wikipedia* (2023): Renegat. Wikipedia.org: https://de.wikipedia.org/wiki/Renegat. 19.05.2023.

3 Im *DWDS:* »Renegat m. ›Abtrünniger, Leugner‹ (seines Glaubens oder einer Überzeugung), Entlehnung (16. Jh.) von frz. renégat, dies nach ital. rinnegato und wohl span. renegado, also

bringt: Angeblich kommt ›Renegat‹ vom mittellat. ›renegare‹, was ›leugnen‹ heißt und wiederum auf das lateinische ›negare‹ ›verneinen‹, ›ablehnen‹ zurückgeht. Steht das ›re-‹ dann für eine Verstärkung, für einen expliziten rhetorischen Akt oder heißt es einfach ›wieder-verneinen‹, ›zurück-verneinen‹? Hat der Renegat schon einmal etwas verneint? Ist er ein permanenter Verneiner? Einer, der beständig hin- und herspringt? Die Wortverbindungswolke, die das *DWDS* angibt (vgl. Abb. 1), ist angesichts der semantischen Vagheit noch einigermaßen sprechend, denn sie verortet den Begriff des Renegaten für die Gegenwartssprache eindeutig in einem linken, kommunistischen Umfeld, das offensichtlich verleugnet wird, obwohl historisch immer auch noch auf eine religiöse Bedeutung verwiesen wird, insbesondere auf Personen, die im Spanien des 16. Jahrhunderts vom Christentum zum Islam übergetreten sind.[4] Die religiöse Unterströmung verbindet den Begriff des Renegaten mit dem des Konvertiten.[5] Der Begriff ›Renegat‹ ist vielleicht deshalb definitorisch unterbestimmt, weil seine Verwendung in spezifische historische und politische Kontexte fällt und in der Gegenwart eher nicht diskursbestimmend ist. Umso auffälliger ist seine frequente Verwendung in Wolf Biermanns Autobiographie *Warte nicht auf bessre Zeiten*, in der zugleich das rhetorische Wechselverhältnis von Renegaten- und Konvertitentum deutlich wird. In sechs Schritten vollzieht der vorliegende Beitrag Wolf Biermanns biographischen Aufbruch in der DDR und erste Zweifel am System nach (1.), bevor ein Blick auf das zahlreiche Auftreten anderer prominenter Renegaten im Text der Autobiographie (2.) und auf die Profilierung des eigenen Renegatenlebens (3.) geworfen wird. Im Anschluss daran geht es um die Faktur des autobiographischen Rückblicks (4.), ein intertextuelles Bezugsverhältnis zu einem Gedicht von Heinrich Heine im Licht der Biermann'schen Renegaten-Poetik (5.) und um das autobiographische Wechselverhältnis von Konversion und Renegatentum (6.).

ursprünglich ›jmd., der vom Christentum zum Islam übergetreten ist‹. Zugrunde liegt mlat. renegatus m., substantiviertes Part. Perf von mlat. renegare ›verleugnen‹, aus lat. nega|_re ›verneinen, ablehnen‹ und re- (s. d.)« (DWDS: Renegat).

4 Die Zeitschrift des Hamburger Instituts für Sozialforschung *Mittelweg 36* widmet Heft 1 des Jahrgangs 2023 dem Begriff und Konzept des ›Renegaten‹, vgl. darin einführend die Herausgeberinnen: Amlinger, Carolin/ Gess, Nicola/ Liese, Lea (2023): Renegaten. Zur Gegenwart politischer Ab- und Ausgrenzungen. In: *Mittelweg 36*, 32/1, S. 4–16. In Entsprechung zu den obigen Überlegungen zur Begriffsgeschichte stellt auch Albrecht Koschorke in seinem Beitrag der Zeitschrift die Frage, ob der Renegat »schon dem Namen nach in der Verneinung gefangen bleibt« (Koschorke, Albrecht [2023]: Lechts und rinks. Seitenwechsel in Zeiten der Polarisierung. In: *Mittelweg 36*, 32/1, S. 66–78, S. 67).

5 Vgl. *DWDS* (2023): konvertieren. https://www.dwds.de/wb/konvertieren. 19.05.2023.

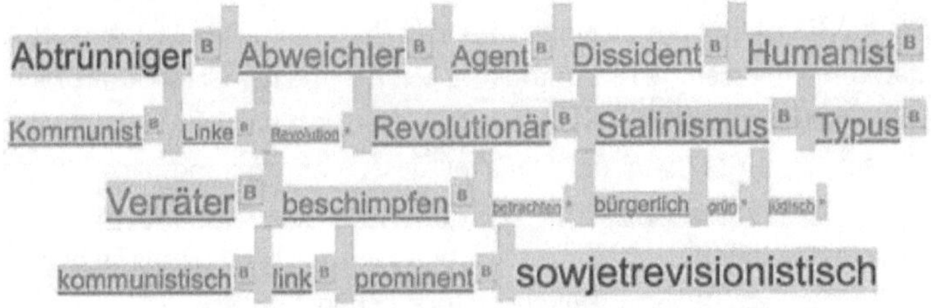


Abb. 1: Wortverbindungswolke zu ›Renegat‹ aus dem *DWDS*

## 1. Aufbruch und Zweifel

Der 1976 bei einem Konzertauftritt in Köln ausgebürgerte Liedermacher[6] Wolf Biermann veröffentlichte 2016 seine Autobiographie unter dem Titel *Warte nicht auf bessre Zeiten.* Schon im Vorwort fällt zum ersten Mal der Begriff ›Renegat‹. Biermann spricht hier über seinen Vater und die Bedeutung, die dieser für ihn, den Sohn Wolf Biermann, hatte:

> Der Kummer um den Kommunisten, den Arbeiter, den Juden Biermann ist meine Schicksalsmacht, mein guter Geist, mein böser. Er ist das Gesetz, nach dem ich angetreten bin. So muss ich sein, so bleibe ich. Marx hin, Marx her – ich konnte auf meinem langen Weg an keiner Wegscheide je diesem Fatum entfliehen. Mein Kummer blieb lebendig und machte Metamorphosen durch. Er stumpfte nicht. Er hat sich bis heute immer wieder erneuert, hat sich gewandelt, zusammen mit mir, im Umbruch der Zeiten. Durch ihn bin ich ein frecher Zweifler geworden, dann ein frommer Ketzer, ein tapferer Renegat des Kommunismus. Ein todtrauriges Glückskind in Deutschland, ein greises Weltenkind. Dieser eingeborene Kummer um den Vater war mein Luftholen seit 1937, war mein asthmatisches Japsen seit den Bombennächten in Hammerbrook 1943.[7]

6 Den Begriff ›Liedermacher‹ will Biermann selbst in Analoge zum Brecht'schen Begriff des ›Stückeschreibers‹ erfunden und eingeführt haben, wie er im Vorwort zu der 1991 erschienenen Sammlung seiner Lieder schreibt. Gewiss nicht ohne Ironie führt er dort aus: »Inzwischen nennt man in Deutschland Liedermacher einen Menschen, der zwar nicht singen kann, aber dafür auch nicht gut Gitarre spielt. Liedermacher nennt sich, wer zwar schwache Verse schreibt, aber auch weder sich noch der Welt, die er retten will, helfen kann« (Biermann, Wolf [1991]: Vorwort. In: Biermann, Wolf: *Alle Lieder.* Köln: Kiepenheuer & Witsch. S. 19.).

7 Biermann, Wolf (2016): *Warte nicht auf bessre Zeiten. Die Autobiographie.* Berlin: Ullstein. S. 7.

Biermanns Vater, Dagobert Biermann, Jude und Kommunist, kam 1942 in Auschwitz ums Leben, nachdem er zuvor schon wegen politischer Unliebsamkeit Gefängnisstrafen abzusitzen hatte. 1937 wurde er von der Gestapo wegen Sabotage verhaftet. Die Mutter, Emma Biermann, die in Biermanns Autobiographie eine zentrale Rolle spielt, war ebenfalls eine überzeugte Kommunistin. Mit ihr und der Großmutter Meume lebte der junge Biermann in seiner Geburtsstadt Hamburg. Emma Biermann schickte den Sohn, als dieser 16 Jahre alt war, durchaus mit dessen Einverständnis, ins Internat nach Gadebusch in Mecklenburg. So wurde Wolf Biermann Ostdeutscher und DDR-Bürger, denn nach dem Schulabschluss blieb er aus politischer Überzeugung in der DDR. »Ich war Kommunist schon 1936 im Bauch meiner lieben Mutter«[8], heißt es dazu in der Autobiographie. Allerdings eckte er schon als Schüler im Internat an, wehrte sich gegen Vorschriften und Disziplinarmaßnahmen. Und spätestens als sein Theaterstück *Berliner Brautgang* von der staatlichen Zensurbehörde verboten und das von ihm gegründete Berliner Arbeiter- und Studententheater, das *bat*, 1963 geschlossen wurde, war der Konflikt mit der Staatsmacht da.

Der Satz in der zitierten Textstelle »Durch ihn bin ich ein frecher Zweifler geworden, dann ein frommer Ketzer, ein tapferer Renegat des Kommunismus« erscheint in rhetorischer Hinsicht bemerkenswert. Der »fromme Ketzer« verweist vor allem auf die religiöse Semantik, die dem Begriff des Renegaten innewohnt, aber auch auf eine rhetorische Strategie, die sich im ganzen Text der Biermann'schen Autobiographie beobachten lässt: Die Selbstbeschreibungen erhalten stets noch ein Attribut: »frommer Ketzer«, »frecher Zweifler«, »tapferer Renegat«. Auch wenn es so aussieht, dass der ›fromme Ketzer‹ eine ›contradictio‹ ist, steckt eine differenziertere Aussage dahinter: Biermann ist zwar ein Ketzer, aber doch fromm. Dies bedeutet ausbuchstabiert, dass er sich gegen das DDR-Regime stellt, aber doch ein gläubiger Kommunist zu sein behauptet. Der ›freche Zweifler‹ besagt, dass er nicht nur innerlich zweifelte, sondern den Mund aufmachte und seine Meinung sagte. Und der ›tapfere Renegat‹ weist darauf hin, dass Mut, Standhaftigkeit und Stärke das Renegatentum des Sprechers kennzeichnen – falls jemand denken sollte, dass Renegaten unzuverlässig und opportunistisch wankelmütig seien. Die Formulierung ›tapferer Renegat‹ wird dabei geradezu topisch. An anderer Stelle schreibt der Autobiograph Biermann:

> Aber ich brauchte noch ein paar lehrreiche Jahre, ein paar Menschen und ein paar Schicksalsschläge, bis ich wirklich begriff, was mir damals dämmerte auf dem guten Weg, ein treuer Verräter am Kommunismus zu werden, ein tapferer Renegat.[9]

---

8 Biermann: *Warte nicht auf bessre Zeiten*, S. 524.
9 Biermann: *Warte nicht auf bessre Zeiten*, S. 252.

Demselben Muster der attributiven konterkarierenden Zuspitzung, die den Mut, aber auch die Wahrhaftigkeit des autobiographischen Erzählers unterstreichen, folgen auch die Formulierungen ›todtrauriges Glückskind‹ und ›greises Weltenkind‹, auf die später nochmals genauer eingegangen wird.

## 2. Unter Renegaten

Renegaten müssen stark und tapfer sein, aber sie brauchen auch Unterstützung, und zwar die Unterstützung und das Vorbild anderer Renegaten. Immer wieder erwähnt Biermann andere Renegaten, durch die er sich bestätigt sieht, und das ist durchaus eine illustre Gesellschaft: Mutter Emma ist eine

> Arbeiterin wie aus dem marxistischen Bilderbuch, eine echte Widerstandskämpferin in der Hitlerzeit, eine lebenskluge Frau, die dem Philosophen Ernst Bloch in aller Bescheidenheit gelegentlich die Welt verklarte. Zusammen mit seiner einstigen Frau Karola besuchte der gute alte Renegat meine Mutter immer mal wieder in Hamburg und redete mit ihr auf Augenhöhe.[10]

Außerdem bezeichnet Biermann Manès Sperber, Arthur Koestler, Ernst Fischer und Robert Havemann als seine »Lieblingsrenegaten«.[11] Sie »wagten als junge Männer den Bruch mit der bürgerlichen Gesellschaft« und »konvertierten zum marxistischen Glauben«, bevor sie sich vom Kommunismus wieder abwandten, während er, Biermann, schon als Kommunist geboren wurde. Das macht einen Unterschied: In Sperber, Koestler, Fischer und Havermann wird das ›Wieder-Verneinen‹ in der Etymologie des ›Re-Negaten‹ lesbar, während Biermann selbst nur einmal konvertiert ist. Gleichwohl scheint das Sich-Einreihen in eine prominente Gruppe von Renegaten das eigene Renegatentum zu rechtfertigen. Jedenfalls wird deutlich, wie Konversions- und Renegatensemantik aufeinander bezogen sind.

Eine besondere Rolle spielt für Biermanns Renegaten-Identität Manès Sperber, einer seiner genannten Lieblingsrenegaten. Sperbers Zuspruch veranlasst nicht nur Biermanns endgültigen Bruch mit dem Kommunismus, sondern auch den Entschluss zum Schreiben der Autobiographie, deren Kern- und Angelpunkt das Renegatenmotiv ist. Die folgende Passage bezieht sich bereits auf die Zeit nach der Ausbürgerung:

---

10 Biermann: *Warte nicht auf bessre Zeiten*, S. 239.

11 Amlinger, Gess und Liese benennen in ihrer Einführung als besonders prominente Renegaten Arthur Koestler, Manès Sperber und Ernst Bloch, vgl. Amlinger/ Gess/ Liese: Renegaten, S. 7.

> Kurz darauf besuchte ich den berühmten Renegaten, Ex-Kommunisten, Romancier und Psychologen, den alten Manès Sperber, in der Rue Notre-Dame-des-Champs 83 am Jardin du Luxembourg, also im 6. Arrondissement. Er kannte meine Lieder, ich kannte seine Trilogie »Wie eine Träne im Ozean«. Er kannte meine Geschichte und natürlich die Protestbewegung in der DDR gegen meine Ausbürgerung. [...] Er sagte: »Sie haben so Außerordentliches erlebt als Kommunisten- und Judenkind in der Nazizeit, dann in der DDR die Zeit des Verbots und die Ausbürgerung. Sie müssen unbedingt Ihre Memoiren schreiben!« Ich sagte: »Jetzt schon?« Und er: »Seine Memoiren muss man schreiben nicht als letzten Husten, sondern solange man selber noch etwas davon lernen kann!« [...]

Sperber hatte schon in den dreißiger Jahren mit dem Kommunismus gebrochen. Dadurch hatte er dann zwei verbündete Todfeinde in Paris: als Jude die Gestapo, und als antikommunistischer Ex-Kommunist bedrohten ihn Stalins Mörder im französischen Apparat der KOMINTERN. »Wer wirklich Kommunist geworden ist«, fuhr er fort, »muss nach dem blutigen Scheitern dieser eitlen Hoffnung auf die paradiesische Lösung der sozialen Frage, nach den Millionen Morden, endlich brechen mit dem Kommunismus! Sie sollten den Mut haben, sich auf das Niveau Ihrer eigenen Verse zu wagen, kurz, Sie sollten sich als Renegat bekennen – auch vor sich selbst. Die Korrektur eines Irrwegs ist kein schäbiger Verrat. Sie erfordert Tapferkeit! [...]«[12]

Der wahre Kommunist muss mit dem Kommunismus, jedenfalls mit dem real existierenden, brechen, so lautet die zentrale Renegatenbotschaft. Somit gehört Biermann nicht zu jenen Renegaten, die eine dramatische Wandlung der Persönlichkeit vollzogen haben, wie Julian Müller sie beschreibt,[13] vielmehr ist er einer, der sich selbst treu geblieben ist.[14] Besonders bemerkenswert an der zitierten Textstelle ist, dass es die Texte Biermanns sind, die laut Sperber (so Biermann) dem Autor den Renegatenweg weisen, da diese offensichtlich immer schon mehr wissen als ihr Urheber. Bemerkenswert ist darüber hinaus, dass Biermann von Sperber die Lizenz zum Schreiben seiner Autobiographie bezieht, denn vielfach gelten Autobiographen als selbstverliebt und eitel.[15] So wie Biermann seine Kommunikation mit Sperber darstellt, geht es darum,

---

12 Biermann: *Warte nicht auf bessre Zeiten*, S. 376–377.

13 Vgl. Müller, Julian (2023): Der politische Konvertit als Fürsprecher seiner selbst. In: *Mittelweg 36*, 32/1, S. 17–27, S. 19.

14 Vgl. Amlinger/ Gess/ Liese: Renegaten, S. 11.

15 Vgl. dazu das Verdikt von Friedrich Schlegel: »Reine Autobiographien werden geschrieben: entweder von Nervenkranken, die immer an ihr Ich gebannt sind, wohin Rousseau mit gehört; oder von einer derben künstlerischen oder abentheuerlichen Eigenliebe, wie die des Benvenuto Cellini; oder von gebornen Geschichtsschreibern, die sich selbst nur ein Stoff historischer Kunst sind; oder von Frauen, die auch mit der Nachwelt kokettiren; oder von sorglichen Gemüthern, die vor ihrem Tode noch das kleinste Stäubchen in Ordnung bringen möchten, und sich selbst nicht

aus der Autobiographie zu lernen – und Lernen bzw. Gelernthaben steht jedem aufrechten Renegaten gut an![16]

## 3. Ein Renegatenleben

Im letzten Absatz der Autobiographie zieht der Autobiograph die Summe aus dem geschilderten Renegatenleben. Dabei wird auch die religiöse Semantik des Renegaten-Begriffs aufgerufen – und zugleich verabschiedet:

> Also musste ich ein guter Renegat werden, ein treuer Verräter. Und ich such nicht mehr den Weg in irgendein Paradies uff Erden. Der ewige Freiheitskrieg, den Heinrich Heine 1851 in seinem Gedicht »Enfant Perdu« meinte, dieser Krieg wurde seit der Steinzeit immer wieder verloren und immer wieder gewagt und gewonnen. Die lebensklügeren Juden wissen schon, warum sie fest daran glauben, dass der ersehnte Erlöser niemals kommen wird. Und käme der Messias, dann würde ich die Flucht ergreifen. In gottbewachter Geborgenheit möchte ich nicht dahindämmern und mich zu Tode langweilen. Ich bevorzuge den Streit der Welt – und die Liebe. Lebendig leben mit begründeter Verzweiflung und mit begründeter Hoffnung.[17]

Am Ende der Autobiographie steht ein Bekenntnis zur bürgerlichen Demokratie, kein emphatisches Bekenntnis, denn Biermann formuliert relativierend, sie sei »das am wenigsten Unmenschliche, was wir Menschen als Gesellschaftsmodell bisher erfunden und ausprobiert haben.« Ihn beeindrucke die Tatsache, so erläutert er, dass es »so gut wie nie in der Weltgeschichte einen Krieg zwischen zwei Demokratien gegeben«

---

ohne Erläuterungen aus der Welt gehen lassen können; oder sie sind ohne weiteres bloß als plaidoyers vor dem Publikum zu betrachten. Eine große Klasse unter den Autobiographen machen die Autopseusten aus.« Schlegel, Friedrich (2014 [1798]): *Fragmente* (1798). Mit Beiträgen von August Wilhelm Schlegel, Friedrich Schleiermacher und Friedrich von Hardenberg (Novalis). In: *Athenaeum. Eine Zeitschrift von August Wilhelm Schlegel und Friedrich Schlegel*, Ersten Bandes Zweytes Stück. Berlin: Vieweg, S. 3–146 (Nr. 196). (Digitale Edition von Jochen A. Bär. Vechta 2014) (=Quellen zur Literatur- und Kunstreflexion des 18. und 19. Jahrhunderts, Reihe A, Nr. 60.), S. 51-52 http://www.zbk-online.de/texte/A0060.htm. 08.08.2023.

16 Es ließen sich andere Textstellen heranziehen, die das Renegatenmotiv exponieren. So ist etwa die Rede davon, dass Biermann und andere überzeugte Linke, z.B. Robert Havemann, Götz Berger oder Walter Janka, die nach dem XX. Parteitag der KPdSU im Jahr 1956 entsetzt waren über den Archipel Gulag und Stalins Massenmorde, vom Parteiapparat als »gekaufte Renegaten im Dienste des westlichen Klassenfeinds« angesehen wurden (Biermann: *Warte nicht auf bessre Zeiten*, S. 127; vgl. etwa auch S. 374).

17 Biermann: *Warte nicht auf bessre Zeiten*, S. 526.

habe.[18] Der umgangssprachliche, etwas schnoddrige Berliner Ton (»ich such«, »uff Erden«) soll offensichtlich die Authentizität des sich selbst treu bleibenden autobiographischen Erzählers untermauern.

Autobiographie ist gattungstypologisch Bekenntnis und Apologie zugleich.[19] Im Biermann'schen Fall handelt es sich um ein etwas verdruckstes Bekenntnis zur bürgerlichen Demokratie und eine Apologie seines Renegatentums, das offensichtlich der permanenten Rechtfertigung, wohl auch vor sich selbst, bedarf. Der Apologie seines Renegatentums dient nicht zuletzt der bereits erwähnte Rückbezug auf andere, vorbildliche und vorbildhafte Renegaten. Autobiographien sind aber auch vielfach um ein Konversionsmoment herum gebaut. Das autobiographiehistorische und -systematische Modell hierfür liefern Augustinus' *Confessiones* (um 400), die im 8. Buch in einer hochdramatischen Szene[20] die Konversion des Protagonisten und Autors zum Christentum schildern. Christian Heidrich spricht in seinem Buch *Die Konvertiten. Über religiöse und politische Bekehrungen* von zwei Formen der Konversion: der sog. ›Blitzkonversion‹, die sich plötzlich, wie aus heiterem Himmel ereignet, und der Konversion, die sich als sich langsam und gleitend vollziehender Prozess darstellt.[21] Letzteres ist der Fall bei Biermanns Autobiographie, die Martin Sabrow treffend als eine »Umkehrbiographie« beschrieben hat, insofern als der Autor »den Volten seines Lebens nicht ausweicht, sondern ihnen eine identitätsstiftende Konstante unterlegt, die Kontinuität auch und gerade dort sichert, wo die Wandlungserzählung von Befangenheit, Irrtum und Läuterung zu sprechen hat.«[22] Dabei ist zu beachten, dass der Konversionsprozess im Fall der Autobiographie rückblickend erzählt und (re-)konstruiert wird.[23] In jedem Fall aber gibt es bei Konversionen ein Vorher und ein Nachher.[24]

---

18 Biermann: *Warte nicht auf bessre Zeiten*, S. 526.

19 Vgl. Kremer, Roman B. (2017): *Autobiographie als Apologie. Rhetorik der Rechtfertigung bei Baldur von Schirach, Albert Speer, Karl Dönitz und Erich Raeder.* Göttingen: Vandenhoeck & Ruprecht.

20 Vgl. dazu Wagner-Egelhaaf, Martina (2017): Die Stimmen der Konversion. In: Wagner-Egelhaaf, Martina (Hg.): *Stimmen aus dem Jenseits/Voices from Beyond. Ein interdisziplinäres Projekt/An Interdisciplinary Project.* Würzburg: Ergon. S. 54–70.

21 Vgl. Heidrich, Christian (2002): *Die Konvertiten. Über religiöse und politische Bekehrungen.* München: Hanser. S. 10.

22 Sabrow: Wenn der Held gegen seinen Autor zeugt, S. 296.

23 Ponzi, Mario (2017): Wolf Biermann. Die Paradoxie eines politischen Dichters im Exil. In: *Links. Rivista di letteratura e cultura tedesca. Zeitschrift für deutsche Literatur- und Kulturwissenschaft*, 17, S. 59–64 spricht von »Resemantisierung der Vergangenheit« (S. 60, 62).

24 Vgl. Heidrich: *Die Konvertiten.* S. 10; vgl. auch Müller: Der politische Konvertit, S. 20, 23, 25.

## 4. Im Rückblick

Am 19. August 2010 erschien in der *Welt* eine Kolumne von Dirk Maxeiner und Michael Miersch unter der Überschrift »Wie Leo Trotzki ungewollt Gutes bewirkte«.[25] In dieser Kolumne zum 70. Jahrestag der Ermordung von Leo Trotzki heißt es, dass zehntausende Ex-Kommunisten in aller Welt eine trotzkistische Phase durchlaufen haben, bevor sie zu Demokraten wurden. Genannt werden als Beispiele Arthur Köstler, George Orwell, Manès Sperber und Wolf Biermann. Sie brauchten, so heißt es in dem Artikel, »eine Phase kommunistischer Dissidenz, bevor sie dazu fähig wurden, ihre alte Ideologie von außen zu betrachten.«[26] Tatsächlich hatte Biermann in der Zeit seiner Ausbürgerung eine Art trotzkistische Phase. Und er meldete sich umgehend mit einem Leserbrief, der am 28. August in der *Welt* veröffentlicht wurde, auf besagte Kolumne. Dieser offene Brief trägt die Überschrift »Ich bin ein Verräter«[27], nimmt also das Genre und den Gestus der vor allem im Stalinismus von Abweichlern erzwungenen Selbstbezichtigung auf. Biermann, der 2006 das Bundesverdienstkreuz erhielt und 2007 mit der Ehrenbürgerwürde von Berlin ausgezeichnet wurde, schildert hier nochmals die Umstände seines Abfalls vom Kommunismus, den Zuspruch des – nochmals – »tapferen Renegaten« Manès Sperber, aber auch die Umstände seiner Ausbürgerung aus der DDR.[28] Er erzählt, wie er eines Tages in Ostberlin Besuch von Jakob Moneta bekam, »dem alten Trotzkisten der 4. Internationale«, der ihn im Auftrag der IG Metall 1976 zum Konzert in den Westen einlud. Es sollte zunächst ein kleines Konzert im Rahmen des »Jugendmonats der IG Metall« im gewerkschaftseigenen Bildungszentrum Sprockhövel bei Bochum werden. Aber einige Gewerkschaftler waren Biermanns Darstellung zufolge dann offenbar der Meinung, dass, wenn der Liedermacher aus Ostberlin schon einmal im Westen wäre,

---

25 Vgl. Maxeiner, Dirk/ Miersch, Michael (2010): Wie Leo Trotzki ungewollt Gutes bewirkte. Leo Trotzki war ein rücksichtsloser Revolutionär. Am Ende brachte er viele Anhänger des Kommunismus ins Grübeln. https://www.welt.de/debatte/kolumnen/Maxeiner-und-Miersch/article9091320/Wie-Leo-Trotzki-ungewollt-Gutes-bewirkte.html. 19.05.2023.

26 Weiter heißt es in der Kolumne: »Dieser Weg von der kritiklosen Frömmigkeit über den kritischen Glauben zur Glaubenskritik kennzeichnet nicht nur kommunistische Schicksale. Es ist eine übliche Entwicklung, die viele nehmen, die – meist in jungen Jahren – einer politischen Ideologie oder dem religiösen Fanatismus gefolgt sind. Die tiefe Überzeugung gibt zunächst Halt, Sinn und dem Leben eine Richtung. Dann schleichen sich Zweifel ein, man kratzt an der ideologischen Tapete, und plötzlich kommt einem die ganze Wand entgegen. Doch zum ersten Kratzen braucht man Mut. Da hilft der Gedanke: Du bist ja gar nicht abtrünnig, nein, du bist der wahre Kommunist, Christ, Ökologist oder was auch immer. So betrachtet, zum 70. Todestag sei diese Würdigung gestattet, hat Leo Trotzki zwar nichts Gutes getan, aber Gutes bewirkt.« Maxeiner/ Miersch: Wie Leo Trotzki ungewollt Gutes bewirkte.

27 Vgl. Wolf Biermann (2010): Ich bin ein Verräter. https://www.welt.de/welt_print/debatte/article9227287/Ich-bin-ein-Verraeter.html. 19.05.2023.

28 Amlinger/ Gess/ Liese: Renegaten, S. 8 machen darauf aufmerksam, dass im Fall Biermanns der Bruch vom Staat herbeigeführt wurde.

man doch eher die Sportarena in Köln mieten müsse, was dann auch geschah. Am Tag nach dem Konzert hört Wolf Biermann im Radio von seiner Ausbürgerung. Mit Jakob Moneta befreundet er sich, als er im Westen ist, wird aber stutzig, als dieser nach der Wende für die PDS kandidiert, in der Biermann die Nachfolgepartei der SED sieht. Hier schließt sich eine veritable Konspirationsgeschichte an. Zu Monetas Engagement für die PDS schreibt Biermann in dem erwähnten Leserbrief:

> Ein echter Trotzkist kann alles werden im Leben. Krank, reich, christlich fromm oder jüdisch meschugge, er kann ein schwuler Faschist werden, ein aufgeklärter Demokrat, ein abgeklärter Bhagwan-Jünger, ein Päderast oder ein Börsenspekulant oder ein edler romantischer Räuber – aber eins kann ein trotziger Anhänger Trotzkis nie und nimmer werden: eine Canaille seiner Todfeinde, der nachgeborenen Stalinisten.[29]

Das ist ähnlich auch in der Autobiographie zu lesen, in der ansonsten nur die Rede davon ist, dass Biermann sich 1976 wunderte, so ohne Weiteres zum Konzert in den Westen ausreisen zu dürfen.[30] Im offenen Brief wird daraus eine abgekartete Geschichte. Biermann konstatiert: »Und dieses kaum beachtete Singen im Walde [nämlich im ursprünglich vorgesehenen Gewerkschaftshaus in Sprockhövel; M.W.-E.] sollte dann, schön medienunwirksam, den Anlass liefern für meine Ausbürgerung.«[31] In der Autobiographie selbst wird dieser Verdacht so direkt nicht artikuliert. Offensichtlich kommt dem Verdacht, ›ausgetrickst‹ worden zu sein, eine weitere Entlastungsfunktion im Hinblick auf das eigene Renegatentum zu: Er wurde durch die Ausbürgerung gewissermaßen erst zum Renegaten gemacht. Um so wichtiger ist es allerdings, den Begriff zu positivieren, um mit dieser Zuschreibung leben zu können.

29 Biermann: Ich bin ein Verräter. Auch hier werden den qualifizierenden Substantiven adjektivische Spezifikationen hinzugefügt. Das paronomastische Schein-Polyptoton »trotziger Anhänger Trotzkis« führt die rhetorische Faktur des Biermann'schen Texts vor Augen.

30 »Doch nach dem Fall der Mauer wurde derselbe Moneta Vorstandsfunktionär der SED-Nachfolgepartei PDS. Nach meiner Erfahrung kann aus einem waschechten Trotzkisten, egal aus welcher sektiererischen Gruppierung, alles werden: ein SPD-Mann, ein CDU-Mitglied, ein fundamentaler Moslem, ein RAF-Terrorist, ein Banker, ein Immobilienhai oder ein Sozialfall, er kann sich sogar umoperieren lassen zur Frau – aber ein Mitglied der stalinistischen Bande wird er nur dann, wenn er es im Grunde immer schon heimlich war«, heißt es sechs Jahre später in der Autobiographie (Biermann: *Warte nicht auf bessre Zeiten*, S. 322).

31 Biermann: Ich bin ein Verräter. Und Biermann ergänzt: »Es ist bekannt, dass etwa 80 Prozent der Trotzki-Kader Agenten der sowjetischen Geheimdienste und ihrer Filialen im sozialistischen Lager waren. Also erkannte ich nun, mit an Sicherheit grenzender Wahrscheinlichkeit, dass mein Freund Jakob von Anfang an ein Agent Provocateur und eine Kreatur im Apparat des MfS-Generals für West-Spionage, Markus Wolf, gewesen sein muss. Und die ganze Einladung im Herbst 1976, als der Ost-Berliner Wolf im westlichen Wald von Sprockhövel seine Lieder heulen sollte, war offensichtlich eine Hundefängerei, die allerdings aus erkennbaren Gründen gründlich ihre Ziele verfehlte. Ein Roman das alles!« (vgl. Biermann: Ich bin ein Verräter.).

Abb. 2: Wolf Biermann in der Kölner Sporthalle am 16.11.1976 (© picture-alliance[dpa])

In dem Leserbrief schreibt Biermann, dass er der kommunistischen Utopie 1982 in seiner Ballade »Die Mutter Erde geht schwanger« das endgültige Abschiedslied geschrieben habe.[32] Diese Ballade lautet folgendermaßen:

*Die Mutter Erde geht schwanger*

Die Mutter Erde geht schwanger
Und sieht ja so elend aus
Das Balg, es bewegt sich gar nicht
Und kommt aus dem Bauch nicht raus.

---

32 »1982 schrieb ich dann der kommunistischen Utopie das endgültige Abschiedslied, meine Ballade ›Die Mutter Erde geht schwanger‹ – wo ich das ›Riesenkadaverlein‹, den Kommunismus, ordentlich zu Grabe gesungen habe. Ich wollte nie mehr in irgendein soziales Narrenparadies aufbrechen und dann zwangsläufig in die totalitären Höllen geraten. Ich begriff, dass der Kommunismus, das ist ja die ideale Endlösung der sozialen Frage, ein blutiger Irrweg sein muss. Dabei liebte ich schon immer und in allen Religionen die frommen und tapferen und treuen Ketzer. Also musste auch ich endlich mit meiner eingeborenen kommunistischen Kirche brechen. In dem, was Heinrich Heine in seinem Gedicht ›Enfant Perdu‹ den Freiheitskrieg der Menschheit nannte, will ich seitdem als Soldat wohl tapfer weiterkämpfen, aber ohne den Kinderglauben an den Kommunismus.« (vgl. Biermann: Ich bin ein Verräter.).

Sie hat schon ein' Haufen Kinder
Und freut sich aufs neue Kind
Und lächelt und denkt an die Väter
Die längst schon gestorben sind

Sie hat auch schon ein' Namen
Fürs neue Kindelein
Der Name für dieses neue
Soll KOMMUNISMUS sein
Sie sagt: Meine Kinder, ich lieb sie
Und doch warn sie alle so schlecht!
Jetzt endlich krieg ich ein Kindchen
Schön – lieb – klug und gerecht

Mein Bauch ist so riesig, ich glaube
Da kommt bald ein Riese raus!
Doch rührt er sich nicht und kommt nicht
Ich halt oft den Schmerz nicht mehr aus
– ach, Mutter Erde, du Arme!
Hör zu, ich bin Spezialist
Für schwere Geburten und seh ja
Wie elend Dein Zustand ist

Dein Kind ist längst übertragen
Und du siehst aus wie das Grab
Und unter deinem Herzen,
Da fault eine Hoffnung ab
Das Kind ist verdorben gestorben
Was dir unterm Herzen ruht
Das stinkt vor sich hin und vergiftet
Dir mörderisch das Blut

Es ist zum Heulen, zum Lachen
Zum Haareausraufen, zum Schrein
Du trägst unter deinem Herzen
Ein Riesenkadaverlein.
Hör auf mit dem Eiapopeia!
Hör auf und finde Dich ab!
Wir werden den Riesen begraben,
In einem Riesengrab.

Und wenn du dich erst erholt hast
Versuchst du es eben nochmal
Und Väter für neue Kinder,
die findest du allemal.
Und wird es auch kein Riese
Und wird wie die anderen sind
So wird es doch 'ne Hoffnung
Wie jedes Erdenkind.[33]

Die drastische Bildlichkeit der Totgeburt schließt an die in Biermanns Autobiographie prominente Metaphorik der Mutter-Kind-Beziehung an, die in seinem Fall umso enger war, als der Verlust des Vaters, wie es im Vorwort von *Warte nicht auf bessre Zeiten* heißt, zum zentralen Motiv seines künstlerischen und politischen Lebens wurde. Der Liedermacher, der schon im Mutterleib Kommunist war, wie er selbst schreibt, rückt damit in eine Beziehung zu dem »Riesenkadaverlein« im Leib der Mutter Erde bzw. möglicherweise der Menschheit. Dass die Lösung vom Kommunismus so schmerzhaft wie existenziell ist, betont nicht nur die drastische Bildlichkeit der Verse, sondern wird in der musikalischen Sprache durch aggressiv wirkendes Affektpathos moduliert, das in einen wirkungsvollen Gegensatz zu den ebenfalls angeschlagenen leisen Tönen gerät. Diese kommen bemerkenswerterweise auch da zum Einsatz, wo es um die Väter geht, die geradezu belächelt und als austauschbar qualifiziert werden. Die Väter des Kommunismus, bei denen es sich ja gerade nicht um unbedeutende Namen handelt, werden hier *en passant* abserviert.[34]

## 5. Enfants perdus

Weiterführend ist aber ein anderer intertextueller Verweis, der sich sowohl im offenen Brief als auch in der Autobiographie findet, der Hinweis auf Heinrich Heines Gedicht *Enfant perdu*. Heine wird in der Autobiographie immer wieder erwähnt, als Lieblingsdichter der Eltern[35], der für Biermann selbst zum literarischen Tongeber wurde. In seiner Autobiographie bezeichnet er ihn als seinen »frechen Cousin«[36], aber auch

33 Biermann, Wolf (1991): Die Mutter Erde geht schwanger. In: Biermann, Wolf: *Alle Lieder*. Köln: Kiepenheuer & Witsch, S. 359–361.

34 Ob hier ein Bezug zur autobiographischen Wunde ›Vater‹ vorliegt, muss notwendig Spekulation bleiben. In *Warte nicht auf bessre Zeiten* wird immer wieder auch Biermanns Virilität, d.h. seine auf vier Beziehungen zu Frauen zurückgehende neunfache Vaterschaft thematisch; zum Genderaspekt des zumeist männlichen Renegaten vgl. auch Amlinger/ Gess/ Liese: Renegaten, S. 12.

35 Vgl. Biermann: *Warte nicht auf bessre Zeiten*, S. 353.

36 Biermann: *Warte nicht auf bessre Zeiten*, S. 351.

etwas despektierlich als »Champagner- und Austern-Kommunisten«[37]. Einmal mehr lässt sich das Einschreiben in eine historische Renegatenfamilie feststellen. Viele Biermann'sche Verse klingen in der Tat sehr nach Heine. Heines Epos *Deutschland. Ein Wintermärchen* hat Biermann bekanntlich nachgedichtet.[38] Und als Renegat ist auch Heine bezeichnet worden, allerdings in religiöser Hinsicht, nämlich in Bezug auf seine Taufe und das später erneuerte Bekenntnis zum Judentum.[39] Heines Gedicht *Enfant perdu* lautet folgendermaßen:

*Enfant perdu*

Verlorner Posten in dem Freiheitskriege,
Hielt ich seit dreißig Jahren treulich aus.
Ich kämpfte ohne Hoffnung, daß ich siege,
Ich wußte, nie komm ich gesund nach Haus.

Ich wachte Tag und Nacht. – Ich konnt nicht schlafen,
Wie in dem Lagerzelt der Freunde Schar –
(Auch hielt das laute Schnarchen dieser Braven
Mich wach, wenn ich ein bißchen schlummrig war).

In jenen Nächten hat Langweil ergriffen
Mich oft, auch Furcht – (nur Narren fürchten nichts) –
Sie zu verscheuchen, hab ich dann gepfiffen
Die frechen Reime eines Spottgedichts.

Ja, wachsam stand ich, das Gewehr im Arme,
Und nahte irgendein verdächtger Gauch,
So schoß ich gut und jagt ihm eine warme,
Brühwarme Kugel in den schnöden Bauch.

Mitunter freilich mocht es sich ereignen,
Daß solch ein schlechter Gauch gleichfalls sehr gut

---

37 Biermann: *Warte nicht auf bessre Zeiten*, S. 354.

38 Vgl. Biermann, Wolf (1977): Deutschland. Ein Wintermärchen. In: Biermann, Wolf: *Nachlaß I.* Köln: Kiepenheuer & Witsch, S. 87–146.

39 Vgl. Grözinger, Elvira (2013): Die Schatten des Tals von Ronceval. Sepharads Spuren bei Heinrich Heine. In: *Pardes. Zeitschrift der Vereinigung für Jüdische Studien e.V.*, 19: *Galut Sepharad in Aschkenas. Sepharden im deutschsprachigen Kulturraum*, S. 123–143, S. 140.

Zu schießen wußte – ach, ich kanns nicht leugnen –
Die Wunden klaffen – es verströmt mein Blut.

Ein Posten ist vakant! – Die Wunden klaffen –
Der eine fällt, die andern rücken nach –
Doch fall ich unbesiegt, und meine Waffen
Sind nicht gebrochen – nur mein Herze brach.[40]

Entstanden ist das Gedicht wohl 1849, es gehört zu Heines sog. ›Gedichten aus der Matratzengruft‹. 1851 erschien es im *Romanzero*, Heines dritter großer Lyriksammlung. Klaus Briegleb zufolge ist es als »autobiographische Rechenschaftsablage im politischen Kontext«[41] zu sehen. Der Sprecher des Gedichts, der hier im Freiheitskampf fällt, ist das ›enfant perdu‹. Das Gedicht zeugt von Resignation; sein ursprünglich vorgesehener Titel lautet »Verlorene Schildwacht«. Resignativ sind die Verse deshalb, weil der Freiheitskrieg, von dem hier die Rede ist, zum Stellungskrieg erstarrt scheint. Die Fronten stehen sich gegenüber.[42] Zwar kann sich die lyrische Sprechinstanz zugute halten, dass sie unbesiegt geblieben ist und ihre Waffen nicht gebrochen sind; das bedeutet, dass die ideologische Position, für die gekämpft wurde, nicht revidiert werden muss. Die Waffen, d.h. die Ideologien bleiben, aber die Menschen sterben – sinnlos.

Biermann hat ebenfalls ein Gedicht mit dem Titel *Enfant perdu* geschrieben. Es handelt sich um ein achtstrophiges Lied, das die Flucht von Florian Havemann, dem Sohn von Robert Havemann, einem von Biermanns genannten Lieblingsrenegaten, im Jahr 1971 zum Thema hat und das Biermann auch auf dem Kölner Konzert 1976 vorgetragen hat. Da es sich um ein sehr langes Gedicht handelt, seien im Folgenden nur die erste und die siebte Strophe wiedergegeben.

*Enfant perdu*

1
Der kleine Flori Have-
Zwei-Meter-Mann, das brave
Das uralt kluge Kind
Ist abgehaun nach Westen

40 Heine, Heinrich (1976): Enfant perdu. In: Heine, Heinrich: Romanzero. In: *Sämtliche Schriften*. Hg. von Klaus Briegleb. *Bd. 11: Schriften 1851–1855.* Wien: Hanser, S. 120–121.

41 Briegleb, Klaus (1976): Kommentar zum Romanzero. In: Heine, Heinrich: *Sämtliche Schriften.* Bd. 12. *Kommentar zu Bd. 11. Anhang zur Gesamtausgabe.* München, Wien: Hanser, S. 58.

42 Koschorke: Lechts und rinks, S. 66 diskutiert den Renegaten im Kontext »verstärkter politischer Lagerbildung«.

Mit seiner derzeit Festen
– Wie die wohl rüber sind?

Er ist hinüber – enfant perdu
Ach, kluge Kinder sterben früh
Von Ost nach West – ein deutscher Fall
Laß, Robert, laß sein
Nee, schenk mir kein' ein!
Abgang ist überall
[…]

7
Die DDR, auf Dauer
Braucht weder Knast noch Mauer
Wir bringen es so weit!
Zu uns fliehn dann in Massen
Die Menschen, und gelassen
Sind wir drauf vorbereit‹

Er ist hinüber…

Zwar werden hier durchaus DDR-kritische Töne angeschlagen, die Flucht von Florian Havemann[43] wird aber auch verurteilt. Trotzdem singt und schreibt Biermann auch für ihn, diesen Verlorenen, wie es in der letzten Strophe heißt (»Trotzalledem, ich schreibe / Und singe hier und bleibe / für Flori Havekind«). Es ist ein Singen, das in der Situation des Kölner Konzerts sowohl vor und hinter der Mauer, wie immer die Lokalisierung gesehen wird, stattfindet. So ganz genau weiß man's nicht, wo der Sänger steht; vielleicht ist er auf dem Sprung… Jedenfalls betrachtet Koschorke den Renegaten als eine »erzählerisch dankbare Figur«, insofern als er mit Lotman »eine topologisch oder semantisch codierte Grenze« überquert.[44] Worauf es in diesem Zusammenhang aber ankommt, ist, dass es hier wieder um ein Kind geht, um ein verlorenes Kind, das auf der einen Seite ähnlich ›hinüber‹ ist wie die kommunistische Totgeburt der Mutter Erde, andererseits ›hinüber‹ wie Wolf Biermann später auch. Dass er zum Zeitpunkt des Kölner Konzerts auch schon

43 Der 1952 geborene Florian Havemann veröffentlichte 2007 unter dem Titel *Havemann* eine Autobiographie, in der er nicht nur sein eigenes Leben, sondern auch das seines Vaters und seines Großvaters beschrieb. Nachdem mehrere bekannte Persönlichkeiten Streichungen einklagten, erschien 2008 eine revidierte, jedoch mit Schwärzungen versehene Ausgabe.

44 Koschorke: Lechts und rinks, S. 67.

›hinüber‹ ist, wusste er damals allerdings noch nicht.[45] Dass der Renegat eine liminale Schwellenfigur ist, wird in dieser Situation besonders deutlich. Während das Heine'sche »Enfant perdu«-Gedicht zwar die Ungebrochenheit eines politischen Standpunkts betont, aber zugleich von der Erstarrung der politischen Fronten spricht, gibt es in Biermanns Gedicht noch Hoffnung auf politische Veränderung, auch wenn der eigene Standpunkt wie bei Heine dabei (noch) nicht zur Disposition steht.

## 6. Renegat und Konvertit

Einen vergleichbaren ›Wechselgesang‹ vollführt indessen auch der Titel von Biermanns Autobiographie: *Warte nicht auf bessre Zeiten.* Der Titel ist zugleich der Titel eines früheren Biermann'schen Lieds, das mit spürbarer Dringlichkeit noch zum Aufbau eines besseren Sozialismus aufruft.[46] Die vierte Strophe erscheint dabei als von besonderer Emphase getragen:

Viele werden dafür sorgen
Daß der Sozialismus siegt
Heute! Heute, nicht erst morgen!
Freiheit kommt nie verfrüht
Und das beste Mittel gegen
Sozialismus (sag ich laut)
Ist, daß ihr den Sozialismus
AUFBAUT!!! Aufbaut! (aufbaut)[47]

---

45 Dazu schreibt Martin Sabrow: »Und [Biermann] erinnert seine Leser selbst daran, dass er bei seinem berühmten und folgenreichen Kölner Konzert 1976 nicht nur den Juni-Aufstand von 1953 als janusköpfige Mischung von Faschistenputsch und Arbeiterrevolution hingestellt habe, sondern sich an diesem Abend immer noch zwischen radikaler SED-Kritik und ›bolschewistischer Nibelungentreue‹ zerrissen fühlte« (Sabrow: Wenn der Held gegen seinen Autor zeugt, S. 295–296). Zum Medienecho von Biermanns Ausbürgerung vgl. de Maere d'Aertrycke, Magdalena (2012): Der Wolf im Schafspelz, Polit-Träumer, Staatsvertreter oder ein deutscher Fall? Das Bild Biermanns in der BRD-Presse nach der Ausbürgerung aus der DDR. In: *Studia niemcoznawcze. Studien zur Deutschkunde,* 50, S. 291–296. Biermann sei zur Symbolfigur für geistiges Grenzgängertum geworden, der sich »seit je zwischen zwei Stühle« (S. 294) setze, hieß es in der *Frankfurter Rundschau* im November 1976. Und Marcel Reich-Ranicki schrieb in der *Frankfurter Allgemeinen:* »Wir haben jetzt einen Feind mehr. Gleichwohl begrüßen wir diesen Feind, vor dem wir Respekt haben« (zit. n. de Maere d'Aertrycke: Das Bild Biermanns in der BRD-Presse, S. 294.).

46 Vgl. Biermann, Wolf (1977): Warte nicht auf beßre Zeiten. In: Biermann, Wolf: *Nachlaß I.* Köln: Kiepenheuer & Witsch, S. 73–74.

47 Biermann: Warte nicht auf beßre Zeiten, S. 74.

Im Titel der Autobiographie, d.h. im Rückblick der Lebensbilanz, bekommt der Titel eine andere Bedeutung, die konträr zur Bedeutung des Liedtitels steht. Während das Lied noch zum Aufbau des wahren Sozialismus aufruft, dabei aber fast beschwörend wirkt, klingt der Titel der Lebensbeschreibung eher resignativ oder zumindest ernüchtert, als wolle er sagen, dass es sich nicht mehr lohne, auf bessere sozialistische Zeiten zu warten. Dieser Titel der Autobiographie scheint mit Bedacht gewählt, fasst er doch ein Leben zusammen, das von einem Wendepunkt, d.h. einem Konversionsmoment, geprägt ist, der sich als solcher aber nicht dingfest machen lässt.[48] Das Kölner Konzert von 1976 setzt diesen unverfügbaren Moment lediglich ins Bild, zeigt es doch den Liedermacher von ›drüben‹, wie er schon ›hinüber‹ ist, ohne es zu wissen. Dies bezieht sich auf die physische Präsenz; wie es dabei in Kopf und Herz des Sängers aussieht, muss verborgen bleiben. Der Moment der Konversion kann nur sprachlich-rhetorisch evoziert werden, indem er sich im aufgerufenen Selbstzitat des Titels – ganz im Sinn der Wortbedeutung von ›conversio‹ – gegen sich selbst wendet und seine ursprüngliche Bedeutung in das Gegenteil verkehrt.

Wie zu zeigen war, spielen in Biermanns Autobiographie Renegatensemantik und das Genre der Konversionsnarration einander kalkuliert in die Hände, insofern als der aus der Perspektive des ›verratenen‹ Lagers negativ konnotierte Renegatenbegriff durch den positiv besetzten Begriff der Konversion, der von der ›richtigen‹ Seite her blickt, konterkariert und positiviert wird. Im Zusammenhang der Autobiographie, über die sich der Autor als *homo politicus* in das System der Bundesrepublik eingliedert, indem er rückblickend seine Konversion zur parlamentarischen Demokratie erzählt, arbeitet das Motiv des Renegaten einer narrativen Dynamisierung zu, insofern als es Wechselblicke von diesseits und jenseits politischer Grenzen sowie von Fremd- und Selbstzuschreibung auf rhetorisch geschickte Weise ins Werk setzt.

## *Literaturverzeichnis*

Amlinger, Carolin/ Gess, Nicola/ Liese, Lea (2023): Renegaten. Zur Gegenwart politischer Ab- und Ausgrenzungen. In: *Mittelweg 36*, 32/1, S. 4–16.

Biermann, Wolf (1977): Warte nicht auf beßre Zeiten. In: Biermann, Wolf: *Nachlaß I.* Köln: Kiepenheuer & Witsch, S. 73–74.

Biermann, Wolf (1977): Deutschland. Ein Wintermärchen. In: Biermann, Wolf: *Nachlaß I.* Köln: Kiepenheuer & Witsch, S. 87–146.

48 Hier mag durchaus eine Doppelbedeutung von ›Moment‹ mitschwingen, ein zeitlicher Moment (Maskulinum), aber auch ein Wirk- und Kraftmoment (Neutrum); vgl. dazu Wagner-Egelhaaf, Martina (2020): *Sich entscheiden. Momente der Autobiographie bei Goethe.* Göttingen: Wallstein, S. 27–36.

Biermann, Wolf (1991): Vorwort. In: Biermann, Wolf: *Alle Lieder.* Köln: Kiepenheuer & Witsch, S. 17–27.

Biermann, Wolf (1991): Die Mutter Erde geht schwanger. In: Biermann, Wolf: *Alle Lieder.* Köln: Kiepenheuer & Witsch, S. 359–361.

Biermann, Wolf (2010): Ich bin ein Verräter. https://www.welt.de/welt_print/debatte/ article9227287/Ich-bin-ein-Verraeter.html. 19.05.2023.

Biermann, Wolf (2016): *Warte nicht auf bessre Zeiten. Die Autobiographie.* Berlin: Ullstein.

Briegleb, Klaus (1976): Kommentar zum Romanzero. In: Heine, Heinrich: *Sämtliche Schriften.* Hg. v. Klaus Briegleb. Bd 12: *Kommentar zu Bd. 11. Anhang zur Gesamtausgabe.* Wien: Hanser, S. 9–63.

*DWDS:* konvertieren. https://www.dwds.de/wb/konvertieren. 19.05.2023.

*DWDS:* Renegat. https://www.dwds.de/wb/Renegat. 19.05.2023.

Grözinger, Elvira (2013): Die Schatten des Tals von Ronceval. Sepharads Spuren bei Heinrich Heine. In: *Pardes. Zeitschrift der Vereinigung für Jüdische Studien e.V.*, 19: *Galut Sepharad in Aschkenas. Sepharden im deutschsprachigen Kulturraum*, S. 127–143.

Heidrich, Christian (2002): *Die Konvertiten. Über religiöse und politische Bekehrungen.* München: Hanser.

Heine, Heinrich (1976): Enfant perdu. In: Heine, Heinrich: *Romanzero. Sämtliche Schriften.* Hg. von Klaus Briegleb. Bd. 11: *Schriften 1851–1855.* München, Wien: Hanser, S. 7–172.

Koschorke, Albrecht (2023): Lechts und rinks. Seitenwechsel in Zeiten der Polarisierung. In: *Mittelweg 36*, 32/1, S. 66–78.

Kremer, Roman B. (2017): *Autobiographie als Apologie. Rhetorik der Rechtfertigung bei Baldur von Schirach, Albert Speer, Karl Dönitz und Erich Raeder.* Göttingen: Vandenhoeck & Ruprecht.

de Maere d'Aertrycke, Magdalena (2012): Der Wolf im Schafspelz, Polit-Träumer, Staatsvertreter oder ein deutscher Fall? Das Bild Biermanns in der BRD-Presse nach der Ausbürgerung aus der DDR. In: *Studia niemcoznawcze. Studien zur Deutschkunde*, 50, S. 291–296.

Maxeiner, Dirk/ Miersch, Michael (2010): Wie Leo Trotzki ungewollt Gutes bewirkte. Leo Trotzki war ein rücksichtsloser Revolutionär. Am Ende brachte er viele Anhänger des Kommunismus ins Grübeln. https://www.welt.de/debatte/kolumnen/Maxeiner-und-Miersch/ article9091320/Wie-Leo-Trotzki-ungewollt-Gutes-bewirkte.html. 19.05.2023.

Müller, Julian (2023): Der politische Konvertit als Fürsprecher seiner selbst. In: *Mittelweg 36*, 32/ 1, S. 17–27.

Ponzi, Mario: Wolf Biermann (2017): Die Paradoxie eines politischen Dichters im Exil. In: *Links. Rivista di letteratura e cultura tedesca. Zeitschrift für deutsche Literatur- und Kulturwissenschaft*, 17, S. 59–64.

Sabrow, Martin (2017): Wenn der Held gegen seinen Autor zeugt. Wolf Biermann, Warte nicht auf bessre Zeiten! Die Autobiographie. In: *Jahrbuch Extremismus & Demokratie*, 29, S. 294–297.

Schlegel, Friedrich (2014 [1798]): Fragmente (1798). Mit Beiträgen von August Wilhelm Schlegel, Friedrich Schleiermacher und Friedrich von Hardenberg (Novalis). In: *Athenaeum. Eine Zeitschrift von August Wilhelm Schlegel und Friedrich Schlegel*, Ersten Bandes Zweytes Stück. Berlin: Vieweg S. 3–146 (Nr. 196). (Digitale Edition von Jochen A. Bär. Vechta 2014)

(=Quellen zur Literatur- und Kunstreflexion des 18. und 19. Jahrhunderts, Reihe A, Nr. 60.), S. 51–52 http://www.zbk-online.de/texte/A0060.htm. 08.08.2023.
Wagner-Egelhaaf, Martina (2017): Die Stimme der Konversion. In: Wagner-Egelhaaf, Martina (Hg.): *Stimmen aus dem Jenseits/Voices from Beyond. Ein interdisziplinäres Projekt/An Interdisciplinary Project.* Würzburg: Ergon, S. 54–70.
Wagner-Egelhaaf, Martina (2020): *Sich entscheiden. Momente der Autobiographie bei Goethe.* Göttingen: Wallstein.
*Wikipedia:* Renegat. https://de.wikipedia.org/wiki/Renegat. 19.05.2023.

## *Abbildungen*

*DWDS:* Typische Verbindungen zu ›Renegat‹. https://www.dwds.de/wb/Renegat. 19.05.2023.
*Wolf Biermann in der Kölner Sporthalle am 16.11.1976* (© picture-alliance/ dpa).

*Lars Koch*

# Jubelräume, Verfolgungsangst, Verdacht – Affektpolitiken des Renegaten

ABSTRACT: This article understands George Orwell's *1984*, Gerd Ruge's *Metropol*, and Ralf Rothmann's *Hotel der Schlaflosen* as literary investigations of the emotional complexes of the renegade in the context of Stalinism. All three texts, it is argued, bring into focus different aspects of an affect space constituted by a crisis in the epistemology of enmity and a resulting hermeneutics of suspicion. While Orwell is primarily concerned with the mass psychological effects of hate, Ruge is interested in the ubiquity of fear among those who must fear being declared renegades. Rothmann's short story, in contrast, portrays the subjectivity of an executioner who is capable of mass murder because he operates with absolute moral indifference.

KEYWORDS: renegade; fear; hate; paranoia; moral indifference

Befragt man die jüngere Literaturgeschichte auf der Suche nach paradigmatischen Affektszenen des Renegaten, so kommt man an George Orwells Dystopie *1984* nicht vorbei. Orwells Roman, geschrieben in den späten 1940er Jahren und 1949 in London erschienen, erzählt von einem totalitären Überwachungsstaat, der alles daransetzt, seine Bürger*innen – die unterprivilegierten »Proles«, die einfachen Funktionsträger*innen der »äußeren Partei« und die eigentliche Machtelite der »inneren Partei« – möglichst friktionslos in den eigenen Herrschaftszusammenhang zu integrieren. Während an den äußeren Grenzen von »Ozeanien«, einem Staatsgebilde, zu dem neben dem ehemaligen englischen Königreich auch Nord- und Südamerika gehören, Krieg herrscht, fahndet im Inneren die »Gedankenpolizei« nach möglichen Abweichler*innen. Wer ins Fadenkreuz gerät, wird »vaporisiert«.[1] Entsprechende Delinquent*innen werden nicht nur in den Kellern des »Ministeriums für Liebe« gefoltert und zu Tode gebracht, auch werden sie symbolisch ausgelöscht. Jede Spur ihrer Existenz, jede Aktennotiz und jeder Zeitungsartikel, der ihre Namen erwähnt, wird

1 Die Anspielungen auf die stalinistische Herrschaftspraxis sind im Roman immer wieder auffindbar. Nicht nur erinnert die Darstellung und Funktion des Renegaten Goldstein an Leo Trotzki, die »diabolische Gegenfigur« (Koenen, Gerd (2000): *Utopie der Säuberung. Was war der Kommunismus?* Frankfurt a.M.: S. Fischer, S. 240) zum ›Erlöser‹ Stalin in der stalinistischen Propaganda, auch lehnt sich die Machttechnik der »Vaporisierung« an die unter Stalin übliche Praxis an, vermeintliche Renegaten im wörtlichen Sinne auszulöschen. Berühmt sind die Fotografien und Gemälde, auf denen Stalin abtrünnige Mitstreiter nachträglich wegretuschieren ließ. Vgl. hierzu King, David (2015): *Die Kommissare verschwinden: Die Fälschung von Fotografien und Kunstwerken in Stalins Sowjetunion.* Berlin: Karl Dietz Verlag.

ausfindig gemacht und umgeschrieben. Genau diese Form einer selektiven *damnatio memoriae* ist die Tätigkeit, mit der der Protagonist des Romans, Winston Smith, betraut ist.

Orwells Dystopie, die wiederholt als eine Allegorie auf die Totalitarismen des 20. Jahrhunderts gelesen wurde, bietet in der Tat mit Emmanuel Goldstein eine Figur des Renegaten, dem als perfiden Verräter eine wichtige Rolle im Affekt-Theater der souveränen Macht Ozeaniens zukommt. Sie nutzt das von Goldstein verkörperte Phantasma eines Abtrünnigen, der als klandestiner Feind zusammen mit der von ihm geführten »Bruderschaft« angeblich die Existenz der staatlichen Ordnung in Frage stellt.

Mit der Figur Goldstein, in der man unschwer einen literarischen Doppelgänger von Lew Dawidowitsch Bronstein, genannt Leo Trotzki, erkennen kann, reflektiert Orwells Roman die politische Funktion eines inneren Feindes, dessen imaginierte Präsenz dazu dienlich ist, frenetische Zustimmung immer wieder aufs Neue herzustellen. Dies geschieht u.a. im täglich wiederkehrenden Ritual des »2-Minuten-Hasses«, an dem alle Mitarbeiter*innen des »Ministeriums für Wahrheit«, unter ihnen auch Winston Smith, in einem eigens dafür präparierten Raum teilnehmen müssen. Nachdem alle ihre Plätze eingenommen haben, kommt mit einem »gräßlich knirschende[n] Kreischen« Leben in einen großen »Teleschirm«[2], der am Ende des Raumes aufgestellt ist. Wie jeden Morgen erscheint das Gesicht von Emmanuel Goldstein, »dem Feind des Volkes«[3]:

> Das Programm des Zwei-Minuten-Hass sah jeden Tag anders aus, aber es gab keines, in dem Goldstein nicht die Hauptfigur gewesen wäre. Er war der Urverräter, der erste, der die Reinheit der Partei besudelt hatte. Alle nachfolgenden gegen die Partei gerichteten Verbrechen, alle Verrätereien, Sabotageakte, Häresien und Abweichungen von der Parteilinie entsprangen unmittelbar seinen Lehren. Irgendwo lebte er noch und plante weitere Konspirationen, irgendwo jenseits des Meeres vielleicht, unter der Protektion seiner finanzkräftigen ausländischen Hintermänner, vielleicht gar – wie zuweilen das Gerücht ging – in einem Unterschlupf in Ozeanien selbst.[4]

Emmanuel Goldstein wird in der ubiquitären Staatspropaganda präsentiert als ein absoluter Feind im Sinne Carl Schmitts.[5] Er ist die radikale Negation der Ordnung, die Chiffre seines Namens steht in der Ideologie der herrschenden »Sozialistischen Partei Englands« für ein behauptetes Telos von Chaos und Vernichtung, welches das politi-

---

2 Orwell, George (2019): *1984.* 45. Auflage. Berlin: Ullstein, S. 18.

3 Orwell: *1984*, S. 18.

4 Orwell: *1984*, S. 19.

5 Vgl. Schmitt, Carl (2010): *Theorie des Partisanen. Zwischenbemerkung zum Begriff des Politischen.* 7. Aufl. Berlin: Duncker & Humblot, insbesondere S. 95–96.

sche Imaginäre der Bevölkerung möglichst umfassend synchronisieren soll. Ob Goldstein wirklich existiert, ob er noch am Leben ist und wo er sich gegebenenfalls aufhält, ist in der anvisierten Mobilisierung totaler Zustimmung nicht von vordringlichem Interesse. Mehr noch: Die Frage seiner Existenz muss unbeantwortet bleiben, nur so taugt er über die Jahre hinweg als Zielobjekt einer Politik der Affekte, die die Kommunikation von Hass und Angst als Machttechniken einsetzt.

Im Folgenden soll von dieser Beobachtung ausgehend, in exemplarischen Lektüren von drei fiktionalen Texte unterschiedlichen Aspekten der Affektpolitik des Renegaten nachgegangen werden. Die spezifischen Möglichkeiten der Literatur, vor allem ihre Fähigkeit zu unterschiedlichen Fokalisierungen und ihr konstitutives *know how* im Einsatz von rhetorisch-performativen Strategien der Illusionsbildung, erlauben es, den Gefühlskomplex der Renegation in seinem Changieren zwischen einer krisenhaften Epistemologie der Feindschaft, einer irrlichternden Hermeneutik des Verdachts und Praktiken einer illusionären Vereindeutigung genauer zu beobachten.[6] Zunächst wird daher genauer darzustellen sein, wie sich in *1984* die Figur des Renegaten als Ressource und Bezugspunkt einer Politik des Hasses differenzierter bestimmen lässt. In einem zweiten Schritt verschiebt sich der Fokus auf die Dimension der Angst, die anhand von Eugen Ruges Roman *Metropol* (2019) als atmosphärisches Milieu der Sozialfigur des Renegaten rekonstruiert werden soll. Ruges Roman, der vom Schicksal mehrerer deutscher KOMINTERN-Mitglieder in der Zeit der ›Großen Säuberungen‹ im stalinistischen Moskau erzählt, entwirft das Psychogramm einer totalitären Misstrauenskultur, in der jederzeit mit der Verdächtigung zu rechnen ist, die Partei verraten zu haben. Während Orwell trotz zahlreicher faktualer Anspielungen auf die Herrschaftspraxis des Stalinismus letztlich eine unhistorisch-abstrakte Dystopie entwirft, in deren Zentrum mit dem »Großen Bruder« ein technisches Dispositiv vollkommener Überwachung steht, formuliert Ruge einen konkreten historischen Anspruch an seinen Roman, den er durch die konsequente Befragung der in einem Moskauer Archiv aufgefundenen KOMINTERN-Kaderakte seiner Großmutter Charlotte und durch weitere Recherchen – Ruge spricht im editorischen Epilog von »Signalen aus einer untergegangenen Welt. Unwahrscheinlich, geheimnisvoll, aufregend«[7] – einlösen will. Auch wenn Ruge im Kern danach fragt, welche Subjektivierungseffekte in einer sozialen Umwelt zu erwarten sind, die von einem grassierenden Verdachtsdenken bestimmt wird, so geht es ihm zugleich doch auch darum, ein historisch stimmiges Bild jener Lage zu zeichnen, in der sich deutsche Kommunist*innen nach ihrem erzwungenen Exil im

6 Weil der Affektraum des Renegaten dadurch charakterisiert ist, dass er allen Akteuren den Zwang auferlegt, aus schierer Überlebensnotwendigkeit ein doppeltes Bewusstsein zwischen externalisierter (Selbst-)Beobachtung und interner Handlungsmodulation ausbilden zu müssen, ist seine exakte Kartierung eine Aufgabe der Literatur und ihrer Fähigkeit zur Multiperspektivität.

7 Ruge, Eugen (2019): *Metropol*. Hamburg: Rowohlt Verlag, S. 405.

Moskau zur Zeit der Schauprozesse wiederfinden mussten. Demgegenüber markiert die abschließend kurz diskutierte Erzählung *Hotel der Schlaflosen* (2020) von Ralf Rothmann ein Gedankenexperiment, in dem es um die Subjektivität eines Henkers geht, der der Zirkularität von Verdacht und Verstellung durch massenhafte Exekutionen ein Ende setzt. Während die Figuren in *1984* und *Metropol* ihren sozialen Handlungsraum in vielen Momenten im Register des Konjunktivs erleben, dominiert in Rothmanns zur Hinrichtungsstätte umfunktionierten Hotelkeller die nackte Faktizität der unausweichlichen Exekution. Rothmann rekonstruiert dabei auf Seiten des Täters das Ringen um eine absolute affektive Indifferenz, die den Gegenpol zur Hypersensibilität der Protagonist*innen bei Orwell und Ruge bildet.

## 1. Der Renegat als Hass-Objekt

Schon in *1984* ist die mit der Figur des Renegaten verbundene Gefühlspolitik nicht eindimensional auf Hass festgelegt. Der Text lässt sich vielmehr lesen als eine Studie über die psychische Deformation von Subjekten, die beständig einem ganzen Spektrum negativer Gefühle ausgesetzt sind. Während die Angst vor der Verfolgung durch die »Gedankenpolizei« in der diegetischen Welt des Romans als permanentes Hintergrundrauschen das In-der-Welt-Sein der Figuren bestimmt und sie politisch prekarisiert, dient der Hass als ein Instrument der situativen Entladung. Eine permanent wirksame Hass-Politik sammelt all jene in der Gesellschaft existierenden Spannungen ein, die durch die rigide Disziplinarmacht des Staates nicht vollends unterdrückt werden können und kanalisiert sie nach außen, auf das Furchtobjekt Goldstein und die mit ihm verbündeten eurasischen Feinde Ozeaniens. Der »Zwei-Minuten-Hass«, zu dem Winston, wie seine Kolleg*innen des Ministeriums, täglich anzutreten hat, fungiert als serielles Ritual der Affektabfuhr, in dem sich die einzelnen Elemente und Effekte der Affektmobilisierung in einem theatralen Spektakel der Feindsetzung detailliert nachvollziehen lassen:

> Winstons Zwerchfell zog sich zusammen. Er konnte Goldsteins Gesicht nie ohne schmerzlich gemischte Gefühle sehen. [...] Goldstein ritt seine übliche giftige Attacke gegen die Parteidoktrin – eine so übertriebene und widersinnige Attacke, daß ein Kind sie hätte durchschauen können, und doch eben plausibel genug, um ein alarmierendes Gefühl zu wecken, daß andere, weniger nüchtern denkende Leute als man selbst darauf hereinfallen könnten.[8]

8 Orwell: *1984*, S. 19.

Für die Logik dieses *doing hate* ist es von entscheidender Bedeutung, dass es als Ansteckungsgeschehen alle im Raum anwesenden Personen ergreift. Auch wenn Winston der präsentierten Feindschaftsaufführung prinzipiell mit kognitiver Distanz begegnet, kann auch er nicht vermeiden, vom einsetzenden Massenwahn affiziert zu werden.[9] Zu perfekt funktioniert die Hass-Propaganda des »Großen Bruders«, die mit Hilfe einer Dramaturgie stereotyper Dämonisierung, suggestiver Bild- und Ton-Regie und der Heraufbeschwörung von Eindrücken ubiquitärer Bedrohlichkeit die Anwesenden viszeral in Schwingung versetzt. So ist nicht alleine »Goldsteins blökende[] Stimme« zu vernehmen, die von einem »dumpfe[n], rhythmische[n] Stampfen der Soldatenstiefel« untermalt wird; zu sehen sind auch die »endlosen Kolonnen der [feindlichen] eurasischen Armee – Reihen kräftig gebauter Männer mit ausdruckslosen asiatischen Gesichtern, die an die Oberfläche des Schirms trieben und dann verschwammen, nur um durch andere, absolut identische ersetzt zu werden.«[10]

Das propagandistische Kalkül, das darauf ausgelegt ist, heftige Affektreaktionen auszulösen, geht auf. Verstand, Individualität, Differenzierungsvermögen – all das setzt für den Moment des »Zwei-Minuten-Hasses« im kathartischen Sturm des körperlichen Ausnahmezustands aus. Es ereignet sich eine medial orchestrierte Eskalation des Kontrollverlusts, im Zuge dessen sich die in einer »autopoietischen Feedbackschleife«[11] mit einander verbundenen Mitarbeiter*innen des »Ministeriums für Wahrheit« in einen kollektiven Exzess des Hasses hineinsteigern:

> Der Haß hatte noch keine dreißig Sekunden gedauert, da brach die Hälfte der Leute im Raum in unkontrolliertes Wutgeschrei aus. Das selbstzufriedene schafsmäßige Gesicht auf dem Schirm und die furchteinflößende Macht der eurasischen Armee dahinter waren nicht mehr zu ertragen: überdies weckte Goldsteins Anblick, oder auch nur der

9 Orwells Entwurf des »2-Minuten-Hasses« steht in deutlicher Kontinuität zu Sigmund Freuds Essay über *Massenpsychologie und Ich-Analyse* von 1921, der selbst wiederum auf Gustav LeBons These über die Ansteckungslogiken in seiner Studie zur *Psychologie der Masse* von 1895 reagiert. Freuds kulturkritisches Konzept, das um die Begriffe ›Identifizierung‹, ›Idealisierung‹, ›Libido‹ und ›Regression‹ kreist, begreift die Masse als ein überindividuelles Erregungs- und Ansteckungsgeschehen: »Die Gefühle der Masse sind stets sehr einfach und sehr überschwänglich. Die Masse kennt also weder Zweifel noch Ungewißheit. Sie geht sofort zum Äußersten, der ausgesprochene Verdacht wandelt sich bei ihr sogleich in unumstößliche Gewißheit, ein Keim von Antipathie wird zum wilden Haß.« Freud, Sigmund (1974): Massenpsychologie und Ich-Analyse. In: ders.: *Studienausgabe* Bd. IX. Frankfurt a.M.: S. Fischer, S. 61–134, S. 72–73.

10 Orwell: *1984*, S. 20.

11 Von der Theaterwissenschaftlerin Erika Fischer-Lichte eigentlich mit Blick auf die Performance-Kunst für die Analyse von Interferenzprozessen zwischen Akteur*innen und Publikum konzeptualisiert, lässt sich das Konzept der Feedbackschleife auch für die Beschreibung von performativen Interaktionsdynamiken im Publikum selbst nutzen. Vgl. Fischer-Lichte, Erika (2012): *Performativität. Eine Einführung.* Bielefeld: transcript, S. 65.

> bloße Gedanke an ihn, automatisch Angst und Zorn. […] In der zweiten Minute steigerte sich der Haß zur Raserei. Die Leute sprangen von ihren Plätzen auf und brüllten mit überkippenden Stimmen, um das wahnsinnigmachende Geblöke, das vom Schirm kam, zu übertönen. Die kleine rotblonde Frau war knallrot angelaufen und schnappte mit dem Mund wie ein Fisch auf dem Trockenen. Sogar O'Brians massiges Gesicht hatte sich verfärbt. […] Das schwarzhaarige Mädchen hinter Winston schrie jetzt: ›Schwein! Schwein! Schwein!‹, und plötzlich hielt sie ein schweres Neusprechwörterbuch in der Hand und schleuderte es nach dem Schirm.[12]

Erst ergreift der Hass-Affekt die Körper der Anwesenden, dann kommt es zu Übersprungshandlungen, die eine durch das Ritual stimulierte, latente Gewaltbereitschaft exekutieren. Die Sequenz des »Zwei-Minuten-Hasses« illustriert damit die Einsicht Émile Durkheims, wonach sich »unter dem Einfluß des allgemeinen Überschwangs […] der unscheinbarste und harmloseste Bürger in einen Helden oder einen Henker verwandeln kann.«[13] Aufgrund des »autoritative[n] Gestus«, mit dem im Morgenritual »das Hass-Objekt entwertet – und das heißt: beschimpft, verhöhnt, verspottet, beleidigt – wird«[14], entfaltet die Inszenierung absoluter Feindschaft eine situative Sogwirkung, der sich niemand zu entziehen vermag. Auch Winston stürzt in einen Taumel von Gewaltphantasien hinein:

> In einem lichten Augenblick ertappte sich Winston, wie er mit den anderen schrie und trampelte. Das Schreckliche an der Zwei-Minuten-Hass-Sendung war nicht, dass man gezwungen wurde mitzumachen, sondern im Gegenteil, dass es unmöglich war, sich ihrer Wirkung zu entziehen. Eine schreckliche Ekstase der Angst und der Rachsucht, das Verlangen zu töten, zu foltern, Gesichter mit einem Vorschlaghammer zu zertrümmern, schien die ganze Versammlung wie ein elektrischer Strom zu durchfluten, so dass man gegen seinen Willen in einen Grimassen schneidenden, schreienden Verrückten verwandelt wurde.[15]

Nicht nur wird hier deutlich, dass die Produktion eines kollektiven Hass-Erlebnisses eine immense affektive Wirkung auf die einzelnen Individuen entfalten kann. Auch wird klar, dass die zwischen Angst, Hass und Euphorie zirkulierende Erfahrung des Ich-Verlusts eine lustvolle Dimension aufweist. Winston und seine Kolleg*innen des

---

12 Orwell: *1984*, S. 20–21.

13 Durkheim, Émile (1994): *Die elementaren Formen des religiösen Lebens.* Frankfurt a.M.: Suhrkamp, S. 291.

14 Haubl, Rolf (2007): Gattungsschicksal Hass. In: ders./ Caysa, Volker: *Hass und Gewaltbereitschaft. Philosophie und Psychologie im Dialog.* Göttingen: Vandenhoeck & Ruprecht, S. 7–68, S. 46.

15 Orwell: *1984*, S. 21–22.

»Ministeriums für Wahrheit« finden sich gefangen in einer ekstatischen Aufwallung, in einem erotisch aufgeladenen Aus-sich-Heraustreten, das zugleich ein Eintreten in die Gemeinschaft der Hassenden bedeutet. Das in einem solchen Ereignis produzierte Erlebnis »kollektiver Efferveszenz«[16] dient dem Ziel, real existierenden Friktionen – nicht alle sind im gleichen Maße ideologisch gefestigt, neben den Profiteuren des Systems gibt es jene, die es nicht in den inneren Kreis der Partei geschafft haben und potenziell die Machthierarchie in Frage stellen könnten – durch ein Gefühl der identitären Gemeinsamkeit zu neutralisieren. Da auf Emotionen aufgebaute Gemeinschaften aber einen fragilen Charakter haben, brauchen sie kontinuierlich wiederkehrende Rituale, die der Stabilisierung dienen. Aus diesem Grunde findet der »Zwei-Minuten-Hass« an jedem Morgen aufs Neue statt. In der seriellen Verkettung von szenischen Arrangements geht es immer wieder darum, der Gemeinschaft der Hassenden im Renegaten Goldstein ihren gemeinsamen negativen Bezugspunkt bildhaft vor Augen zu stellen.

Genau darin wird die pathologische Dimension der Vergemeinschaftung durch Hass deutlich. Während es im Ritual, so Ervin Goffman, für den »Einzelne[n]« eigentlich darum gehe, »eine Darstellung, […] ein Muster dessen unmittelbar zu erleben, was ihm lieb und teuer sein sollte« und er so an einer »Darstellung der angeblichen Ordnung seiner Existenz«[17] partizipiere, geht es in der spezifischen Dramaturgie des »2-Minuten-Hasses« zunächst um eine atomsphärische Bedrohung der Fundamente der sozialen und politischen Ordnung. Das sich damit einstellende Erlebnis existenzieller Bedrohlichkeit soll erst den Boden für ein geteiltes Begehren nach Sicherheit und Führung bereiten, das dann bis zu einem Maximum gesteigert und schließlich in einer Klimax der kollektiven Erlösung symbolisch gestillt wird. Wichtig für eine solche Eskalationsdynamik des Hasses, wie sie Orwells *1984* vorführt, ist die Präsentation eines Feindbilds, das als Adresse für die gewaltsamen Projektionen des gemeinsam praktizierten *hate watching* fungieren kann. Klammert man die anthropologische Verankerung in der Annahme einer generell gegebenen »mimetischen Rivalität« aus, lässt sich die soziale Funktion von Goldstein durchaus im Sinne von René Girards »Sündenbock«-Theorem als rituelle Figur eines produktiven Ausschlusses begreifen, die Sozialität erst möglich macht, indem sie für latent vorhandene Konflikte und Konkurrenzen verantwortlich gemacht werden kann.[18] »Der Sündenbock«, so lässt sich einer einschlägigen Einführung in Theorien der Gemeinschaft entnehmen, »bildet

16 Mit dem Begriff der »Efferveszenz« fasst Durkheim die Funktion des kollektiven Rausches, den er als Mittel zur rituellen Transformation des Einzelnen und seiner Initiation in die Gemeinschaft bestimmt. Vgl. Durkheim: *Die elementaren Formen*, S. 295ff.

17 Goffman, Ervin (1981): *Geschlecht und Werbung*. Frankfurt a.M.: Suhrkamp, S. 8.

18 Vgl. Girard, René (1998): *Der Sündenbock*. Zürich: Benziger; ders. (2000): *Gewalt und Religion: Gespräche mit Wolfgang Palaver*. Berlin: Matthes & Seitz.

dergestalt die Figur, die auf der Schwelle zwischen dem Außen und dem Innen steht: Er ist zugleich derjenige, der aus der Gemeinschaft ausgeschlossen wird, der aber zugleich durch diesen Ausschluss die Gemeinschaft zusammenhält und stiftet.«[19] Gerade weil Emmanuel Goldstein einmal zum Führungskader der inneren Partei gehörte, dann aber – so will es die Legende – zum Renegaten wurde, ist er für die paradoxe Mittler-Funktion des Sündenbocks bestens geeignet. Das politische Konstrukt ›Goldstein‹ verkörpert alles, was nicht sein darf; gerade darum kann dieser innere Feind in einem affektiven Kurzschluss als Figuration eines konstitutiven Außen dienen, das *ex negativo* als wichtige Ressource sozialer und politischer Kohäsion genutzt werden kann.

Für die Affektökonomie des »Zwei-Minuten-Hasses« ist mit dem Renegaten Goldstein als dehumanisierten Antipoden damit eine wichtige Ingredienz gefunden. Was noch fehlt, um den Baukasten für die serielle Aktualisierung der Gemeinschaft zu vervollständigen, ist ein personeller Vertreter der legitimen Macht, der als Held und Führer-Figur zunächst die Arena des Hass-Spektakels betritt und diese dann auch wieder als symbolischer Sieger verlässt. Und dies muss natürlich der »Große Bruder« selbst sein, der zwar als physische Erscheinung ebenso wenig greifbar ist wie Goldstein, als Herrensignifikant der souveränen Macht aber in der Aufführungspraxis der staatlichen Propaganda die zentrale Stelle einnimmt:

> Der Hass erreichte seinen Höhepunkt. Goldsteins Stimme war jetzt zu einem wirklichen Blöken geworden, und einen Augenblick lang verwandelte sich sein Gesicht in eine Schafsmiene. Dann verschwamm das Schafsgesicht zur Gestalt eines eurasischen Soldaten, der riesig und furchterregend mit tackender Maschinenpistole heranzumarschieren schien, so daß einige Leute in der ersten Reihe tatsächlich auf ihren Stühlen zurückzuckten. Doch im gleichen Moment verschwamm das Feindbild unter einem allgemeinen Stoßseufzer der Erleichterung zum Gesicht des Großen Bruders, schwarzhaarig, schwarzschnurrbärtig, Macht und geheimnisvolle Ruhe ausstrahlend und so riesenhaft, daß es fast den ganzen Schirm einnahm.[20]

Mit dem Affekt-Bild des »Großen Bruders«, das die Überleitung zum schlussendlichen Insert der Partei-Parolen »Krieg ist Frieden / Freiheit ist Sklaverei / Unwissenheit ist Stärke«[21] bildet, kommt die Inszenierung zu ihrem Ende.

Bemerkenswert ist diese Szene des Hass-Rituals aus zwei Gründen: Zum einen wird deutlich, dass Orwell die Bewirtschaftung von Hass als Funktion der visuellen Medien versteht. Die körperlichen Reaktionen der Ministeriumsmitarbeiter*innen in der ersten

---

19 Gertenbach, Lars/ Laux, Henning/ Rosa, Hartmut et al. (2018): *Theorien der Gemeinschaft zur Einführung*. 2. Aufl. Hamburg: Junius, S. 76.

20 Orwell: *1984*, S. 23.

21 Orwell: *1984*, S. 23.

Reihe spielen nicht von ungefähr auf die berühmte Anekdote über die Premiere auf den Eisenbahnfilm der Brüder Lumière aus dem Jahr 1895 an, wo der Erzählung nach einige Zuschauer*innen angesichts der Bilder des einfahrenden Zuges aus Furcht vor einer Kollision fluchtartig den Vorführraum verließen.[22] In einem durchaus wörtlichen Sinne erweist sich hier der Film als Medium der affektiven Mobilisierung. Zum anderen illustriert das Erscheinen des »Großen Bruders«, dass Hass-Kommunikation eine doppelte Stoßrichtung hat. Sie erzeugt eine Form exklusiver Solidarität, indem sie zunächst diejenigen markiert, die als Bedrohung der Gemeinschaft ausgeschlossen werden müssen. Darüber hinaus ist es aber aus Gründen der narrativen Balance zwingend notwendig, als Gegenpol zur evozierten Gefahr denjenigen erscheinen zu lassen, der die Intaktheit der Gemeinschaft verteidigen kann. Orwell setzt im Finale des »Zwei-Minuten-Hasses« die klassischen psychoanalytischen Überlegungen zur Massenpsychologie in Szene, wonach »der Einzelne« in einem Prozess der Herstellung von unbedingter Gefolgschaft »sein Ich-Ideal aufgibt und es gegen das im Führer verkörperter Massen-Ideal vertauscht.«[23] In der Figur des »Großen Bruders« amalgamieren sich in diesem Sinne die großen »Resonanzpathologien«[24] des 20. Jahrhunderts. Physiognomisch an Stalin erinnernd, verkörpert er zugleich auch die deutschen und italienischen Affektpolitiken des Faschismus, die die Dualität von fanatischem Hass und heilsstiftendem Führer als wesentliches Instrument der Massenmobilisierung und Technik der Herrschaftslegitimation für sich zu nutzen wussten. Hass auf Abtrünnige, dies ist eine der zentralen Einsichten in *1984*, ist wie kaum eine andere affektive Regung geeignet für Strategien der autoritären Politisierung, die homogene Identität nach innen zu erreichen versuchen, indem sie alles, was stören könnte, proaktiv zu benennen und gewaltsam auszugrenzen versuchen. Freilich lässt sich eine solche affektive Dynamik des Hasses weder genau kanalisieren noch funktional kontrollieren. Gerade weil der politisch Abtrünnige eben nicht immer schon als Renegat benannt ist, sondern als klandestiner Akteur in der Latenz bloß vermuteter Verschwörungen eine Krise der Epistemologie der Feindschaft herbeizuführen vermag, kann ein paranoisches Klima des entgrenzten Verdachts entstehen, das den politischen Raum dauerhaft entsichert. Von einem solchen emotionalem Regime der Angst erzählt Ruges Roman *Metropol.*

---

22 Dass es sich hier in der Tat um eine Legende handelt, die gleichwohl anschaulich das Überwältigungspotenzial des frühen Kinos bebildert, ist nachzulesen bei Binotto, Johannes (2010): Für ein unreines Kino. Film und Surrealismus. In: *Film-Bulletin – Kino in Augenhöhe*, 3, online unter: https://schnittstellen.me/essay/film-und-surrealismus/. 30.03.2020.

23 Freud: *Massenpsychologie und Ich-Analyse*, S. 120.

24 Rosa, Hartmut (2016): *Resonanz. Eine Soziologie der Weltbeziehung*. Berlin: Suhrkamp, S. 371.

## 2. Das Regime der Angst in *Metropol*

Mit *Metropol* hat Eugen Ruge einen semifiktionalen Roman über das Schicksal der eigenen Großmutter Charlotte vorgelegt, die zusammen mit ihrem zweiten Mann, dem KOMINTERN-Agenten Hans Baumgarten[25], die Zeit der ›Großen Säuberungen‹ der Jahre 1937/38 als ›Gäste‹ des NKWD im titelgebenden Hotel Metropol überlebte. Das Grand-Hotel im Zentrum Moskaus diente seit der Übernahme durch die Bolschewiken sowohl der Unterbringung hochrangiger ausländischer Gäste als auch als Wohnort von wichtigen Funktionären. Zudem wurde die vierte Etage – dies macht die Unheimlichkeit des Gebäudes aus – auch als Sammlungsort von politisch Verdächtigen genutzt, die auf ihre Rehabilitierung hofften und zugleich fürchten mussten, dass ihnen früher oder später der Prozess gemacht würde. Raum 479 war für Charlotte und Wilhelm bestimmt. Sie warteten hier 477 Tage auf die Entscheidung, ob man sie erschießen oder wieder in Dienst stellen würde.

Die Geschichte der Großmutter, die Ruge zusammen mit dem Historiker Wladislaw Hedeler mit Hilfe der persönlichen Kaderakte von Charlotte Ruge rekonstruieren konnte, ist die faktuale Grundlage für die literarische Vermessung eines Angst-Raums, der alle in ihm situierten Personen auf unterschiedliche Weise konfiguriert. Vor diesem Hintergrund ist der Roman angelegt als eine mit Mitteln der Imagination arbeitende Investigation darüber, »was Menschen zu glauben bereit, zu glauben imstande sind«[26], wenn sie sich in einer verzweifelten Lage befinden. Da keine Berichte über die Zeit in Moskau aus der Feder Charlottes auffindbar sind, nutzt Ruge die Mittel der faktenbasierten literarischen Spekulation, um die Gefühlswelt seiner Großmutter zu erkunden: »Ich weiß nicht, was meine Großmutter wirklich gedacht hat. Ich erfinde, ich unterstelle, ich probiere aus, denn nichts anderes heißt Erzählen: ausprobieren, ob es wirklich so gewesen sein könnte.«[27]

Der Verdacht gegen Charlotte und ihren Mann, der daraus resultierte, dass das Paar lange mit dem hochrangigen Parteimitglied Alexander Emel (Deckname Moses Lurje) bekannt und befreundet war, der Mitte der 1930er Jahre in Ungnade fiel und zusammen mit Sinowjew und Kamenew als »trotzkistischer Verschwörer« im ersten Moskauer Schauprozess 1936 verurteilt und danach erschossen wurde, wird zum Anlass einer fiktionalen Erkundung des emotionalen Regimes der Angst, wie es in der Hochphase des Stalinismus mehr und mehr auch die eigenen Parteigänger betraf.

---

25 Als Agent nutzte Hans bis zur Flucht in die Sowjetunion den Vornamen Wilhelm. In Moskau erhielten Charlotte und Wilhelm dann die Decknamen Lotte und Jean Germaine.

26 Ruge: *Metropol*, S. 404.

27 Ruge: *Metropol*, S. 415. Ironischerweise rückt dieses poetische Verfahren den Roman in die Nähe jener epistemologischen Prozeduren, die die Geheimpolizei während der ›Großen Säuberungen‹ nutzte, um zu Schuldsprüchen zu kommen: Dort, wo Beweise fehlten, reichte oftmals die Plausibilität einer Unterstellung zu einer Verurteilung.

Folgt man der historischen Forschung, resultierte der ›Große Terror‹, mit dem Stalin Bürokratie, Partei- und Staatsapparate überzog, aus einem Komplexität und Kontingenz negierenden Phantasma der Reinigung, das zu mehr als 1,5 Mio. Verhaftungen und über 700.000 Erschießungen führte, wobei fast die gesamte Spitze der Kommunistischen Internationalen und auch die Belegschaft jenes geheimen »KOMINTERN-Stützpunktes 2« betroffen war, auf dem Charlotte und Wilhelm bis zu ihrer Suspendierung arbeiteten.

Im Kern wurde der Säuberungsfuror von einem Narrativ des geschichtsgewissen Fortschritts angetrieben, das die kognitive Dissonanz zwischen realexistierender Mangelwirtschaft und dem propagierten heroischen Idyll der klassenlosen Gesellschaft dadurch aufzulösen versuchte, dass klandestine Verschwörer innerhalb der eigenen Funktionseliten vermutet und als Saboteure für alle ökonomischen und organisatorischen Missstände verantwortlich gemacht wurden. Die Zuweisung von Verantwortung für ein offenkundiges Auseinanderfallen zwischen ideologischem Anspruch und gesellschaftlicher Wirklichkeit war damit ubiquitär eines der Leitmotive stalinistischer Agitation. Paradigmatisch kommt diese paranoische Logik des politischen Systems beispielsweise in einer Erklärung von Generalstaatsanwalt Wyschinski im dritten Moskauer Prozess gegen Bucharin, Krestinski und ihre vermeintlichen Mitverschwörer zum Ausdruck, wenn er mit Blick auf die erklärungsbedürftigen Versorgungschwierigkeiten feststellt:

> In unserem Lande, das an allen möglichen Vorräten reich ist, konnte und kann keine solche Lage eintreten, wo es an irgendeinem Produkt mangelt. [...] Jetzt ist klar, warum es bei uns bald hier, bald dort Stockungen gibt, warum auf einmal trotz Reichtum und Überfluß diese oder jene Produkte fehlen. Eben deswegen, weil diese Verräter daran schuld sind.[28]

Die Überzeugung, dass das Leben unter der Führung »Stalin[s] und seine[r] ›eiserne[n] Stalinsche[n] Garde‹«, die »stündlich, in der Realität, im Alltag ihre weltverändernden Wunder tun«[29], immer besser werden müsse, bildet dementsprechend die ideologische Triebfeder einer sich selbst verstärkenden eliminatorischen Gewalt. Diese nahm über die Jahre immer ausgreifendere Züge an, weil sie das Idealbild kommunistischer Harmonie zu realisieren suchte, indem sie mittels einer hyperaktiven Aufklärungs- und Überwachungsarbeit auf die umfassende Ortung und Ordnung der abtrünnig gewordenen Volksfeinde abzielte. Wie Michail Ryklin herausgearbeitet hat, nahm der Kommunismus in bolschewistischer Ausprägung »nicht nur für sich in

28 Zitiert nach Rohrwasser, Michael (1991): *Der Stalinismus und die Renegaten. Die Literatur der Exkommunisten.* Stuttgart: J.B. Metzler, S. 47.

29 Groys, Boris (1988): *Gesamtkunstwerk Stalin.* München: Hanser, S. 124.

Anspruch, radikal alle Widersprüche der vorangegangenen Geschichte zu überwinden, sondern behauptete auch, dass der daraus resultierende Zustand die Einlösung der in der Geschichte angelegten Hoffnungen sein würde [...].«[30] Von daher war es mit Blick auf die Stabilisierung des internen Machtbereichs von äußerster Wichtigkeit – und absoluter Legitimität – alle Feinde des Volkes mit aller Macht dingfest zu machen. Die sich so entwickelnde Entgrenzung der Gewalt war nur möglich, weil diese in den Selbstbeschreibungen des Machtapparats als zwar grausame, aber gerechte Praxis im Dienste einer höheren Sache begründet werden konnte. »Indem sich der Bolschewismus den äußeren Anschein des Kommunismus gab«, so Ryklin, »verübte er Böses ausschließlich im Dienste eines höheren Guten und verkannte die von diesem Endziel unabhängige Eigenlogik des Bösen – eine typisch psychotische Auffassung.«[31] Paradigmatisch kommt diese Pathologie des Politischen, verstanden als eine zunehmend paranoide Unterscheidungssucht zwischen Freund und Feind, Mitstreiter und Verräter, Gläubigem und Renegaten in dem Refrain eines Songs zum Ausdruck, der durch den melodramatisch-komödiantischen Kinofilm *Zirkus* (1936, R.: Grigori Aleksandrov/Isidor Simkov) große Popularität gewann und leitmotivisch auch in Ruges Roman zitiert wird: »Vaterland, kein Feind soll dich gefährden! Teures Land, das unsre Liebe trägt, denn es gibt kein andres Land auf Erden, wo das Herz so frei dem Menschen schlägt!«[32]

In der Konsequenz dieses Vorstellungskomplexes von behaupteter Parteitreue und latenter Devianz setzte ein kollektiver »Taumel immer weiterer Enthüllungen und Denunziationen«[33] ein, der die Sekuritätssphäre der sowjetischen Gesellschaft massiv unterminierte. Ein sich entgrenzender Verdacht – der Historiker Gerd Kroenen spricht von einer »chronische[n] Entzündung der Phantasie bei gleichzeitiger Betäubung des Denkens«[34] – produzierte eine inquisitorische Kultur der Sichtbarmachung, die über einen zügellosen Willen zum Wissen horizontal wie vertikal verheerende Kaskadeneffekte entfaltete. Horizontal, insofern die drei großen Schauprozesse unter der Regie des Chefanklägers Andrei Wyschinski ein spektakuläres Tribunal initiierten, das sekundiert durch die hasserfüllte Berichterstattung der *Prawda* und entsprechend hysterisierte Straßendemonstrationen gegen die »Schlangenbrut« und »Mörderbande«[35] in Form einer symbolischen Vertretung durch die geständigen Verschwörer die Gefahr einer drohenden Konterrevolution Gestalt annehmen ließ. Vertikal, weil auch für treue Parteigänger und untadelige Funktionäre unter der Prämisse anhaltender klandestiner Verschwörungsaktivitäten der jederzeit mögliche Vorwurf einer ›objektiven Schuld‹,

30 Ryklin, Michail (2003): *Räume des Jubels. Totalitarismus und Differenz.* Frankfurt a.M.: Suhrkamp, S. 12.

31 Ryklin: *Räume des Jubels*, S. 12.

32 Vgl. Ruge: *Metropol*, S. 93 und S. 113.

33 Koenen: *Utopie*, S. 241

34 Koenen: *Utopie*, S. 241.

35 Ruge: *Metropol*, S. 176.

die sich durch mangelnde Wachsamkeit und falsches Vertrauen auszeichnete, jedes Gespräch und jede Begegnung zu einer potenziellen Gefahrenquelle wurde.

Alleine der Umstand, mit einem des Renegatentums und des Verrats Verdächtigen in Kontakt gestanden zu haben, konnte bedeuten, dass man selbst zum Verdächtigen wurde. Exemplarisch für die hieraus resultierende Ansteckungsangst ist eine kleine Szene auf Jalta, wo Charlotte und Wilhelm, noch auf Reisen, aber mittlerweile durch die Nachricht von der Exekution Luries mehr als alarmiert, nach vorauseilenden Möglichkeiten suchen, auch ungefragt ihre Unschuld in den parteipolitischen Kommunikationszusammenhang einzuspeisen. Das bloße Faktum der Bekanntschaft mit Emel lässt sich aber nicht mehr so ohne Weiteres als harmlose Begebenheit einklammern. Die schockierende Reaktion eines alten Freundes wird zum Initiationsmoment für ein ›Theater der Unverdächtigkeit‹, das später im Hotel Metropol seine Fortsetzung finden wird:

> Einmal treffen sie Rudi Vollmer, einen alten Bekannten von Wilhelm aus der Zeit bei der [Tarn-]Firma Goerz, zusammen mit seiner Frau. Wilhelm erzählt ihm sofort von der zufälligen Bekanntschaft mit Emel. Rudi wird sehr still, und seiner Frau fällt ein, dass sie gar keine Zeit mehr für eine gemeinsame Tasse Tee haben. Es hilft nichts, dass Wilhelm versichert, sie würden die Angelegenheit natürlich sofort nach ihrer Rückkehr der Parteileitung melden. Die beiden verabschieden sich höflich und verschwinden auf Nimmewiedersehen. Da haben sie noch eine Woche. Sie schlafen morgens lange (oder tun wenigstens so). […] Sie gehen zum Estradenkonzert. Sie sammeln Muscheln. Sie spielen Urlaub. Sie spielen: Das Leben ist besser, das Leben ist fröhlicher geworden! Bis Wilhelm anfängt zu kotzen.[36]

In der Konsequenz führte die Logik dieser, mit Hannah Arendt gesprochen, »guilt by association«[37] zu einer sich dynamisierenden Fiktionalisierung von Feindschaftsverhältnissen, die ab 1937 durch das Einsetzen von »Verhaftungsepidemien«[38] zusätzliche Bedrohlichkeit gewann und eine Form politischer Subjektivität produzierte, in der sich eine Haltung permanenter Wachsamkeit mit dem Habitus vorsichtiger Außenlenkung kombinierte. Eben weil »jede Anklage nicht nur einen einzelnen betrifft, sondern den ganzen Kreis seiner normalen menschlichen Beziehungen, seine Familie, seine Freunde, seine Arbeits- und Berufskollegen, seine Bekanntschaften mit einbezieht«[39], kommt es zu Kaskaden wechselseitiger Retro-Verdächtigungen, die den sozialen

36 Ruge: *Metropol*, S. 52.

37 Arendt, Hannah (2017): *Elemente und Ursprünge totaler Herrschaft. Antisemitismus, Imperialismus, totale Herrschaft.* 20. Aufl. Köln: Pieper, S. 696.

38 Koenen: *Utopie*, S. 226.

39 Arendt: *Elemente und Ursprünge*, S. 696.

Nahbereich in eine unsichere Kontaktzone zirkulärer Feindschaftszuschreibungen verwandeln:

> Sobald gegen jemanden Anklage erhoben wird, müssen sich seine Freunde in seine erbittertsten und gefährlichsten Feinde verwandeln, weil sie dadurch, daß sie ihn denunzieren und dabei helfen, das Aktenstück der Polizei und der Staatsanwaltschaft gehörig anzureichern, sich ihrer eigenen Haut wehren können; da es sich bei den Anklagen im allgemeinen um nichtexistente Verbrechen handelt, braucht man gerade sie, um den Indizienbeweiß zu erbringen. [...] Während der großen Säuberungswelle gibt es überhaupt nur ein Mittel, die eigene Zuverlässigkeit zu beweisen, und das ist die Denunziation seiner Freunde. [...] Was suspekt ist, ist Freundschaft und jegliche andere menschliche Bindung überhaupt.[40]

Ruges Roman entfaltet nun das so entstehende Angst-Regime der ›Großen Säuberung‹ mittels dreier personaler Erzählstimmen, anhand derer die unterschiedlichen Facetten und Handlungsspielräume dieser psycho-politischen Entsicherungsdynamik in ihrem Changieren zwischen Indizienparadigma und Verdacht, verordneter Selbstbefragung, Verhör und Denunziation erzählt werden. Neben Charlotte präsentiert der Text auch die Perspektiven von Hilde Tal, der ersten Ehefrau von Wilhelm, die ebenfalls für den OMS, also den Geheimdienst der KOMINTERN, arbeitet, sowie die von Wassili Wassiljewitsch Ulrich, dem Obersten Richter im zweiten Schauprozess. Diese drei Protagonist*innen nehmen innerhalb der sowjetischen Maschinerie jeweils unterschiedliche Positionen ein. Trotz ihrer divergenten Hierarchiestufen sind sie neben ihren biografischen Berührungspunkten durch zwei Aspekte miteinander verbunden: den langsam aufkeimenden Zweifel an der Legitimation der Säuberungsanstrengungen und die daraus resultierende Angst, trotz aller Konformität selbst in den Fokus der Geheimpolizei zu geraten. Durch eine strikte Fokalisierung auf den jeweiligen Wissenshorizont dieser drei Figuren, die keinen Überblick haben, sondern immer aufs Neue in Reaktion auf externe Geschehnisse ihre eigenen politischen Koordinatensysteme kalibrieren müssen, schafft es der Text, Akteure an verschiedenen Stellen des sowjetischen Systems in ihrer Verunsicherung plastisch werden zu lassen. Die Interaktionsgefüge, in denen sich die Figuren bewegen, sind konfiguriert von einer Permanenz des Verdachts, wie er beispielhaft während einer Verlagsversammlung von der Genossin Dzierzynskaja, der Witwe des »berühmten Geheimdienstmannes und Gründers der Tscheka«[41] zur allgemeinen Maxime erhoben wird. Dass es sich dabei in der Tat um den Versuch einer Interpellation handelt[42], macht Ruge deutlich, in dem er die Ansprache

40 Arendt: *Elemente und Ursprünge*, S. 696–697.

41 Ruge: *Metropol*, S. 289.

42 ›Interpellation‹ hier verstanden im Sinne Louis Althussers, der im Vorgang der Anrufung

nicht direkt, sondern gefiltert durch Charlottes erlebte Rede erscheinen lässt. Durch diese erzählerische Konstruktion wird klar, dass ideologische Ansprache und gouvernementale Selbstbefragung in eins fallen sollen, es bei Charlotte aber doch nicht tun:

> Hat uns der Genosse Stalin nicht gemahnt? [...] Waren wir nicht aufgefordert, unsere Wachsamkeit angesichts des sich weiter verschärfenden Klassenkampfes weiter zu erhöhen? Wieso, fragt die Genossin Dzierzynskaja, gelingt es uns trotzdem nicht, die Volksfeinde in unseren Reihen rechtzeitig zu erkennen? Wie kann es sein, dass sie weiter mitten unter uns weilen, dass sie Parteimitglieder sind, dass sie auf verantwortungsvollen Posten sitzen und ihr schmarotzerhaftes Leben auf Kosten der arbeitenden Klasse führen? [...] Sie schlägt vor, dass sich jeder Genosse schriftlich verpflichte, noch besser auf seine Umgebung zu achten sowie die Parteiorganisation über jeglichen Verdacht zu informieren. Keine falsche Loyalität! Keine Rücksichtnahme aus alter Freundschaft! Macht eure Augen auf! Hört hin! [...] Achtet auf die Wortwahl. Wer spricht abfällig über einen Genossen? Wer schweigt, wenn man reden müsste? Wer verhält sich zögerlich, wenn es darum geht, einen Verräter zu entlarven und zu verurteilen? Wer zeigt unzureichend Bereitschaft zur Selbstkritik?[43]

Der sich hier artikulierende Aufruf zur Bespitzelung anderer firmiert in der stalinistischen Propaganda unter dem sprachlichen Doppel von Kritik und Selbstkritik, wobei die entsprechenden geheimpolizeilichen und dann auch öffentlichen Purgatorien sehr fein zwischen einer echten bolschewistischen Bereitschaft zur Selbstkritik und einer mit dem Ziel der Verstellung inszenierten Kritik zu unterscheiden meinten. Letztere tarne sich bloß als Kritik, sei »in Wirklichkeit aber Sabotage und konterrevolutionäres Verhalten«[44]. Mit dieser semantischen Verschiebung einher ging eine Verhaltensmodulation, die, so Sylvia Sasse, das Verhalten in der Öffentlichkeit, aber auch im privaten Raum, weitestgehend gleichschaltete:

> Bei Stalin war Kritik ohne Anführungszeichen eigentlich keine Kritik, sondern Gehorsam, und ›Kritik‹ mit Anführungszeichen – laut Stalin – ein Verbrechen, das einem Hochverrat gleichkam. Mit dieser grundlegenden Inversion von echt und falsch, von authentisch und fiktiv fand in der gesamten sowjetischen Gesellschaft auch eine Ver-

---

Subjektwerdung und Unterwerfung in eins setzte, vgl. die präzise Rekonstruktion von Scholz, Leander (2012): Anrufung. In: Bartz, Christina/ Jäger, Ludwig/ Krause, Marcus et al. (Hgg.): *Handbuch der Mediologie. Signaturen des Medialen.* München: Wilhelm Fink, S. 41–46.

43 Ruge: *Metropol*, S. 289–290.

44 Sasse, Sylvia (2023): *Verkehrungen ins Gegenteil. Über Subversion als Machttechnik.* Berlin: Matthes & Seitz, S. 39.

kehrung der Semantik von Autonomie und Heteronomie statt. Kritik im Sinne Stalins war nur noch als bloße Affirmation im Sinne einer reinen, folgsamen Bejahung lesbar.[45]

Maskerade, Verstellung, uneigentliches Sprechen sind vor diesem Hintergrund plausible Strategien eines positionellen Agierens, das auf eine Lage antwortet, in der nichts sicher scheint, außer der permanenten Beobachtung durch alle anderen. Aus dem klaustrophobischen Handlungsraum des Hotels Metropol, welches als materielles und atmosphärisches »Gehäuse des Wahns«[46] *pars pro toto* für die Lebenswelt der stalinistischen Gewaltherrschaft steht, weisen dementsprechend nur zwei Fluchtlinien heraus: Die eine führt gedanklich eine kurze Wegstrecke in südwestlicher Richtung, zu dem ebenso allwissenden wie in seinen Beweggründen opaken Stalin[47], dessen Nicht-Adressierbarkeit einen nie stillzustellenden Sog hermeneutischer Selbstvergewisserung initiiert. Die andere endet in östlicher Richtung im nur wenige hundert Meter entfernten Gefängnis Lubjanka, wo mit der Inhaftierung jede Deutungsunsicherheit zu einem gewaltsamen Ende kommt.

Nach einem kurzen Prolog, in dem Ruge über seine Moskauer Recherchen zum Buch berichtet und damit den epistemologischen Status der nachfolgenden Erzählung markiert[48], beginnt die eigentlich Romanhandlung auf einem Schwarzmeerdampfer Richtung Jalta. Charlotte und Wilhelm sind im September 1936 auf einer Urlaubsreise. Die beiden Kommunisten sind 1933 aus dem nationalsozialistischen Deutschland in die Sowjetunion geflüchtet und unterstützen nun die KOMINTERN. Die einsetzende Spirale der Angst findet ihren Ausgangspunkt, als Charlotte in der *Deutschen Zentralzeitung* in einem Bericht über den ersten Schauprozess entdeckt, dass auch Emel als Mitverschwörer angeklagt wurde. Sofort steht die Frage im Raum, wie mit dieser Bekanntschaft, die unmittelbar die eigene politische Integrität betrifft, umzugehen ist:

> Sie kennt einen M. Lurie. Moissej Lurie. Der eigentlich Alexander Emel heißt. [...] Charlotte hört ihr Herz pochen, so laut, dass es Wilhelms Schnarchen ein paar Schläge lang übertönt. Vorbereitung von Anschlägen auf Stalin, Molotow, Woroschilow... Unglaublich, was vor sich geht. Fast spürt sie etwas wie Wut. Wozu die ständigen

---

45 Sasse: *Verkehrungen*, S. 42–43.

46 Koenen: *Utopie*, S. 215.

47 Dass Stalin nicht zuletzt deshalb eine so einschüchternde Wirkung hatte, weil er seinem Gegenüber immer als Black Box begegnete, reflektiert im Roman der Oberste Richter Ulrich während einem der Gerichtstage im Prozess gegen Lurie wie folgt: »Das Schlimme ist, dass man nicht weiß, was er denkt. Vermutlich ist das seine Stärke. Lehnt sich zurück, hört zu. Raucht sein Pfeifchen. [...] Es ist wie Magie. Stalin neigt bloß den Kopf, macht eine Handbewegung, er bläst ein bisschen Rauch in die Luft, und der ganze Apparat ist in Bewegung. Alle springen herum, schwingen Reden, verpetzen sich gegenseitig.« Ruge: *Metropol*, S. 40–41.

48 Vgl. Ruge: *Metropol*, S. 10–11.

Parteisäuberungen und Überprüfungen? Zwei volle Jahre geht das jetzt schon so. […] Ja, sie ist damit einverstanden. Nur muss sich doch irgendwann ein Erfolg einstellen…[49]

Präsentiert *Metropol* zunächst noch eine Charlotte, die ganz im Vertrauen auf das politische System und ihre eigene Stellung die über Nachrichtenkanäle und Gerüchte verbreiteten Neuigkeiten über den Kampf gegen Renegaten und Verschwörer begrüßt, rekonstruiert der Roman dann im Fortgang die verschiedenen Stufen einer Eskalation des Verdachts, die, von der Logik einer Beweislastumkehr angetrieben, die Germaines immer weiter aus den legitimen Zonen der politischen Arbeit heraus und in die soziale Isolation hineindrängt. Beide werden außer Dienst gestellt und ohne weitere Erklärungen auf Kosten der KOMINTERN im Metropol einquartiert, zudem muss Wilhelm seine »Korowin, Kaliber sechs fünfunddreißig«[50] abgeben. Alte Bekannte meiden den Kontakt, andere werden verhaftet. Exemplarisch für den grassierenden Bekenntniszwang steht der Bericht, den Charlotte für die KOMINTERN erstellt, nachdem sie zuvor schon eine mündliche Selbstanzeige geleistet hatte, bei der ihr »mangelnde Wachsamkeit«[51] zum Vorwurf gemacht worden war. Nachdem sie detailliert alle Kontakte mit Emel und seiner Frau Isa Koigen rekonstruiert hat, schließt sie mit einer Selbstverurteilung, die Ruge als Zitat aus der historischen Kaderakte[52] in den Roman übernimmt:

Ich habe lange und ernsthaft darüber nachgedacht, wie es möglich war, dass ich mit dem Mörder Emel bekannt sein konnte, verleitet durch meine freundschaftliche Beziehung zu seiner Frau, von der mir bis zu diesem Augenblick nicht bekannt ist, welche Rolle sie gespielt hat. Wie es möglich war, dass ich kein Misstrauen gegen ihn hatte. Ich muss sagen, dass es mir ganz unmöglich war, hinter seine glatte Doppelzüngigkeit zu kommen. Aber ich will die Lehre daraus ziehen, dass erstens ein Parteiarbeiter in der Auswahl seiner persönlichen Bekannten grösseres Misstrauen walten lassen muss, und zweitens, ich viel ernsthafter und gründlicher die Geschichte der Bolschewistischen Partei studieren muss, um dadurch meine Klassenwachsamkeit auf ein höheres Niveau zu heben.[53]

Von diesem Punkt aus erzählt der Roman Charlottes Zeit in Moskau als einen permanenten Prozess der ebenso politisch verzweifelten wie ideologisch zweifelnden

---

49 Ruge: *Metropol*, S. 19.
50 Ruge: *Metropol*, S. 102.
51 Ruge: *Metropol*, S. 92.
52 Die Faktualität dieser Selbstanklage dokumentiert Ruge durch eine fotografische Abbildung des vierseitigen Aktenauszugs. Vgl. Ruge: *Metropol*, S. 97–101.
53 Ruge: *Metropol*, S. 100.

Zeichenexegese, in der alltägliche Begebenheiten, aber auch handfeste politische Ereignisse – die Einquartierung von weiteren Mitarbeiter*innen vom »Stützpunkt zwei« im Metropol, die Nachricht von weiteren Verhaftungen – auf die Frage hin ausgedeutet werden, was dies jeweils für den eigenen Status und das weitere Schicksal bedeuten kann. Die zunehmend bedrohlichere Lage führt zudem dazu, dass sich Charlotte von ihrem Mann, den sie für seinen appellhaften Optimismus zu verachten beginnt, entfremdet:

> Regen prasselt gegen Fenster und Bleche. [...] Charlotte wartet darauf, dass Wilhelm einschläft. Sie weiß schon, dass sein Schnarchen sie stören wird. Trotzdem wünscht sie sich, dass er endlich einschläft, endlich fort ist. [...] Entsetzliche Entdeckung: dass sie wenn auch nur in einem blitzartigen, schattenhaften Anflug, imstande ist, sich das zu wünschen. Nicht sie, das andere, das Schlechte in ihr. Das dumme Tier, das die einfachsten Dinge nicht begreift: *Wenn Wilhelm abgeholt wird, werde auch ich abgeholt.* Aber warum, um Himmels Willen, sollten sie Wilhelm abholen?[54]

Die Verunsicherung, die Charlotte zunächst vor allem aufgrund ihrer unklaren Lage verspürt, erzeugt eine zunehmende Entfremdung gegenüber dem kommunistischen Projekt, womit unweigerlich auch der eigene Lebensentwurf massiv in Frage gestellt ist. Ihre Zweifel führen zu einem unbestimmten Gefühl des Ausgeliefertseins. Der eigentliche Abgrund ihrer emotionalen Enthausung bleibt »unbestimmt, unförmig, unklar«.[55] Er lässt sich nicht in Worte übertragen, weil es Charlotte »nicht möglich ist, hinter die Angst zu denken.«[56] Auch eine zwischenzeitliche Verbesserungen der Lage, als Charlotte in der Verlagsgenossenschaft für Ausländische Arbeiter eine Anstellung findet, mit der redaktionellen Betreuung der Broschüre *Die rechten Spießgesellen der trotzkistischen Bande* betraut wird[57] und eine kurze Affäre mit dem Verlagsleiter beginnt, kann ihre insistierende Verunsicherung nicht gänzlich kompensieren. Immer wieder kommt es, gerade auch wenn Charlotte in der Öffentlichkeit unterwegs ist, zu Schüben kaum kontrollierbarer Panik.[58] Das nicht zu konkretisierende Gefühl, permanent beobachtet zu werden, bekommt neue Nahrung, als sie aufgrund ihrer Bekanntschaft mit der mittlerweile verhafteten Hilde in Misskredit gerät und gekündigt wird.[59]

54 Ruge: *Metropol*, S. 233.
55 Ruge, *Metropol*, S. 227.
56 Ruge: *Metropol*, S. 227.
57 Das Pamphlet ist als historischer Leitfaden 1937 unter der Herausgeberschaft der Verlagsgenossenschaft ausländischer Arbeiter in der UDSSR in Moskau erschienen.
58 Vgl. etwa Ruge: *Metropol*, S. 306.
59 Pikanterweise hatte diese – wie ein noch vor dem Einsetzen der eigentlichen Handlung abgedruckter Auszug aus Charlottes KOMINTERN-Akten verrät – im Oktober 1936 selbst eine

Anders als Charlotte schien Hilde zunächst aktiver mit den Selektionsmechanismen der »außer Rand und Band geratenen Maschine« umgehen zu können, die augenscheinlich »blindlings Opfer« forderte.[60] Einerseits ist sie überzeugt von der Notwendigkeit harter Säuberungsmaßnahmen – Sinowjew und Trotzki hält sie beispielsweise in der Tat für »Verräter«[61], Wahrheit ist für sie, was der Partei nützt und »uns ermöglicht zu handeln«[62] –, andererseits muss auch Hilde anerkennen, dass die Verhaftungen immer weniger einem klaren und beherrschbaren Muster folgen. Daher trägt sie nach besten Kräften Sorge dafür, dass die ideologischen Zweifel ihres Ehemanns Julius nicht weiter auffallen. Die potenziell gefährlichen Gespräche mit ihm führt sie nur bei abendlichen Spaziergängen auf offener Straße, weil sie davon ausgeht, dass die Heizkörper im Gemeinschaftswohnheim verwanzt sein könnten.[63] Zunächst als leitende Sekretärin stabil im KOMINTERN-Apparat verankert, rutscht auch Hilde trotz dieser vorbeugenden Maßnahmen sukzessive immer mehr von der Peripherie ins Zentrum der Fahndung nach potenziellen Verrätern. Als ihre beiden direkten Vorgesetzten Abramow-Mirow und Melnikow nacheinander verhaftet werden, flüchtet sich Hilde, von einem massiven Gefühl der Bedrohung ergriffen, in die trügerische Hoffnung, dass die Verhaftungskaskaden in ihrer augenscheinlichen Irrationalität ohne das Wissen Stalins durchgeführt würden. Als im Frühjahr 1937 in einem Dominoeffekt gegen mehrere Kolleg*innen ermittelt wird, fasst sie den Plan, Stalin über die von ihr vermutete Verschwörung innerhalb des NKWD zu informieren:

> Seine Telefonnummer kennt sie auswendig. Sie wird ihn anrufen, und er wird es verstehen. Denn es liegt auf der Hand. Ihre Argumente sind absolut klar. Die einzige Frage ist, wie sie es einrichtet, dass sie eine Weile ungestört mit ihm sprechen kann. Dass er ihr zuhört: Stalin.[64]

Instruktiv führt der Roman hier vor, dass und wie Stalin im paranoiden Geflecht der ›Großen Säuberungen‹ vor allem als ein leerer Signifikant fungiert, als eine Adresse,

---

denunziatorische Mitteilung verfasst, in der sie die Bekanntschaft der Germaines mit Emel und seiner Frau anzeigt (vgl. Ruge: *Metropol*, S. 15). Ruge plausibilisiert diesen Akt des Verrats ganz im Sinne von Arendts »guilt by association«. Nach einer langen, zaudernden Reflexion darüber, ob sie die Verbindung von Charlotte und Wilhelm zu Emel anzeigen soll, gibt letztlich das Argument des notwendigen Selbstschutzes den Ausschlag: »Wilhelm wird seine Beziehung zu Emel sowieso anzeigen. Und was sagt sie dann? Sie habe davon nichts gewusst? Sie fingert eine Papirossa aus der Schachtel und spannt ein neues Blatt in die Maschine.« Ruge: *Metropol*, S. 66.

60 Ruge: *Metropol*, S. 244.

61 Ruge: *Metropol*, S. 54.

62 Ruge: *Metropol*, S. 55.

63 Vgl. Ruge: *Metropol*, S. 53.

64 Ruge: *Metropol*, S. 320.

deren gedankliche Ansteuerung es zumindest vorläufig erlaubt, die Realität der wahllosen massenhaften Verhaftungen mit dem ideologischen Glauben an die fürsorgliche Vaterschaft des Staates zu vermitteln. Gerade dass die Lage so verheerend bleibt, ist ein Zeichen für die Güte des obersten Parteiführers, der von Verrätern getäuscht sein muss. Der Plan, Stalin einen Brief zu schreiben, der ihn über die gefährlichen Umtriebe des NKWD in Kenntnis setzt, hat für Hilde auch nach ihrer Kündigung die Funktion einer Selbstsuggestion, die sie Anzeichen ihrer bevorstehenden Verhaftung ausblenden lässt. Mit diesem Changieren zwischen Erkenntnis und Verweigerung, zwischen intendierter Gegenrede und gleichzeitiger Passivität, führt der Roman vor, dass der Vorwurf von Renegatentum und Verrat nicht aktiv umgangen oder entkräftet werden kann. Da es sich um eine Fremdzuschreibung handelt, die immer schon von der Existenz von Täuschung und Verstellung ausgeht, braucht es keinen konkreten Referenzpunkt im eigenen Handeln, um letztendlich zufällig in den Fokus der paranoiden Aufmerksamkeit zu geraten. Dieser flachen Logik des Verdachts – verwaltungsmäßig werden einfach Personen entlang ihrer Kontaktnetzwerke geortet und geordnet – entspricht die Profanität, mit der Ruge Hildes Verhaftung erzählt. Gerade zu Bett gegangen, erwacht sie »vom Knacken des Fahrstuhl-Relais. Lauscht den Schritten, die näher kommen. Hört das Pochen an der Tür. Es dauert lange, bis sie begreift, dass es an ihrer Tür pocht.«[65]

Interessant für die Frage nach dem daraus resultierenden emotionalen Regime der Angst ist, wie es Ruge gelingt, die Atmosphäre des Misstrauens im Mikrokosmos des Hotels einzufangen. Fast täglich kommen neue ›Gäste‹ an, andere verschwinden auf Nimmerwiedersehen. Besonders der Speisesaal, wo alle zusammenkommen, wird zu einem von politischer Ansteckungsangst[66] motivierten Theater moralisch-politischer Selbstabschottung. Dieses täglich wiederkehrende Ritual der Unschuldsbehauptung, das einerseits bestimmt ist von einer Dramaturgie konzentrierter Indifferenz, und andererseits strukturiert wird von einem bei allen Beteiligten vorhandenen »Positionsgefühl des Paranoikers«[67], bietet die Bühne für die ostentative Darstellung guter Laune:

> Und nun beginnt auf einmal eine Art Wettbewerb in guter Laune und Unbefangenheit. Auch Wilhelm fängt unversehens an zu plaudern, stößt sie unter dem Tisch an: Mach nicht so ein Gesicht! Charlotte bemüht sich, freundlich und interessiert dreinzuschauen,

65 Ruge: *Metropol*, S. 336.

66 »Das Element der Ansteckung […] hat die Wirkung, daß die Menschen sich voneinander absondern. Das sicherste ist, niemand zu nahe zu kommen […]. Einer vermeidet den anderen. Das Einhalten von Distanz wird zur letzten Hoffnung.« Canetti, Elias (2006): *Masse und Macht.* 30. Aufl. Frankfurt a.M.: S. Fischer, S. 325.

67 Canetti: *Masse und Macht*, S. 517.

> während Wilhelm – lauter als nötig – von der vorzeitigen Erfüllung des Rohbaumwollplanes oder der Rekordfahrt der neuen sowjetischen Lokomotive SO 17–3 berichtet.[68]

Ruges Imagination der Interaktionen im Speisesaal, in den die Bewohner des Hotels Metropol zu jeder Mahlzeit aufs Neue einkehren, spielt an auf eine Beobachtung des russischen Philosophen Michail Ryklin, wonach – auch und gerade für diejenigen, die als potenzielle Renegaten unter Verdacht stehen – »die Teilnahme am gesellschaftlichen Leben [...] ein [...] tiefgreifender Imperativ«[69] war, der auf die Zielstellung reagierte, die eigene Unbeschwertheit nach allen Seiten hin unübersehbar zu dokumentieren. Auch wenn offenkundig ist, dass immer mehr Plätze verwaisen, weil einzelne Gäste von der Geheimpolizei abgeholt wurden, bleiben die Tischgespräche »so heiter wie eh und je, fast scheint es, als wollten die Übriggebliebenen den Verlust durch Lautstärke wettmachen.«[70] Alle positiven Gemütsregungen – Ryklin spricht mit Blick auf die Öffentlichkeit von »Räumen des Jubels« – sind im Metropol bloß eine Überlebenstaktik unter den Bedingungen einer grassierenden Hermeneutik des Verdachts, die, gerade weil sie anders als der Nationalsozialismus kein klares Feindbild installierte, eine radikale Verunsicherung aller zur Folge hat.

Trotz aller schauspielerischen Bemühungen spitzt sich allerdings die Lage im Herbst 1937 weiter zu. Der letzte, mit »Totentanz« überschriebene Teil von Ruges Buch erzählt, wie sich die Tische im Speisesaal sukzessive weiter leeren. Das zuversichtlich-jubilatorische Lachen, das eine Zeit lang dominierte, wird verdrängt von einer kommunikativen Stille, die daher resultiert, dass die Bewohner des Hotels mittlerweile zu »flüstern« gelernt haben. Darin drückt sich ein doppeltes Sicherheitsmanagement aus, in das, so der Historiker Orlando Figes, zwei Adressen involviert sind:

> Die russische Sprache kennt zwei Worte für einen ›Flüsterer‹: ›scheptschuschtschi‹ für jemanden, der aus Furcht, belauscht zu werden, sehr leise spricht, und ›scheptun‹ für jemanden, der den Behörden etwas über andere zuflüstert, das heißt sie anschwärzt. Die Unterscheidung geht auf eine Redeweise der Stalinjahre zurück, als die gesamte Sowjetunion aus Flüsterern der einen oder anderen Art bestand.[71]

Charlotte und Wilhelm verbringen auch die Nächte nur noch in Straßenkleidung, eine Tasche mit den nötigsten Dingen steht gepackt neben dem Bett, die Ohren sind gespitzt, ob ein Geräusch des Fahrstuhls das Kommen der Geheimpolizei ankündigt. Ruge

68 Ruge: *Metropol*, S. 214–215.
69 Ryklin: *Räume*, S. 12–13.
70 Ruge: *Metropol*, S. 349.
71 Figes, Orlando (2008): *Die Flüsterer. Leben in Stalins Russland.* Berlin: Berlin Verlag, S. 29–30.

imaginiert, wie Charlotte in den wenigen Stunden, in denen sie in der Nacht Schlaf findet, von Alpträumen heimgesucht wird, in denen sie – eine Referenz auf die inquisitorischen Verhörszenen in Arthur Koestlers *Sonnenfinsternis* (1940)[72] – von einer Instanz der Macht als »Bürgerin Umnitzer« angesprochen, zur Rede gestellt und zu einem Geständnis ihrer objektiven Schuld gebracht wird.[73]

Während Hilde ihre unmittelbare Nähe zu den zuvor verhafteten Leitern des OMS zum Verhängnis wird, überleben die Germaines aber das Finale der Säuberungen durch eine glückliche Fügung, die, so stellt es Ruge im Epilog dar, rein gar nichts mit Charlottes Glauben, ihrer Loyalität oder ihrem Handeln zu tun hatte. An ihrem Schicksal, das in keinem kausalen Verhältnis zu einer erbrachten oder unterlassenen Verratshandlung steht, lässt sich vielmehr der kontingente Autismus in der Aufmerksamkeitsökonomie der staatlichen Macht ablesen, für die der Urteilsspruch in den allerwenigsten Fällen das Ergebnis eines faktenbasierten Ermittlungsverfahrens gewesen ist:

> Hilde Tal wurde am 19. März 1938 [...] erschossen. Gut einen Monat zuvor [...] erhielten meine Großmutter und ihr Lebensgefährte Schweizer Pässe [...] und ein Visum für Frankreich. Warum ausgerechnet sie? Die Gründe werden wir voraussichtlich nie erfahren. [...] Die große Verhaftungswelle klang allmählich ab. Irgendwer hat irgendwo ein Kreuzchen gemacht oder das Häkchen oder Kreuzchen vergessen oder irgendetwas übersehen oder ist einfach zu faul gewesen oder hat gerade einen Anruf von seiner Geliebten bekommen. Kurz es war Zufall. Aber der Zufall gehört zum Wesen der außer Rand und Band geratenen Terrormaschine Stalins. Sie nahm den Charakter einer Naturgewalt an und versetzte gerade dadurch in Angst und Schrecken. Jeder konnte denunziert werden. Jeder war in Gefahr. Und ebenso konnte jemand grundlos verschont bleiben.[74]

Gerade die Indifferenz des Überwachungs- und Strafapparats, dessen Selektionsroutinen aus einem Wahrheitsregime resultieren, das immer schon vom vorab definierten Ergebnis her operiert, steigert das Gefühl des Ausgeliefertseins bis zum Maximum. Im schlimmsten Falle urteilten, so Gerd Koenen, die

> überall eingerichteten ›Troiki‹, in denen der Parteichef, der Staatsanwalt und der NKWD-Chef eines Gebietes saßen, nicht mehr individuell, sondern in sogenannten ›Albumverfahren‹, indem ein großes ›R‹ (für Rasstreljati, Erschießen) auf den Deckel

72 Vgl. zur Dramaturgie des Verhörs in Koestlers *Sonnenfinsternis* Lethen, Helmut (2023): *Der Sommer des Großinquisitors. Über die Faszination des Bösen.* Hamburg: Rowohlt, S. 113–123.

73 Vgl. Ruge: *Metropol*, S. 350–353.

74 Ruge: *Metropol*, S. 420–421.

einer Sammelakte gezeichnet wurde. In Moskau verloren auf diese Weise 500 bis 600 Menschen am Tag ihr Leben.[75]

Eine solche Verfolgungsmaschinerie kann nur überleben, wer Glück hat und die sich möglicherweise bietenden Nischen des Apparats aus purem Zynismus und kalter Berechnung heraus nutzt. Genau dadurch zeichnet sich die dritte Hauptfigur des Romans, der oberste Militärrichter der Sowjetunion, Wassili Ulrich, aus. Während der ›Großen Säuberungen‹ für mehr als 30.000 Todesurteile verantwortlich[76], präsentiert ihn der Roman als einen Technokraten der autoritären Herrschaftspraxis, der sich an der Macht halten kann, weil er zum Politischen in ein affektives Nicht-Verhältnis eingetreten ist. Die Frage, wer als Freund oder Feind des Volkes einzuschätzen sei, interessiert ihn schlichtweg nicht; zum ideologischen Programm des Stalinismus hat er kein dogmatisches, sondern ein rein taktisches Verhältnis. Er kennt die Abläufe und weiß, wie er sich heraushalten kann. Kalt beobachtet er die Routinen der Säuberung und hofft, dass es ihn nicht treffen wird:

> Der übliche Ablauf: erst Ablösung, dann Erschießung. Und dazwischen zappelst du im Nirwana … Wie Jagoda, der Geheimdienstchef. Im September abgelöst. Verhaftet ist er immer noch nicht, obwohl jeder weiß, dass seine Tage gezählt sind. Grauenhafte Vorstellung. Er, Wassili Wassiljewitsch, würde sich lieber erschießen.[77]

Ulrich ist ein Renegat im eigentlichen stalinistischen Begriffsverständnis, wie es von Michael Rohrwasser in seiner Studie über »die Literatur der Exkommunisten« als Bezeichnung jener Exkommunisten rekonstruiert wurde, die vom Glauben abgefallen sind.[78] Vor allem mit seinen Eheproblemen und seinen sexuellen Phantasien beschäftigt, ist die Verfolgung von Volksfeinden für ihn keine Glaubenssache, vielmehr handelt es sich um eine von Opportunismus ummantelte Verwaltungsarbeit, die, wie jede andere auch, zu erledigen ist. In einer Textpassage auf dem Weg zum Gericht, wo er, einmal mehr auf seine formale Funktion reduziert, als bloßer Beobachter der theatralen Statusdegradierung der Deliquenten durch den Chefankläger Wynschiski wird beiwohnen müssen, stellt sich die bis dahin schon gefühlte Ernüchterung mit absoluter Klarheit ein. In erlebter Rede schildert der Roman, wie Ulrich nun den intuitiv schon vollzogenen Abfall vom kommunistischen Glauben an einen objektiv zu bestimmenden und damit das eigene Tötungshandwerk legitimierenden Fortschritt der Geschichte in einem Selbstgespräch ausdrücken kann. Dem Richter widerfährt ein epiphanisches

75 Koenen: *Utopie*, S. 247.
76 Vgl. Ruge: *Metropol*, S. 419.
77 Ruge: *Metropol*, S. 154.
78 Vgl. Rohrwasser: *Der Stalinismus*, S. 26–56.

Erweckungserlebnis, in dem er sich ganz vom Heilsversprechen der zu vollendenden klassenlosen Gesellschaft verabschiedet. Dieser säkularreligiösen Überhöhung entkleidet, transformiert sich seine scharfrichterliche Arbeit im Dienste des Wohles von Partei und Volk zu einer banalen, von zynischem Nihilismus begleiteten Verwaltungstätigkeit:

> Wassili Wassiljewitsch hat eine Erleuchtung. Es verblüfft ihn, denn er hatte noch nie im Leben eine Erleuchtung. [...] Aber jetzt überkommt es ihn. Es ist groß, viel zu groß, um in Worte gefasst zu werden – jedenfalls braucht Wassili Wassiljewitsch fast den ganzen Weg vom Metropol bis zum Haus der Gewerkschaften, um den Kern seiner ungeheuren, ihn vollständig erfüllenden Erkenntnis auf einen Satz zu bringen [...]: Die Menschen glauben, was sie glauben wollen. [...] Man kann ihnen Fakten liefern, man kann sie widerlegen, es hilft nichts. Im Gegenteil, wer glauben will, findet einen Weg. [...] Er könnte auf offener Straße losbrüllen vor Lachen. Wie komisch: Die einen glauben, dass die Bauernschaft eine reaktionäre Klasse sei, die anderen glauben, sie sei revolutionär. [...] Und was, um Himmels Willen, ist Trotzkismus? Entweder man ist für Stalin. Oder man ist gegen ihn. Punkt. Und er selbst? Ist er für Stalin? Ist er für irgendwas? Woran glaubt er? Ist auch er einer von diesen Ahnungslosen, die sich irgendwas vormachen? Er ist für Stalin, gewiss. Aber *glaubt* er an Stalin? Er glaubt, dass er nichts glaubt. [...] Er, der von allen unterschätzte Wassili Wassiljewitsch Ulrich, der Mittelmäßige, der Langsame, der Gründliche – er ist der Einzige im Saal, der nicht glaubt. Nennen wir es Ulrichismus. Ich bin Ulrichist, denkt Wassili Wassiljewitsch Ulrich.[79]

Ulrichs neue Klarsicht, die ihn zum kalten Beobachter der aufgeführten Gerichtsfarce werden lässt, bleibt ironischerweise aber ebenso unentdeckt wie folgenlos. Zwar vermeint er, dass mit seiner Selbsterkenntnis »alles anders« und auch er selbst »ein anderer«[80] geworden sei, konkrete Folgen hat dies aber nicht. Weiterhin arbeitet er daran, in der Ämterhierarchie des Staates nicht ins Hintertreffen zu geraten und unterschreibt Todesurteile im Akkord. Er tut dies aber nicht mehr im Dienste des kommunistischen Projekts, sondern vor allem, um eigene Minderwertigkeitsgefühle zu kompensieren. Eine Szene, die an Elias Canettis Beschreibungen des »Urteilens und Aburteilens«[81] in *Masse und Macht* (1960) erinnert, führt anhand eines gescheiterten Erpressungsversuchs vor, wie sich verweigerte Triebabfuhr, Beschämung und Verurteilungstempo bedingen. Nachdem sich Ulrichs Versuch, von der Ehefrau eines Angeklagten sexuelle Dienste einzufordern, in ein Desaster impotenter Hilflosigkeit

79 Ruge: *Metropol*, S. 172.
80 Ruge: *Metropol*, S. 173.
81 Canetti: *Masse und Macht*, S. 351–352.

verwandelt hatte, kehrt er, »im Gesicht den grellen Schmerz der Erniedrigung«[82], ins Büro zurück und unterschreibt das Todesurteil für den Ehemann der zuvor sexuell Genötigten. Entscheidend für die affektive Rahmung von Ulrichs Handeln ist, dass dieser das Scheitern seiner sexuellen Ambition retrospektiv als Ausdruck seiner höheren Moral narrativiert und von der erlebten Herabsetzung abkoppelt.[83] Er unterscheibt den Verwaltungsakt nicht nur, sondern empfindet dabei sogar eine Befriedigung »über die eigene Unbestechlichkeit«[84], bevor er die nächste Akte aufschlägt, in der es um eine Laima Zeraus aus Lettland geht, die den Alias-Namen Hilde Tal benutzt.

Mit dieser letzten biografischen Koinzidenz, die die drei Hauptfiguren und die jeweils durch sie verkörperten Subjektivierungsweisen in Resonanz zueinander stellt[85], ist die literarische Besichtigung des affektiven Spektrums des Renegaten, die mit Orwells »Zwei-Minuten-Hass« begonnen und von den paranoischen Konstellationen des Hotels Metropol fortgesetzt wurde, aber noch nicht ganz abgeschlossen. Auch wenn mit Ulrich bereits die Zone der aktiven Täterschaft betreten wurde, fehlt noch – und hier wird Rothmanns Erzählung *Hotel der Schlaflosen* relevant – ein kurzer Blick auf die Affekte am direkten Kristallisationspunkt der Gewalt. Auffällig ist dabei, dass die intensiven Affektlagen – Hass und Angst vor allem – immer dort ins Spiel kommen, wo die größeren gesellschaftlichen Räume und deren Affektarrangements in den Blick rücken. Die Kammern der Macht hingegen, wo die Richter und Henker ihren Aufträgen nachgehen, sind von affektkontrollierter Kälte bestimmt.

## 3. Schluss: die Kälte des Henkers

Dort, wo Renegaten vermutet oder gesucht werden, das führen Orwells *1984* und Ruges *Metropol* aus unterschiedlichen Perspektiven vor, entstehen extreme Gefühlslagen. Dem Feindbild des Renegaten, der gehasst und als Vehikel politisierbarer Affektmobilisation genutzt werden kann, entspricht das emotionale Regime der Verfolgungsangst bei all jenen, die damit rechnen müssen, in den Fokus des Verdachts zu geraten. Im einen wie im anderen Falle findet sich ein imaginativer Überschuss, der als Brandbeschleuniger wirkt, zur völligen Entsicherung der Lage beiträgt und gerade deshalb eskalativ wirken kann, weil er – im Anschluss an die Überlegungen Eric Voegelins[86] –

82 Ruge: *Metropol*, S. 372.

83 Die Szene steht damit in einer Korrespondenz zu Elias Canettis Beobachtung, dass »die Freude am negativen Urteil« gerade aus moralischer Unbedingtheit entspringt, in der sie verankert sein muss. Vgl. Canetti: *Masse und Macht*, S. 351–352.

84 Ruge: *Metropol*, S. 375.

85 Mit Charlotte und Wilhelm teilt Ulrich den Umstand, dass er und seine Frau – freilich auf einer anderen Etage – ebenfalls im Hotel Metropol wohnen.

86 Vgl. Voegelin, Eric (1938): *Die politischen Religionen*. Wien: Bermann-Fischer, sowie ders. (2019):

im quasi-religiösen Glauben an eine höhere Ordnung der Geschichte verankert ist. Gegenüber den Gefühlskomplexen von Hass und Angst, die am Hitzepol politischer Affekte angesiedelt sind, präsentiert Ruge mit der Figur Ulrich einen zynischen Mitläufer, der sein Agieren ganz auf Außenlenkung eingerichtet hat. Wenn sich die Paranoia des Stalinismus im hier diskutierten Sinne als eine pathologische Reaktion auf die krisenhafte Erfahrung eines geschichtlichen Prozesses verstehen lässt, der sich gegen alle Orthodoxie nicht lenken lassen will, dann ist Ulrichs Renegation vor allem eines: der Ausdruck eines einverständigen Wissens darum, dass alles auch ganz anders sein könnte. Als skrupelloser Mörder ohne moralischen Kompass erscheint er vor diesem Hintergrund in einer merkwürdigen Wendung als eine hochambivalente Figur am Rande, die sich ganz aus einem taktischen Kalkül heraus im gefährlichen Raum bewegt. Am Massenmord der ›Großen Säuberungen‹ beteiligt zu sein, bedeutet ihm zunächst einmal, das eigene Überleben zu sichern.

Noch einmal eine etwas andere Färbung trägt die Erzählung *Hotel der Schlaflosen* in die Affektologie des Renegaten ein. Rothmann porträtiert darin, am historischen Vorbild des NKDW-Offiziers Wassili Michailowitsch Blochin orientiert, einen stalinistischen Henker, der mit gnadenloser Kälte seiner Aufgabe nachgeht. Konzentriert erledigt er in einem Hotelkeller eine Erschießung nach der anderen. Er liebt seine »Walther«, mit der man »drei- oder vierhundert Volksfeinde an einem Tag«[87] erledigen kann. Blochin, der bei der ›Arbeit‹ immer eine Lederschürze über der Uniform trägt, blickt mit kaltem Zynismus auf sein Tun. Wenn es spät wird, übernachtet er im Hotel, lieber aber schläft er zuhause bei Natalja, weil er im Hotelbett oft wach liegt wie

> ein alter Fuchs, der den Herzschlag der Mäuse unterm Schnee hört. Ich wusste, alle in den zweihundert Zimmern schliefen ebenfalls nicht, alle starrten die Wände an und warteten darauf, dass der rumpelnde Lift in ihrer Etage hielt, und diese Angst hatten sie verdient. Aber ich brauchte Schlaf; ich musste bei der Sache sein und durfte nicht empfindlich werden, sonst konnte ich mir gleich die Kugel geben.[88]

Blochin verkörpert den Prototyp des emotionslosen Henkers, für den eine subjektive Vermittlung zwischen der Monstrosität und Alltäglichkeit seines Tuns kein Problem darstellt. Rothmann zeichnet ihn als Mensch ohne Gewissen, dessen affektive Gleichgültigkeit ihn in die Lage versetzt, auch Urteile gegen Verwandte oder enge Freunde zu vollstrecken, sobald ihre Namen auf seinen Listen auftauchen. Als in einer Nacht der jüdische Schriftsteller Isaak Babel in den Kellerräumen des Hotels Lux landet,

---

*Angst und Vernunft*. Berlin: Matthes & Seitz.

87 Rothmann, Ralf (2020): Hotel der Schlaflosen. In: ders.: *Hotel der Schlaflosen. Erzählungen*. Berlin: Suhrkamp, S. 23–45, S. 27.

88 Rothmann: Hotel, S. 30.

weil er als Verfasser des Romans *Die Reiterarmee* bei Stalin in Ungnade gefallen war, kommt es zu einem kurzen Kammerspiel, bei dem Rothmann dem moralischen Nihilismus des stalinistischen Herrschaftsraumes in der Figur Blochin ein Gesicht gibt. Dessen totale moralische Indifferenz gewinnt in der Konfrontation mit dem zuvor brutal gefolterten und völlig entkräfteten Babel an Profil. Zwischen dem Henker, der die literarischen Qualitäten der *Reiterarmee* lobt und gleichzeitig über die politische Naivität Babels spottet, und seinem Opfer entspinnt sich ein bizarrer Dialog über Wahrheit. So hält Blochin Babel vor, dass es blauäugig sei zu glauben, man könne die Autoritäten des Systems »durch die poetische Blume«[89] kritisieren. Insbesondere die negative Zeichnung des russischen Feldherrn Budjonny in der *Reiterarmee* sei ein schwerer Fehler gewesen. Babels Erwiderung – »Aber so war es doch. So war es wirklich. Nicht ich mit meinem bisschen Tinte – er hat die Rote Reiterarmee in den Dreck gezogen, in die Niederlage.«[90] – lässt Blochin nicht gelten. Im Gegenteil. Babels Beharren auf einer parhessiastischen Aufgabe der Literatur, die eine »Verantwortung für das Leben« habe und »nicht taktieren« dürfe, provoziert Blochin zu einem kurzen Wutanfall:

> Das Leben, das Leben, was spuckst denn Du hier für Phrasen? Auch der Tötende ist das Leben! Und was hat die Ehrlichkeit für einen Wert, wenn sie nur Unfrieden stiftet? [...] Und was heißt das überhaupt, Wahrheit? [...] Alle biegen sich die Geschichte so hin, dass sie gut aussehen, mit möglichst vielen Orden auf der Brust. Die Wahrheit aber, die reine und letzte Wahrheit, mein Freund, die sagt immer nur eine Kugel.[91]

Für die Kälte, mit der Blochin sein Gegenüber behandelt, findet Rothmann ein erschütterndes Bild. So erzwingt der Henker eine Signatur von Babels *Geschichten aus Odessa* (1931), in denen er zuvor im Bett gelesen hatte. Weil Babels Hände gebrochen sind und er keinen Stift mehr halten kann, gibt er sich einer schmerzvollen Prozedur mit dessen in Tinte getränkten Daumenabdrücken zufrieden. Diese ganze wörtliche »Subversion als Machttechnik«[92] – die blauen Abdrücke der Opfer treten an die Stelle der blutigen der Täter – setzt den Schlusspunkt. Babel stirbt einen prosaischen Tod und sinkt lautlos hin, »wie ein Haufen Kleider«[93]. Dass er nach Stalins Tod, als sich die Koordinaten des sowjetischen Wahrheitsregimes verschieben, posthum vom Vorwurf des Renegatentums freigesprochen wird, nimmt Blochin mit Freude zur Kenntnis, auch wenn er sich ärgert, dass die *Geschichten aus Odessa* trotz der berühmten Signatur nicht

89 Rothmann: Hotel, S. 37.
90 Rothmann: Hotel, S. 37.
91 Rothmann: Hotel, S. 38.
92 Vgl. Sasse: *Verkehrungen.*
93 Rothmann: Hotel, S. 44.

zu verkaufen sind. »Keiner«, mit diesem Satz endet die Erzählung, »wollte mir glauben, dass es seine Fingerabdrücke waren.«[94] In Rothmanns Erzählung sind Wahrheit und Wahrscheinlichkeit, anders als Wahrhaftigkeit, relationale Größen einer politischen Epistemologie mit beschränkter Gültigkeit. Darin zeigt sich einmal mehr der schwankende Boden im Affektraum des Renegaten, der allen Akteuren, die in ihm überleben wollen, eine permanente Selbstregulierung nach der Maßgabe politischer Erwartungshaltungen auferlegt.

## *Literaturverzeichnis*

Arendt, Hannah (2017): *Elemente und Ursprünge totaler Herrschaft. Antisemitismus, Imperialismus, totale Herrschaft.* 20. Aufl. Köln: Pieper.

Binotto, Johannes (2010): Für ein unreines Kino. Film und Surrealismus. In: *Film-Bulletin – Kino in Augenhöhe*, 3, online unter https://schnittstellen.me/essay/film-und-surrealismus/. 30.03.2020.

Canetti, Elias (2006): *Masse und Macht.* 30. Aufl. Frankfurt a.M.: S. Fischer.

Durkheim, Émile (1994): *Die elementaren Formen des religiösen Lebens.* Frankfurt a.M.: Suhrkamp.

Figes, Orlando (2008): *Die Flüsterer. Leben in Stalins Russland.* Berlin: Berlin Verlag.

Fischer-Lichte, Erika (2012): *Performativität. Eine Einführung.* Bielefeld: transcript.

Freud, Sigmund (1974): Massenpsychologie und Ich-Analyse. In: ders.: *Studienausgabe* Bd. IX. Frankfurt a.M.: S. Fischer, S. 61–134.

Gertenbach, Lars/Laux, Henning/Rosa, Hartmut et al. (2018): *Theorien der Gemeinschaft zur Einführung.* 2. Aufl. Hamburg: Junius.

Girard, René (1998): *Der Sündenbock.* Zürich: Benziger.

Girard. René (2010): *Gewalt und Religion: Gespräche mit Wolfgang Palaver.* Berlin: Matthes & Seitz.

Goffman, Ervin (1981): *Geschlecht und Werbung.* Frankfurt a.M.: Suhrkamp.

Groys, Boris (1988): *Gesamtkunstwerk Stalin.* München: Hanser.

Haubl, Rolf (2007): Gattungsschicksal Hass. In: ders./Caysa, Volker: *Hass und Gewaltbereitschaft. Philosophie und Psychologie im Dialog.* Göttingen: Vandenhoeck & Ruprecht, S. 7–68.

King, David (2015): *Die Kommissare verschwinden: Die Fälschung von Fotografien und Kunstwerken in Stalins Sowjetunion.* Berlin: Karl Dietz Verlag.

Koenen, Gerd (2000): *Utopie der Säuberung. Was war der Kommunismus?* Frankfurt a.M.: S. Fischer.

Lethen, Helmut (2023): *Der Sommer des Großinquisitors. Über die Faszination des Bösen.* Hamburg: Rowohlt.

Orwell, George (2019): *1984.* 45. Aufl. Berlin: Ullstein.

94 Rothmann: Hotel, S. 45.

Rex, Eva (2022): ›Fehlkonstruktion!‹ Arthur Koestlers Bild vom Menschen. In: *Sezession*, 108, S. 38–42.

Rohrwasser, Michael (1991): *Der Stalinismus und die Renegaten. Die Literatur der Exkommunisten.* Stuttgart: J.B. Metzler.

Rosa, Hartmut (2016): *Resonanz. Eine Soziologie der Weltbeziehung.* Berlin: Suhrkamp.

Rothmann, Ralf (2020): *Hotel der Schlaflosen. Erzählungen.* Berlin: Suhrkamp.

Ruge, Eugen (2019): *Metropol.* Hamburg: Rowohlt Verlag.

Ryklin, Michail (2003): *Räume des Jubels. Totalitarismus und Differenz.* Frankfurt a.M.: Suhrkamp.

Sasse, Sylvia (2023): *Verkehrungen ins Gegenteil. Über Subversion als Machttechnik.* Berlin: Matthes & Seitz.

Schmitt, Carl (2010): *Theorie des Partisanen. Zwischenbemerkung zum Begriff des Politischen.* 7. Aufl. Berlin: Duncker & Humblot.

Scholz, Leander (2012): Anrufung. In: Bartz, Christina/Jäger, Ludwig/Krause, Marcus et al. (Hgg.): *Handbuch der Mediologie. Signaturen des Medialen.* München: Wilhelm Fink, S. 41–46.

Voegelin, Eric (1938): *Die politischen Religionen.* Wien: Bermann-Fischer.

Voegelin, Eric (2019): *Angst und Vernunft.* Berlin: Matthes & Seitz.

*Carolin Amlinger*

# Retroverser Fortschritt

## Rückkehr, Konversion und sozialer Wandel

ABSTRACT: Beginning with the trend toward first-person narrative perspectives in contemporary literature, this article examines the ways in which crisis-ridden presences are narrated in narratives of return. The focus is on how conversion narratives articulate a collectively shared experience of social change. Autosociobiographical novels open with a threshold narrative that follows the logic and structure of classic conversion narratives. The tripartite narrative structure of autobiographical conversion narratives, in which a turning point separates the life course into a wrong life before conversion and a right one after conversion, is used in the novels as a time-diagnostic tool to render a diffuse social threshold state representable.

KEYWORDS: progress, narrative of return, social change, social mobility, diagnosis of time, autosociobiography, conversion narrative

### 1. Einleitung

Im Sommer 2023, kurz nach dem jährlichen Wettlesen um den Bachmann-Preis, klagte der Literaturkritiker Tobias Rüther in der *Frankfurter Allgemeinen Zeitung*: »Ach, das Ich. Und dann auch noch so viele davon!«[1] Nicht nur in Klagenfurt wurde in den vorgestellten Romanauszügen die Handlung fast durchgängig durch ein erzählendes Ich geschildert, auch in den besprochenen Literaturdebüts von Helgard Haug, Mina Hava, Irina Kilimnik und Anne Rabe greifen die Autorinnen zum Ich, wenn sie Gegenwart erzählen wollen. Nicht immer ist das Erzählen autofiktional, nicht immer schließt die Autor:in einen »autobiographischen Pakt«[2] mit den Leser:innen und versichert, aus dem eigenen, gelebten Leben zu berichten. Aber zur fiktionalen Bearbeitung von Gegenwartsproblemen scheint sich in der Gegenwartsliteratur ein Ich auf die Suche begeben zu müssen, um die Gesellschaft in Rückwendung auf sich, auf die eigene Geschichte und die der Familie zu ergründen. Offensichtlich wird die Hinwendung zum Ich, die noch vor wenigen Jahren von der Literaturkritik als »Rückzug

1 Rüther, Tobias (2023): Das Ich und die Suchfunktionen der Literatur. Literaturdebüts 2023. Frankfurter Allgemeine Zeitung: https://www.faz.net/aktuell/feuilleton/buecher/themen/literaturdebuets-von-anne-rabe-irina-kilimnik-und-mina-hava-19033690.html. 05.09.23.

2 Lejeune, Philippe (1994): *Der autobiographische Pakt.* Frankfurt a.M.: Suhrkamp.

ins Private«[3] kritisch beäugt wurde, nicht mehr als Symptom einer entpolitisierten Innerlichkeitsprosa betrachtet. Im Gegenteil. Rüther verweist in seiner Ergründung der literarischen Allgegenwart des Ich auf die Autorin Jenny Offill, die es als verantwortungslos empfindet, sich bloß eine Geschichte auszudenken, die nichts zu tun habe mit den drängenden Gefahren der Gegenwart; der Klimakrise, der Kriege, der Pandemie oder des neuen Autoritarismus. Sie umschreibt ihre ethische Erzähltheorie als »aktiven Fatalismus«: auch wenn man nicht wisse, ob Literatur politische Wirkung entfaltet, müsse man als Autorin so tun als ob sie es tue.[4]

Das öffentliche Krisenbewusstsein löst in der Gegenwartsliteratur offenkundig eine Krise der Fiktion aus. Autor:innen thematisieren reale politische Konflikte in ihren lebensweltlichen Verstrickungen, weil alles andere ein Ignorieren, ein Verschweigen wäre. Eine auktoriale Erzählperspektive, die angesichts der überfordernden Unordnung Ordnung stiftet, findet man nur selten. An deren Stelle steht ein Ich, das sich den Widersprüchen der Gegenwart nicht entziehen kann, sie aber gleichzeitig zu verstehen versucht, indem es in die Vergangenheit zurückkehrt. Es recherchiert, erinnert sich, arbeitet auf. Rüther schlussfolgert daraus: »Vergangenheitsbewältigung und Gegenwartsbewältigung gehören zusammen, und beides beginnt immer auch mit der eigenen Familie.«[5]

Anknüpfend an diese Beobachtung untersucht der Beitrag die Art und Weise, wie krisenhafte Gegenwärtigkeit in autosoziobiographischen Romanen erzählt wird. Von besonderem Interesse ist, ob sich im Rückkehrnarrativ eine kollektiv geteilte Erfahrung von gesellschaftlichem Wandel artikuliert. Die Figuren schreiten nicht der Poetik des Entwicklungsromans folgend in die Zukunft, sie erkunden in Erinnerungen die familiäre Vergangenheit, um den personalen Wandel und die damit verbundenen Friktionen zu ergründen. Die retrospektive Bewegung der Ich-Erzähler:in ist in den untersuchten Werken von Pierre Bourdieu, Didier Eribon und Deniz Ohde an eine Konversionserfahrung des Selbst geknüpft, an ein plötzliches Gewahrwerden des Anderssein. Die Rückkehr zu den Orten der Kindheit geht mit einem erlebten Bruch einher, der das ehemals Unhinterfragte fremd erscheinen lässt. Oft wird die Konversionserfahrung von einer affektiven Diffusion begleitet, da die Wiederannäherung an die Vergangenheit

---

3 Schreiber, Daniel (2019): Ich will Ich. Gegenwartsliteratur. Zeit online: https://www.zeit.de/kultur/literatur/2019–10/erzaehlperspektive-ich-schriftsteller-literatur-demokratie-glaubwuerdigkeit/komplettansicht. 05.09.23. Zur Literaturkritik der Autofiktion vgl. Franzen, Johannes (2019): Hemmung vor der Wirklichkeit. Literaturkritik. Zeit online: https://www.zeit.de/kultur/literatur/2019–10/literaturkritik-fiktion-fakten-schreiben-qualitaet. 05.09.23.

4 Offil, Jenny/ Rüther, Tobias (2023): »Ich glaube an aktiven Fatalismus«. Interview. Frankfurer Allgemeine Zeitung: https://www.faz.net/aktuell/feuilleton/buecher/themen/interview-mit-jenny-offill-ueber-ihren-roman-wetter-17585720.html. 05.09.23.

5 Rüther: Das Ich und die Suchfunktionen der Literatur.

mit einer paradoxen Gleichzeitigkeit von Ferne und Nähe, Fremdheit und Vertrautheit einhergeht und im Gefühl der Scham verdichtet ist.

Parallelen zum retrospektiven Erzählen der Gegenwartsromane finden sich in den soziologischen Gegenwartsdiagnosen, die mit modernen Fortschrittssemantiken brechen und stattdessen Begriffe der »Desillusionierung« (Andreas Reckwitz), der »Retrotopie« (Zygmunt Bauman) oder des »Unbehagens« (Armin Nassehi) heranziehen, um das kollektive Zeitgefühl der Gegenwart zu umschreiben.[6] Denn sozialer Wandel vollzieht sich in Gegenwartsgesellschaften nicht linear (es ist die Frage, ob er dies jemals tat), sondern in einer »Dialektik von Modernisierung und Gegenmodernisierung«[7], wie Ulrich Beck 1996 formulierte. Die dynamische Entwicklung der Gegenwart ist von immanenten Widersprüchen geprägt, Fortschritte reagieren auf bestehende Probleme, deren Lösung wiederum neue Probleme freisetzt. Die immanenten Nebenfolgen werden oft als Rückfall oder gar Verfall empfunden, sie stellen den sozialen Fortschritt in der öffentlichen Wahrnehmung bisweilen infrage (wie der Begriff »Backlash«[8] evoziert). Oliver Nachtwey und ich haben diese Verzahnung von Fortschritten und Rückschritten als »regressive Modernisierung«[9] bezeichnet. Während soziologische Zeitdiagnosen die Gleichzeitigkeit des Ungleichzeitigen abstrakt beschreiben, wird sie im Rückkehrnarrativ der Gegenwartsliteratur konkret erfahrbar. Es sind darum nicht bloß literarische Gegenwartsbezüge, die über faktuale Ereignisse oder Personen eine »strukturelle Bezogenheit auf die eigene Zeit«[10] ausstellen, sondern eine retroverse Erzählform macht die Paradoxien und Ambivalenzen des politischen Zeitgefühls von Gegenwart anschaulich.

---

6 Bauman, Zygmunt (2017): *Retrotopia.* Berlin: Suhrkamp; Nassehi, Armin (2021): *Unbehagen. Theorie der überforderten Gesellschaft.* München: C.H. Beck; Reckwitz, Andreas (2019): *Das Ende der Illusionen. Politik, Ökonomie und Kultur in der Spätmoderne.* Berlin: Suhrkamp.

7 Beck, Ulrich (1996): Das Zeitalter der Nebenfolgen und die Politisierung der Moderne. In: Beck, Ulrich/ Giddens, Anthony/ Lash, Scott: *Reflexive Modernisierung. Eine Kontroverse.* Frankfurt a.M.: Suhrkamp, S. 19–111, S. 60.

8 Norris, Pippa/ Inglehart, Ronald (2019): *Cultural Backlash. Trump, Brexit, and Authoritarian Populism.* New York: Cambridge University Press.

9 Amlinger, Carolin/ Nachtwey, Oliver (2022): *Gekränkte Freiheit. Aspekte des libertären Autoritarismus.* Berlin: Suhrkamp, S. 96.

10 Herrmann, Leonard/ Horstkotte, Silke (2016): *Gegenwartsliteratur. Eine Einführung.* Stuttgart: J. B. Metzler, S. 4.

## 2. Kurze Literatursoziologie der Konversionserzählung

Aufzeichnungen der Bekehrung und der damit verbundenen Erlösung sind eng mit dem Christentum verbunden, insbesondere der Bekenntniserzählungen im Neuen Testament wie der des Paulus. Bis heute ist der Begriff der Konversion mit einer religiösen Semantik aufgeladen, mit ihm wird im alltäglichen Wortgebrauch meist der konfessionelle Übertritt zwischen zwei Religionen bezeichnet. Dabei ist das Narrativ der Bekehrung gerade in ausdifferenzierten Gesellschaften ein weit verbreitetes Mittel, um die personale Identität zu plausibilisieren.[11] Neben religionswissenschaftlichen Ansätzen begannen sich darum ab den 1970er Jahren soziologische und sozialpsychologische Forschungen für soziale Phänomene des Übertritts, der Bekehrung und Erlösung zu interessieren und weiteten Konversionsereignisse auf säkulare Bereiche aus.[12] Im Fokus interdisziplinärer Konversionsforschung stehen seither nicht zwingend religiöse Anlässe und Beweggründe, sondern ebenso Bekundungen des »radikalen persönlichen Wandels«[13] im individuellen Lebensverlauf oder eines Wechsel der Weltsicht in politischen Bekenntnis- oder Läuterungserzählungen.[14] Wurde das Forschungsmaterial nicht mit Interviews selbst erhoben, beruhte es auf Selbstzeugnissen, auf Autobiographien, Tagebuchaufzeichnungen, Briefen oder Bekenntnisberichten im engeren Sinn. Denn Konversionen manifestieren sich nicht zwingend in objektivierbaren Merkmalen, wie dem Wechsel einer religiösen oder parteilichen Mitgliedschaft, sondern in einer für Außenstehende nicht sichtbaren inneren Umkehr der Person. Die Dokumente der Konversion legen Zeugnis über den vollzogenen Wandel ab und weisen die Konversion gleichzeitig als ein kommunikatives Ereignis aus, das über wieder-

---

11 Weintraub, Karl J. (1975): Autobiography and Historical Consciousness. In: *Critical Inquiry*, 1/4, S. 821–848.

12 Vgl. den Forschungsüberblick in Schaser, Angelika (2007): »Zurück zur heiligen Kirche.« Konversionen zum Katholizismus im säkularisierten Zeitalter. In: *Historische Anthropologie*, 15/1, S. 1–23; Richardson, James T. (Hg.) (1978): *Conversion careers. In and out of the new religions.* London: Sage.

13 Wohlrab-Sahr, Monika/ Krech, Volkhard/ Knoblauch, Hubert (1998): Religiöse Bekehrung in soziologischer Perspektive. Themen, Schwerpunkte und Fragestellungen der gegenwärtigen religionssoziologischen Konversionsforschung. In: dies. (Hgg.): *Religiöse Konversion. Systematische und fallorientierte Studien in soziologischer Perspektive.* Konstanz: UVK, S. 7–35, S. 8.

14 Heidrich, Christian (2002): *Die Konvertiten. Über religiöse und politische Bekehrungen.* München: Hanser; Haupt, Heinz-Gerhard (2003): Politische Konversion in historischer Perspektive. Methodische und empirische Überlegungen. In: Uta Gerhardt (Hg.): *Zeitperspektiven. Studien zu Kultur und Gesellschaft. Beiträge aus der Geschichte, Soziologie, Philosophie und Literaturwissenschaft.* Stuttgart: Steiner, S. 267–304; Lofland, John/ Stark, Rodney (1965): Becoming a World-Saver. A Theory of Conversion to a Deviant Perspective. In: *American Sociological Review*, 30, S. 862–875, S. 862.

erkennbare Eigenschaften als solches sichtbar gemacht wird. Eine Konversion ist also fast zwangsläufig eine Konversions*erzählung*.

Betrachtet man die Konversion aus gattungstypologischer Perspektive, treten die individuellen Motive, die zu einer Neuausrichtung des Lebens oder der Einstellungen führen, zugunsten sprachlicher und stilistischer Traditionen zurück, die bis in die Spätantike zurückreichen und dabei negativ auf einen Kanon bezogen sind, wie Thomas Luckmann betont.[15] Die Besonderheit des individuellen Wandels wird in nahezu allen Konversionserzählungen in eine dreigliedrige Erzählstruktur überführt: »Für die Konvertiten gibt es ein Vorher und ein Nachher«, so Christian Heidrich. Geschieden werden die beiden zeitlichen Abschnitte durch ein drittes Moment, das eigentliche Konversionsereignis: »Der Wendepunkt, der das Vorher vom Nachher trennt, ist die Konversion.« Die erlösende Umkehr, die den Lebensverlauf in ein falsches Leben *vor* und ein richtiges Leben *danach* trennt, wird erzählerisch die »Mitte der Existenz«: Sie stattet die übrigen Handlungselemente mit Sinn aus.[16] Das »zeitliche Grundgerüst« der autobiographischen Erzählung organisiert sich also um einen Wendepunkt, wie ebenfalls Bernd Ulmer in qualitativen Interviews mit religiösen Konvertit:innen beobachtet hat. Auf der Ebene der Erzählzeit wurden die Umstände, die zu einer Spaltung der Biographie in ein »davor« und »danach« führten, detailliert dargestellt, sodass es nahezu zu einer Deckung von Erzählzeit und erzählter Zeit kam, während den beiden Lebensabschnitten selbst sehr viel weniger Aufmerksamkeit geschenkt wurde. Es wurden zudem auch auf der Ebene der Handlung ausschließlich Ereignisse geschildert, die auf das Konversionsereignis hinführten oder aus diesem resultierten.[17] Julian Müller betont darum die existentielle Funktion eines Wendepunktes für die Identitätserzählung: eine »Erfahrung verwandelt das bisherige Leben schlagartig in ein falsches.«[18] Dies ist umso bedeutsamer, da sich die erlösende Selbsterkenntnis, an die der innere Wandel der Person geknüpft ist, oft schwer versprachlichen lässt. Um die an sie gebundenen Gefühle der Scham oder Schuld, falschen Illusionen erlegen gewesen zu sein, glaubhaft darzustellen, greifen Konversionserzählungen auf narrative Traditionen zurück, die ihren Ursprung in christlichen Bekenntniserzählungen haben. Dabei ist es irrelevant, ob das Konversionsereignis einen Wandel der Überzeugungen initiiert, in

15 Schaser: Zurück zur heiligen Kirche, S. 2; Luckmann, Thomas (1987): Kanon und Konversion. In: Assmann, Alida/ Assmann, Jan (Hgg.): *Kanon und Zensur. Beiträge zur Archäologie der literarischen Kommunikation II.* München: Fink, S. 38–46.

16 Heidrich: Die Konvertiten, S. 10.

17 Ulmer, Bernd (1988): Konversionserzählungen als rekonstruktive Gattung. Erzählerische Mittel und Strategien bei der Rekonstruktion eines Bekehrungserlebnisses. In: *Zeitschrift für Soziologie*, 17/1, S. 19–33, S. 22.

18 Müller, Julian (2023): Der politische Konvertit als Fürsprecher seiner selbst. In: *Mittelweg 36*, 32/1, S. 17–27, S. 21.

Indifferenz und Skeptizismus mündet oder es zu einer Neukombination aus alten und neuen Einstellungen kommt.[19]

Die Darstellung von Wendepunkten und an sie geknüpfte Motive der Selbsterkenntnis sind ein wiederkehrendes narratives Organisationsprinzip von Autobiographien, um die Konsistenz des geschilderten Lebensverlaufes zu beglaubigen.[20] Konversionserzählungen müssen nicht autobiographisch sein, aber in Autobiographien positioniert sich das erzählende Ich häufig im Muster der Konversion zu sich selbst. Stephen Shapiro sieht in der strukturellen Metapher des »turning point« eine der wichtigsten Konventionen autobiographischen Erzählens.[21] Er begründet dies mit dem identitätsbildenden Motiv von Autobiographien, die frühere Versionen des Selbst mit gegenwärtigen Versionen zu integrieren versuchen. Das Konversionsereignis stiftet als narratives Mittel ebenso eine Verknüpfung zwischen den unterschiedlichen biographischen Varianten des Ich wie dem erzählenden und erzählten Ich. Insofern erzeugen Konversionserzählungen gezielt Effekte einer »autobiographischen Illusion«, wie Pierre Bourdieu sie beschrieb, »indem man in Abhängigkeit von einer Globalintention bestimmte signifikante Ereignisse auswählt und Verknüpfungen zwischen ihnen herstellt, die geeignet scheinen, ihr Eintreten zu begründen und ihre Kohärenz zu gewährleisten [...]«.[22] Die Bekehrung wäre in diesem Fall die strukturierende Intention oder der Standpunkt des erzählenden Ich, nach der sich die Auswahl der Selbst- und Weltbezüge sowie die Handlungsabfolge ausrichtet. Der Punkt, von dem aus das autobiographische Ich auf sein Leben blickt, wird jenseits einer Reihe von Erfahrungen, jenseits von Krisenmomenten verortet, um das Geschilderte retrospektiv mit Sinn zu versehen und im Lebensverlauf ein Muster zu erkennen.[23]

Das erzählende Ich wird damit zu einer Instanz der Rechtfertigung. Eine Instanz, die nicht selten täuscht, wenn sie divergierende Erfahrungsräume ausblendet. In der narrativen Konstitution eines kohärenten Selbst liegt die säkulare Aufgabe einer »personal salvation«.[24] Das Motiv der Konversion hat laut Gerald Peters in den Strukturen vieler moderner säkularer Autobiographien eine totalisierende Funktion, und zwar in zweifacher Hinsicht. Es bot zum einen eine einheitliche Vorstellung von personaler Identität, die zum anderen durch Formen sozialer Autorität legitimiert

19 Snow, David A./ Machalek, Richard (1984): The Sociology of Conversion. In: *Annual Review of Sociology*, 10, S. 167–190, S. 170–171.

20 Vgl. Wagner-Egelhaaf, Martina (2005): *Autobiographie.* Stuttgart: J.B. Metzler.

21 Shapiro, Stephen A. (1968): The Dark Continent of Literature: Autobiography. In: *Comparative Literature Studies*, 5, S. 421–454, S. 439.

22 Bourdieu, Pierre (1998): *Praktische Vernunft. Zur Theorie des Handelns.* Frankfurt a.M.: Suhrkamp, S. 75–76.

23 Weintraub: Autobiography and Historical Consciousness, S. 824.

24 Gusdorf, Georges (1980): Conditions and Limits of Autobiography. In: Olney, James (Hg.): *Autobiography. Essays.* Princeton: Princeton University Press, S. 28–48, S. 39.

wurden: »It tied one to the authority of a social and linguistic context, and yet it transferred all the authority of that context to the individual in his or her dealings with the world.«[25] Konversionserzählungen sind aus seiner Sicht in gleichem Maße befreiend wie unterwerfend. Zum einen begründet das Konversionsereignis auf narrativer Ebene die Freiheit des Ich, sich Religionen, Parteien oder sozialen Gruppen zugehörig zu fühlen, wie sich von ihnen abzuwenden. Doch durch die Bekehrung erfährt die Freiheit gleichzeitig eine Begrenzung, die aus der narrativen Struktur der Konversion resultiert. Das erzählende Ich hält an dem totalisierenden Anspruch der Verhaltenskonsistenz fest. Edith Saurer hat das kollektive Phänomen der Konversion in der Wiener Romantik untersucht und bereits eine ähnlich ambivalente Struktur beobachtet. Allen Konversionsberichten war gemeinsam, »dass die Herkunftsreligion nicht das ganze Leben des Individuums bestimmen muss, dass aber die Zugehörigkeit zu einer Religion die akzeptierte Norm und der zentrale Identitätsrahmen bleiben soll.«[26] Neben dem verweltlichten Verhalten, dem Bruch mit der familiären Religion, besteht das innere Bedürfnis nach Religion fort. Ähnlich treten in säkularen Autobiographien Vorstellungen der Variabilität der eigenen Person neben solche der Kontinuität.

In der sozialwissenschaftlichen Forschung werden Konversionserzählungen der Gegenwart darum als ein Modus der Selbstfestlegung interpretiert. Da Lebensverläufe in Gegenwartsgesellschaften kontingenter geworden sind und nicht mehr unmittelbar durch die sie prägenden Institutionen wie Familie, Betrieb, Kirche oder Partei in eine vorhersehbare und festgefügte Chronologie überführt werden, geben die Individuen ihren Leben selbst Sinn. »Bedeutungsverluste«, argumentiert Müller, »werden sozusagen dadurch kompensiert, dass sich Menschen selbst reglementieren und dadurch auch selbst fundieren.«[27] Desto größer die Kontingenzen, umso stärker das Bedürfnis nach Stabilität und Gewissheit. Der Bereich der Konversion weitet sich auf alltägliche Praktiken aus, die in eine identitätsstiftende Selbsterzählung überführt werden: zwar ist ungewiss, wo man in den nächsten Jahren arbeiten, wo und mit wem man leben wird, aber die eigene Lebensführung (Ernährung, Sport etc.) stiftet Stabilität. Für die Selbsterzählung bleibt entscheidend, dass die Konversion öffentlich kommuniziert wird, davon zeugen Bekenntnisberichte auf Social Media, die der Dramaturgie reli-

25 Peters, Gerald (1993): *The Mutilating God. Authorship and Authority in the Narrative of Conversion.* Amherst, MA: University of Massachusetts Press, S. 2.

26 Saurer, Edith (2006): Romantische KonvertitInnen. Religion und Identität in der Wiener Romantik. In: Aspalter, Christian/ Müller-Funk, Wolfgang/ Saurer, Edith et al. (Hgg.): *Paradoxien der Romantik. Gesellschaft, Kultur und Wissenschaft in Wien im frühen 19. Jahrhundert.* Wien: WUV, S. 229–255, S. 234.

27 Müller, Julian (2019): Vom richtigen Leben nach dem falschen. LMU Newsroom: https://www.lmu.de/de/newsroom/newsuebersicht/news/vom-richtigen-leben-nach-dem-falschen.html. 06.09.23.

giöser Konversionserzählungen gehorchen. Müller veranschaulicht dies anhand von Vorher-Nachher-Bildern, auf denen etwa der Wechsel der Frisur, der Figur oder auch des Geschlechts dargestellt wird. Konversionserzählungen haben in dieser Perspektive eine »soziale Funktion«: Sie dienen dem narrativen Nachweis für den eigenerfahrenen Wandel, der über die Dreigliedrigkeit der Erzählstruktur plausibel dargestellt werden soll.[28] Die Erzählung legitimiert die Idee des Selbst und sichert sie ab.

## 3. Konversion als soziologische Methode

In autosoziobiographischen Selbsterzählungen, wie sie von Didier Eribon, Annie Ernaux oder Édouard Louis genreprägend formuliert wurden, wird der Wandel der eigenen Person akribisch rekonstruiert.[29] Die Rückkehr zu vergangenen Orten setzt beim erzählenden Ich einen Identitäts- und Sinnstiftungsprozess in Gang, der von affektiven Erschütterungen begleitet wird, die einer religiösen Konversionserfahrung nicht unähnlich sind. Oft befinden sich die Figuren in einem existentiellen Status der Verunsicherung, übertreten die Schwelle zum alten Ich nur zögerlich. Die retrospektiven Rückblenden haben dabei eine doppelte Funktion: Sie sollen den Wandel der Person wie den Wandel der Gesellschaft versprachlichen. Eine krisenhafte Selbsterfahrung wird an ein gesellschaftliches Krisenbewusstsein rückgebunden, die Retrospektion wird gleichzeitig als eine soziale Rekonstruktion ausgewiesen. Um die Verknüpfung zwischen autobiographischem Erzählen und zeitdiagnostischer Gesellschaftsanalyse zu plausibilisieren, folgen die Texte wiedererkennbaren Genrekonventionen. Laut Carlos Spoerhase sind Autosoziobiographien durch ein Bündel von Merkmalen geeint: Die Texte arbeiten mit Authentifizierungsstrategien, durch die sie eine Identität von Erzähler:in, Protagonist:in und Autor:in nahe legen; auf der Handlungsebene sind Momente der Überschreitung zu beobachten (die Erzählfigur muss sich von der Familie entfernen, zieht fort, muss sich verändern usw.); damit verbunden ist ein Bildungsideal, über das ein sozialer Aufstieg initiiert wird (Institutionen wie Schule, Universität oder eine persönliche Lektüreerfahrung ermöglichen dies); und der soziale Übergang ist meist mit einer ambivalenten Affektdynamik verknüpft (Gefühle wie Überlegenheit und Stolz werden ebenso thematisch wie Scham, Ohnmacht oder Angst).[30] In einigen

28 Ulmer: Konversionserzählungen als rekonstruktive Gattung, S. 32.

29 Vgl. Blome, Eva/ Lammers, Philipp/ Seidel, Sarah (Hgg.) (2022): *Autosoziobiographie. Poetik und Politik.* Berlin, Heidelberg: J.B. Metzler.

30 Spoerhase, Carlos (2022): Akademische Aufsteiger. Scholarship boys als literarische Sozialfiguren der Autosoziobiographie (Politik der Form II). In: Blome, Eva/ Lammers, Philipp/ Seidel, Sarah (Hgg.): *Autosoziobiographie. Poetik und Politik.* Berlin, Heidelberg: J.B. Metzler, S. 67–88, S. 67–68.

Fällen ist die fiktionale Erzählung außerdem an eine »Wahrheitsverpflichtung«[31] geknüpft, die sonst mit faktualen Erzählungen einher geht. Hier wird die autobiographische Erinnerung an eine Gesellschaftsdiagnose rückgebunden, in der die Konversionserzählungen als diagnostisches Instrument eingesetzt werden. Die Erinnerungsarbeit, in der sich das persönliche, familiäre und soziale Gedächtnis überlappen, wird häufig metafiktional reflektiert.

Als Vorbild gilt Pierre Bourdieus *Soziologischer Selbstversuch*, der angelegt als Anti-Autobiographie die Bedingungen der eigenen Perspektive rekonstruieren will. Statt dem intentionalen Erzählen, das er, wie oben erwähnt, Autobiographien zuschreibt, entwickelt Bourdieu in seiner Vorlesung eine methodisch geleitete »Selbstobjektivierung«[32], die keinerlei imaginativen Anteile, die mit einem Erinnerungsvorgang einher gehen, enthalten soll.[33] Das erzählende Ich soll ähnlich wie ein Soziologe den »Platz des Forschers«[34] einnehmen, wenn es auf sich selbst zurückblickt. Diesen Vorgang beschreibt Bourdieu als eine »Umkehrung des Blicks«[35], dem ein reflexives Erkenntnisvermögen zukomme. Denn indem das Ich sich selbst zum Objekt erhebt, überschreitet es die *doxa*, die soziale Welt mit ihren unhinterfragten Selbstverständlichkeiten. Es wird sich fremd und kann sich in diesem distanzierten Blick seinem Selbst annähern. Und eben diese Überschreitungserfahrung, die soziologische Erkenntnisse generieren soll, bindet Bourdieu an ein Konversionsereignis zurück. Er erläutert in seinem methodischen Nachwort zum *Elend der Welt* seine Idee soziologischen Verstehens als eine »wahre Konversion des Blicks«.[36] Bourdieu verwendet den Begriff nicht unbedacht. Bekehrungserzählungen vermitteln eine persönliche Erfahrung, die als Beweggrund eines eigenerlebten Wandels geltend gemacht wird, kommunikativ durch ihre dreigliedrige Erzählstruktur. Die vergangene Erfahrungswirklichkeit wird, wie oben ausgeführt, hinsichtlich der erlebten Konversionserfahrung und der an sie geknüpften Identität retrospektiv erzählt. Autobiographische Konversionserzählungen rechtfertigen die Variabilität des Lebensverlaufs also, indem sie den indeterminierten Fortgang des eigenen Lebens durch ein determinierendes Ereignis erläutern. Biographische Brüche oder andere Erfahrungen von Kontingenz haben dadurch rückblickend Sinn, sie werden zu existentiellen Wendepunkten des Lebens. Bourdieu übernimmt

---

31 Genette, Gérard (1992): *Fiktion und Diktion.* München: Fink Verlag, S. 78.

32 Bourdieu, Pierre (2002): *Ein soziologischer Selbstversuch.* Frankfurt a.M.: Suhrkamp, S. 11.

33 Teile der folgenden Ausführungen sind sinn- oder wortgemäß enthalten in: Amlinger, Carolin (2022): Literatur als Soziologie. Autofiktion, soziale Tatsachen und soziologische Erkenntnis. In: Blome, Eva/ Lammers, Philipp/ Seidel, Sarah (Hgg.): *Autosoziobiographie. Poetik und Politik.* Berlin, Heidelberg: J.B. Metzler, S. 43–66.

34 Bourdieu: *Ein soziologischer Selbstversuch*, S. 9.

35 Bourdieu: *Ein soziologischer Selbstversuch*, S. 70.

36 Bourdieu, Pierre (1997): *Das Elend der Welt. Zeugnisse und Diagnosen alltäglichen Leidens an der Gesellschaft.* Konstanz: UVK, S. 788.

dieses narrative Muster von »Desillusionierung und Wandel«[37], um die nicht unmittelbar wahrnehmbaren sozialen Vorstrukturierungen des erzählten Ich beschreibbar zu machen. Mit dem Unterschied indes, dass die damit verbundene Vorstellung einer kohärenten und konsistenten Identität methodisch reflektiert wird.

Veranschaulichen lässt sich seine methodische Adaption der Konversionserzählung in den Schilderungen seiner frühen ethnologischen Forschungen. Während der Feldforschung in der algerischen Kabylei erinnert Bourdieu sich an die Bauern seines Heimatortes Béarn, eine Erfahrung, die bei ihm »eine Art Initiation«[38] auslöste. Er überträgt den methodischen Forschungsrahmen, den er auf eine ihm fremde Kultur angelegt hatte, nun auf die eigene Heimat. Das Rückkehrnarrativ, das im autosoziobiographischen Erzählen eine Konversion des Erzählers initiiert, beginnt im *Selbstversuch* nun folgendermaßen:

> [E]s erschien mir lohnenswert, [...] dieses fraglos gegebene Verhältnis der Menschen zu ihrer sozialen Welt zu befragen, aber in einer mehr oder weniger experimentellen Weise, nämlich indem ich jene Welt als Gegenstand einer objektiven, sogar objektivistischen Untersuchung wählte, eine Welt, die mir vertraut war, in der alle Beteiligten einen Vornamen hatten, in der sich die Art zu sprechen, zu denken und zu handeln für mich völlig von selbst verstand – und gleichzeitig mein Vertrautheitsverhältnis mit dem Objekt selbst und in seiner Differenz zu objektivieren, die es von jenem wissenschaftlichen Verhältnis trennt, zu dem ich, etwa in der Kabylei, mit Werkzeugen der Objektivierung wie der Genealogie oder Statistik gelangt war.[39]

Bourdieu kehrt als Soziologe zurück in die Welt seiner Heimat, als er die Heiratsstrategien in seinem Heimatdorf untersucht. Er beschreibt den epistemologischen Bruch eindrücklich, der sich einstellte, als er das Bekannte, das als unhinterfragter Erfahrungsrahmen seine Sicht auf die Dinge prägte, einer »objektivistischen Untersuchung« unterzog. Bemerkenswert sind hier die sich überlagernden Perspektiven der Erzählinstanz, die in ihrem Wissen, den emotiven und normativen Dispositionen, stark variieren. Der Ich-Erzähler, der alte Soziologe Bourdieu, der auf seine frühe Forschung zurückblickt, beschreibt den jungen Soziologen Bourdieu, der wiederum die Welt seiner Kindheit in einem Forschungsrahmen beschreibt. Der Text setzt eine Reihe von Beobachtungsordnungen in Gang, die überlagernde Konversionserfahrungen beinhalten. Der rekonstruktive Blick des erzählten Ich, des jungen Forschenden, setzt ein methodisch geleitetes Konversionsereignis in Gang, das die sozialen Gesetzmäßig-

37 Rohrwasser, Michael (1991): *Der Stalinismus und die Renegaten. Die Literatur der Exkommunisten.* Stuttgart: J.B. Metzler Verlag, S. 3.
38 Bourdieu: *Ein soziologischer Selbstversuch*, S. 47.
39 Bourdieu: *Ein soziologischer Selbstversuch*, S. 69.

keiten und Strukturierungen des Dorflebens offenlegt. Menschen, die er mit Vornamen kennt, werden ihm fremd; und dadurch als gesellschaftliche Subjekte erkennbar. Gleichzeitig wird an den retrospektiven Erinnerungsvorgang des erzählenden Ich eine Konversionserfahrung rückgebunden, die von einer schmerzhaften Erkenntnis des Wandels der eigenen Person begleitet wird, wie Bourdieu weiter ausführt:

> Ein ganzer Teil meiner selbst wird mir wiedergegeben, jener, durch den ich ihnen ähnlich war und der mich ihnen gleichzeitig entfremdete, weil ich ihn nur verleugnen konnte, indem ich sie verleugnete, im Banne der Scham, die ich für sie und mich empfand – die Rückkehr zu den Ursprüngen wird begleitet von einer dennoch beherrschten Rückkehr des Verdrängten.[40]

Die Wiederannäherung an das vergangene Ich, das mit einer Konfrontation der verdrängten eigenen Anteile einhergeht, setzt einen paradoxen Affekthaushalt frei, der zwischen Fremdheit und Identifikation schwankt und im Gefühl der Scham sedimentiert ist. In der methodisch geleiteten Konversionserzählung wird der Wendepunkt, die eigentliche Bekehrung, kontrolliert herbeigeführt, um im Akt des Erinnerns den Werdegang des Selbst aus einer epistemologischen Distanz verständlich zu machen. Die verleugneten Anteile, die eigene soziale Herkunft, werden durch die Rückkehr, an die eine retroverse Bewegung im sozialen Raum geknüpft ist, freigesetzt. Bourdieu beschreibt den Vorgang des Erinnerns selbst als erkenntnisförderndes Prinzip einer »echten epistemologischen Konversion«[41], das biographisch in der Heimkehr des jungen Forschers verdichtet ist.

## 4. Rückkehrnarrativ und regressive Modernisierung

Bourdieu unterscheidet streng zwischen »eingeborenem und wissenschaftlichem Blick«.[42] Er geht von der Prämisse aus, dass die soziale Ordnung nicht unmittelbar beobachtbar ist und sich ausschließlich in einer wissenschaftlichen Rekonstruktion erschließen lässt. Er musste als Soziologe zurückkehren in seinen Heimatort, um die soziale Logik zu rekonstruieren, die sein eigenes Leben strukturierte. Die scharfe Grenzziehung, die er methodisch zwischen der objektivierenden Distanz und der subjektiven Involviertheit zieht, wurde häufig kritisiert.[43] Gleichwohl führt er im

40 Bourdieu: *Ein soziologischer Selbstversuch*, S. 71.

41 Bourdieu: *Ein soziologischer Selbstversuch*, S. 75.

42 Bourdieu: *Ein soziologischer Selbstversuch*, S. 71.

43 Vgl. Celikates, Robin (2015): Zwischen Habitus und Reflexion. Zu einigen methodologischen Problemen in Bourdieus Sozialtheorie. In: Mark Hillebrand/ Krüger, Paula/ Lilge, Andrea et al.

*Selbstversuch* vor, dass die temporale Struktur von Konversionserzählungen diese dichotome Trennung unterminiert, da hier das erzählende Ich mit dem erzählten Ich im Akt des Erinnerns als identisch wahrgenommen wird, obwohl es ihm als Fremdes gegenübertritt. Was Bourdieu aufgrund des Anspruchs, ein methodisch kontrolliertes Verfahren zu konzipieren, verwirft, nutzen literarische Autosoziobiographien, um die »zweifache Wirklichkeit von Gesellschaft«[44] darstellbar zu machen: die subjektiven Erfahrungswelten *und* die sie strukturierenden objektiven Klassifizierungen. Die Ich-Erzähler:in ist meist in privilegierte Sozialpositionen aufgestiegen, doch innerlich ist sie zerrissen durch eine »doppelte Nichtzugehörigkeit«[45], die in einem Rückkehrnarrativ zu der Herkunftsfamilie ergründet werden soll.

Beispielhaft lässt sich dies an dem Romananfang des im Jahr 2020 im Suhrkamp Verlag erschienen Debüts *Streulicht* der Autorin Deniz Ohde nachvollziehen. Erzählanlass ist hier, wie in vielen Autosoziobiographien, die Rückkehr zum Vater, die bei der Ich-Erzählerin Rückblenden in die Kindheit, und darüberhinausgehend eine Reflexion über soziale Mobilität und Beharrung in Gang setzen.[46] Der Titel des mehrfach ausgezeichneten Debüts bezeichnet das Licht, das von dem städtischen Industriepark ausgeht, in dem der Vater arbeitet. Die verstorbene Mutter der Erzählerin ist als junge Frau aus der Türkei eingewandert, ihr Leben war von dem Versuch geprägt, die Unordnung in der Wohnung zu beseitigen, die der Vater und Großvater der Erzählerin durch das Anhäufen immer neuer Produkte produzierten. Die Erzählerin beschreibt zwar einen Bildungsaufstieg (sie macht an einer Abendschule Abitur und studiert schließlich), gleichzeitig aber auch die Diskriminierungserfahrungen, die ihre soziale Mobilitätserfahrung begleiten. Im Klappentext findet sich ein direkter Verweis zu Bourdieus Hauptwerk *Die feinen Unterschiede:* »Wahrhaftig und einfühlsam erkundet Deniz Ohde in ihrem Debütroman die feinen Unterschiede in unserer Gesellschaft.«[47] Der paratextuelle »heteronome Hilfsdiskurs«[48] offeriert offenkundig ein gesellschaftsdiagnostisches Interpretationsangebot. Doch der Roman tut dies auf eine grundsätzlich andere Weise als die Soziologie Bourdieus. In der Literaturkritik wurde

---

(Hgg.): *Willkürliche Grenzen. Das Werk Pierre Bourdieus in interdisziplinärer Anwendung.* Bielefeld: Transcript, S. 73–90.

44 Schultheis, Franz (2002): Nachwort. In: Pierre Bourdieu: *Ein soziologischer Selbstversuch.* Frankfurt a.M.: Suhrkamp, S. 133–151, S. 142.

45 Spoerhase, Carlos (2017): Politik der Form. Autosoziobiografie als Gesellschaftsanalyse. In: *Merkur* 71/818, S. 27–37, S. 29.

46 Vgl. Blome, Eva (2020): Rückkehr zur Herkunft. Autosoziobiografien erzählen von der Klassengesellschaft. In: *Deutsche Vierteljahresschrift für Literaturwissenschaft und Geistesgeschichte* 94/4, S. 541–571.

47 Ohde, Deniz (2020): *Streulicht. Roman.* Berlin: Suhrkamp, o.S.

48 Genette, Gérard (2001): *Paratexte. Das Buch vom Beiwerk des Buches.* Frankfurt a.M.: Suhrkamp, S. 18.

der Roman als »überzeugendes Gegenstück« zu den französischen Genrekonventionen der Autosoziobiographie rezipiert, weil er in seinen dichten »Nahaufnahmen« gesellschaftliche Entwicklungen greifbar mache.[49] Der »Generalisierungsanspruch«[50], der Autosoziobiographien bisweilen in die Nähe von Gegenwartsdiagnosen rücken lässt, entfaltet sich in der Beschreibung der Dingwelten, kleiner Gesten oder innerer Erlebnisräume. Der Blick auf das scheinbar Nebensächliche, Beiläufige zeichnet ein Bild der Gegenwartsgesellschaft als Ganzes.

Bemerkenswert hierfür ist, dass Autosoziobiographien meist mit einer Schwellenerzählung, der Darstellung eines Übergangsmoments, eröffnet werden.[51] In *Streulicht* wird die Rückkehr der Protagonistin in den Heimatort wie folgt geschildert:

> Die Luft verändert sich, wenn man über die Schwelle des Ortes tritt. [...] Niemandem hier fällt das mehr auf, und auch mir wird es nach ein paar Stunden wieder vorkommen wie die einzig mögliche Konsistenz, die Luft haben kann. Jede andere wäre eine fremde. Auch mein Gesicht verändert sich am Ortsschild, versteinert zu dem Ausdruck, den mein Vater mir beigebracht hat und mit dem er noch immer selbst durch die Straßen geht.[52]

Das räumliche Übertreten der Schwelle initiiert bei der Ich-Erzählerin ein inneres Konversionserlebnis, das sich eigentlich nur schwer beschreiben lässt, wie oben festgehalten wurde. In den Gesprächen hat Ulmer beobachtet, dass Personen ins Stocken gerieten und zu stottern begannen, wenn sie ihre religiöse Bekehrungserfahrung beschreiben wollten; sie stießen an die »Grenzen der Darstellbarkeit«.[53] Darin liege das Dilemma aller Konversionserzählungen, ein singuläres Erleben vermitteln zu müssen, damit es nachvollziehbar werde und so den Status der eigenen sozialen Identität absichere. Der literarische Text bearbeitet dieses Dilemma, indem er den innenerlebten Konversionsvorgang der Figur mitsamt seiner evokativen Wirkung mithilfe einer atmosphärischen Beschreibung der äußeren Umgebung illustriert. Als die Ich-Erzählerin die Schwelle überschreitet und mit der vertrauten eigentümlichen Luftkonsistenz konfrontiert wird, die von dem örtlichen Chemiewerk herrührt, verändert sich ihre innere Stimmungslage. Das Klima schreibt sich in den Körper ein, ihr Gesicht »ver-

49 Kılıç, Sinem (2020): Der Geruch der Herkunft. Streuchlicht. Die Zeit 49 (25.11.2020): https://www.zeit.de/2020/49/streulicht-deniz-ohde-klassengesellschaft-herkunft-milieu. 06.09.23.

50 Meyhöfer, Frank/ Werron, Tobias (2022): Gegenwartsdiagnosen. Ein öffentliches Genre der Soziologie. In: *Mittelweg 36*, 31/2, S. 48–69, S. 58.

51 Vgl. Eßlinger, Eva (2022): Wechsel ohne Schwelle. Ein Soziologe kommt zu Besuch. In: Blome, Eva/ Lammers, Philipp/ Seidel, Sarah (Hgg.): *Autosoziobiographie. Poetik und Politik.* Berlin, Heidelberg: J.B. Metzler, S. 193–210.

52 Ohde: *Streulicht*, S. 7.

53 Ulmer: Konversionserzählungen als rekonstruktive Gattung, S. 26.

ändert sich«. Es ist eine Konversion besonderer Art, die durch die Rückkehr zum Vater ausgelöst wird. Das Ich nimmt die Haltung des kindlichen Ichs ein, die räumliche Bewegung aktiviert ein »Körpergedächtnis«[54], das vorreflexive Erinnerungsprozesse auslöst. Die Beschreibung des Wendepunktes zielt nicht prospektiv auf eine neue personale Identität, sondern retrospektiv auf die vergangene. Die Ich-Erzählerin wird sich mit dem Übertritt der Schwelle der prekären Vorläufigkeit ihrer Identität bewusst.

Wie in anderen Autosoziobiographien rekonstruiert die diegetische Zeit eine besondere Wirklichkeit über den Erinnerungsprozess. Er stiftet einen paradoxen Erfahrungsrahmen zwischen dem erzählenden Ich und dem erzählten Ich der Kindheit, der zwischen der unüberbrückbaren Differenz und Wiederannäherung schwankt. Aber nicht nur das. Die Schwellenerzählung beschreibt neben dem persistenten Fortbestehen abgelegt geglaubter Identitätsanteile gesellschaftliche Widersprüche und Spannungen auf zwei Ebenen: *Erstens* sensibilisiert die Szene für die soziale Strukturierung individuellen Handelns, das gemäß der Gattungskonventionen von Bekehrungserzählungen sowohl indeterminiert als auch determiniert beschrieben wird. Eine emotionale Erschütterung, die mit eigenerlebten Konversionserfahrungen einhergeht, qualifiziert die Bekehrung als eine Erfahrung, die sich der Kontrolle entzieht und die Singularität der Person betont. Ähnlich ging es der Erzählerin. Als sie versucht, sich an die Beweggründe zum Fortgang zu erinnern, entziehen sich diese einem rationalen Kalkül: »Lag es daran, dass es eine unsichtbare Wand zwischen mir und dem Ort gab, nicht identisch mit den Mauern des Industrieparks, nicht identisch mit der Schneegrenze, aber doch mit ihnen in Zusammenhang stehend.«[55] Die topographische Erzählstruktur markiert beides, eine Befreiung der Erzählerin von der familiären Soziallaufbahn (sie ist fortgegangen) und die identitätsstiftende Bedeutung der Sozialisationserfahrung (sie kehrt zurück). Noch deutlicher wird dies, wenn die Erzählerin zu Hause ankommt. Die Ankunft bei dem Vater löst eine Erfahrung der Anagnorisis aus: »Der Schlüssel dreht sich leichtgängig im Schloss der maroden Holztür, sie gibt das gleiche Geräusch von sich wie immer, als würde ich gerade von der Schule nach Hause kommen [...]«.[56] Die Konversionserfahrung ist eine soziale Rückverwandlung, die sich im Wiedererkennen des Eigenen im Fremdgewordenen manifestiert. Dadurch wird die sozialtopologische Opposition (oben und unten) mit einer irritierenden Semantik aufgeladen; die vertikale Sozialmobilität verläuft nicht linear, sie ist gebrochen und auf Abruf gestellt.

Während klassische Konversionserzählungen in ihrer totalisierenden Funktion eine kohärente Selbsterzählung liefern, geht es in Autosoziobiographien *zweitens* um die

54 Beise, Arnd (2007): ›Körpergedächtnis‹ als kulturwissenschaftliche Kategorie. In: Bannasch, Bettina/ Butzer, Günter (Hgg.): *Übung und Affekt. Formen des Körpergedächtnisses.* Berlin: De Gruyter, S. 9–29.

55 Ohde: *Streulicht,* S. 22.

56 Ohde: *Streulicht,* S. 8.

Darstellung von Brüchen, die eine gesicherte soziale Laufbahn als inhärent krisenhaft zeichnen. In der soziologischen Lebenslaufforschung geht man davon aus, dass Bildungs- und Erwerbssystem individuelle Lebensläufe strukturieren, »der Lebenslauf ist in den modernen Gesellschaften um das Erwerbssystem herum organisiert.«[57] Die Schule und später der Betrieb sind entscheidende Institutionen zur Sozialintegration von Individuen, die in modernen Gesellschaften mit einer intergenerationell sozialen Aufwärtsmobilität in Verbindung gebracht wurden. Die elterliche Losung, ›den Kindern solle es einmal besser gehen‹, erodiert jedoch in der Gegenwart. Philipp M. Lersch, Wiebke Schulz und George Leckie haben auf der Basis umfangreicher Lebensverlaufsdaten analysiert, dass die beruflichen Prestigeverläufe zwischen den Generationen stark variieren. Während frühere Geburtskohorten, die geschlossene Beschäftigungsverhältnisse erlebt haben, homogene Prestigeverläufe aufweisen konnten, waren die späteren Kohorten, die in ihrem Leben offene Beschäftigungsverhältnisse erlebt haben, durch eine starke Variabilität geprägt.[58] Es wird folglich unsicherer, ob die getätigten Bildungsinvestitionen in einen gesicherten und prestigeträchtigen Beruf übersetzt werden können.[59] Das kollektive Gefühl einer »Abstiegsgesellschaft«, in der soziale Aufstiege trotz erbrachter Leistung mühsamer werden, führt der Roman intergenerationell vor. Die Erzählerin kehrt als Studentin zurück zum Vater, dessen Wohnungseinrichtung eindringlich seine Arbeiterexistenz vorführt:

> Die Lebensmittel, die sich auf der Küchenzeile stapeln, die blaue Plastiktüte mit dem alten Brot, dieser Überfluss an Essen und billigen Möbeln, die niedrigen Decken, das Weiß der Wände, das sich über die Jahre gelb gefärbt hat, die sich stapelnden Fernsehzeitungen, der PVC-Boden vor dem Herd und der Korkboden im Flur, der sich an einigen Stellen löst; all diese Dinge, die ich wiedererkenne.[60]

Die detaillierte Beschreibung der Dinge führt die Beharrungskraft der väterlichen Laufbahn vor Augen. Ihr Wiedererkennen setzt bei der Erzählerin gleichzeitig ein Konversionsereignis in Gang, sie fühlt sich der sozialen Herkunft zugehörig und nicht zugehörig. Ihre soziale Laufbahn widerspricht der beiläufigen Bemerkung des Vaters: »›Hier ist alles beim Alten.‹«[61] Zwar wollte auch er das Gymnasium besuchen, ist nach

57 Kohli, Martin (1985): Die Institutionalisierung des Lebenslaufs. Historische Befunde und theoretische Argumente. In: *Kölner Zeitschrift für Soziologie und Sozialpsychologie*, 37/1, S. 1–29, S. 3.

58 Lersch, Philipp M./ Wiebke, Schulz/ Leckie, George (2020): The Variability of Occupational Attainment. How Prestige Trajectories Diversified within Birth Cohorts over the Twentieth Century. In: *American Sociological Review*, 85/6, S. 1084–1116.

59 Nachtwey, Oliver (2016): *Die Abstiegsgesellschaft. Über das Aufbegehren in der regressiven Moderne*. Berlin: Suhrkamp.

60 Ohde: *Streulicht*, S. 9.

61 Ohde: *Streulicht*, S. 10.

dem ersten Tag jedoch nicht mehr dorthin zurückgekehrt: »›Das ist nix für mich‹«.[62] Die Tochter ist hingegen eine Bildungsaufsteigerin, doch gleichzeitig bleibt sie eine Fremde an Schule und Universität. Die intergenerationelle Aufwärtsmobilität glückt zwar formal, aber nicht wegen, sondern trotz der Institutionen, die ihre soziale Laufbahn determinieren und strukturierten. In der Schule ist sie als Tochter einer anatolischen Mutter mit rassistischen Diskriminierungserfahrungen konfrontiert, die ihre Nichtzugehörigkeit performativ zur Schau stellen: »Wenn ich meinen Namen sagte, berichtigte der Lehrer meine Aussprache.«[63]

Ihre damalige Existenz, reflektiert die Erzählerin retrospektiv, war untrennbar verbunden mit einem »unbegreiflich[en] Ekel, der wortlos in mir gärte.«[64] Das Nebeneinander von Stabilität und Mobilität wird wie in anderen Autosoziobiographien über das widersprüchliche Affektgewebe der Scham darstellbar. Eribon beschreibt den Wandel der eigenen Person in *Gesellschaft als Urteil* wie folgt: »Man entdeckt, dass man anders ist, man versucht, das eigene Leben nach dieser Andersheit zu organisieren [...]. Zugleich erkennt man aber, dass diese neue Identität etwas Schamvolles ist, das nur im Zeichen der Angst gelebt werden kann.«[65] Gesellschaftliche Ordnungsvorstellungen wirken vermittelt über das Gefühl der Scham in dem eigenen Selbst fort, es urteilt negativ über sich selbst, weil es gegen internalisierte soziale Normen verstößt. Auch die Ich-Erzählerin spaltet Identitätsanteile ab, um dem Gefühl der Andersheit zu entkommen, sie hat einen »öffentlichen Namen« und einen »Geheimnamen«. Während der öffentliche Name ein »Passwort« ist, das Türen aufschloss, markiert der Geheimname Alterität. Als die Erzählerin in einer Präsentation an der Universität zum ersten Mal ihren richtigen Namen verwendet, sagt die Professorin: »Ich sehe, wir haben Freunde aus dem Ausland hier.«[66] Die Sichtbarkeit des »*richtigen* Namens«[67] – nicht dessen Verschweigen – ist für sie einerseits ein »Verrat« an der Mutter, deren Identität gerade in der Auslöschung ihrer kulturellen Herkunft bestand, der Auslöschung des Namens als Familiengedächtnis. Für die Protagonistin ist der Akt des Verhüllens andererseits aber auch ein »Verrat an mir selbst««, eine »Lüge«, ein »Abspalten eines Teils von mir« – auch all jenen gegenüber, die über die Macht der Namensgebung nicht verfügten: »gegenüber allen anderen, die sich ihren Namen nicht aussuchen konnten.«[68] Der Ich-Erzählerin kommt gerade aufgrund ihrer Mobilitätserfahrung das reflexive Vermögen zu, eine Position innezuhaben und sich gleichzeitig von ihr zu distanzieren.

62 Ohde: *Streulicht*, S. 52.
63 Ohde: *Streulicht*, S. 42.
64 Ohde: *Streulicht*, S. 42.
65 Eribon, Didier (2017): *Gesellschaft als Urteil. Klassen, Identitäten, Wege.* Berlin: Suhrkamp.
66 Ohde: *Streulicht*, S. 247.
67 Ohde: *Streulicht*, S. 247.
68 Ohde: *Streulicht*, S. 247.

Zwar bleibt im autosoziobiographischen Erzählen das Moment der Erlösung aus, das in religiösen und säkularen Konversionserzählungen durch die einheitliche Vorstellung personaler Identität gestiftet wurde, aber gleichzeitig hält es an der Idee der Verhaltenskonsistenz fest. Doch auf eine besondere Art und Weise. Die Selbsterzählung wird um die singuläre Erfahrung von Fremdheit herum organisiert, die retrospektiv als Besonderheit der Person ausgewiesen wird. Der Wandel erscheint in den Rückblicken als konstitutiv im Lebensverlauf angelegt, ähnlich wie in klassischen Konversionsberichten. Eben dadurch kann die Schilderung der individuellen Konversionserfahrung in ihrer sozialen Determiniertheit darstellbar gemacht werden. Gleichzeitig führt die Ich-Erzählerin den gescheiterten Versuch vor, ein kohärentes Ich zu konstruieren. Sie stört in ihrer retroversen Bewegung im sozialen Raum lineare Fortschrittsdynamiken, sie geht fort und kehrt zurück. Im retrospektiven Erzählverlauf, in dem Gegenwart und Vergangenheit, Aufstiege und Abstiege nicht klar voneinander zu scheiden sind, werden soziale Ungleichzeitigkeiten performativ veranschaulicht. Was zu Beginn als Gesellschaftsdynamik regressiver Modernisierung gekennzeichnet wurde, wird hier als diffuser Schwellenzustand eines Selbst erzählt. Ebenso wie auf gesamtgesellschaftlicher Ebene Fortschritte und Rückschritte im selben Prozess miteinander verzahnt sind, erweist sich die soziale Mobilität als widersprüchliche Erfahrung von Beharrung und Wandel.

## 5. Schluss

Konversionserzählungen sind durch eine dreigliedrige Erzählstruktur bestimmt, in der ein erlösender Wendepunkt den Lebensverlauf in ein falsches Leben vor und ein richtiges Leben nach der Bekehrung trennt. Die Auswahl der dargestellten Ereignisse richtet sich wie die erzählte Ereignisabfolge auf das Konversionsereignis aus. Die Konversion wirkt sinnstiftend, da durch sie kontingente Ereignisse retrospektiv in ein Muster sortiert werden. Dadurch haben Konversionserzählungen eine befreiende wie unterwerfende Wirkung. Sie belegen die individuelle Handlungsfähigkeit, politische oder religiöse Haltungen ändern zu können, ebenso wie das Festhalten an Verhaltenskonsistenz, das sich in der Hinwendung einer neuen Religion oder Weltanschauung manifestiert. Der Lebensverlauf wird durch die Konversion als variabel ausgestellt, in der Variabilität der Lebensereignisse aber ebenso als kontinuierlich. Sie sind in der Gegenwart laut Müller darum ein praktischer Modus der Selbstfestlegung, das dem Leben einen Sinn gibt, wenn die Institutionen, die den Lebenslauf strukturieren und reglementieren, an Bedeutung verlieren.

Im literarischen Genre der Autosoziobiographie wird die Paradoxie von Konversionserzählungen, zugleich Freiheit und Determiniertheit auszustellen, als zeitdiagnostisches Instrument nutzbar gemacht. In Autosoziobiographien haben Wendepunkte und Übergangserzählungen eine ähnlich handlungsstrukturierende Funktion wie in klassischen Konversionserzählungen. Die Erzählungen werden meist mit einer Rückkehr eröffnet, die einen Wandel der Ich-Erzähler:in in Gang setzt. Der darauffolgende retrospektive Erzählverlauf versucht die Alteritätserfahrung zu ergründen, die erzählte Vergangenheit wird einem konsistenten Muster untergeordnet. Doch die Rückblenden werden nicht in eine kohärente Selbsterzählung überführt, sondern es wird die Widersprüchlichkeit und Irritation der Konversion vorgeführt. Denn eben die paradoxe Gleichzeitigkeit von Befreiung und Unterwerfung wird an eine literarische Gesellschaftsdiagnose rückgebunden, die auf zwei Ebenen den diegetischen Erfahrungsraum der Ich-Erzähler:in an außerdiegetische soziale Erfahrungen rückbindet. Zunächst veranschaulicht die Konversionserzählung das Nebeneinander von subjektiven Handlungen und objektiven Klassifizierungen. Die individuelle Mobilitätserfahrung widerspricht den intergenerationellen Lebensverlaufsmustern der eigenen Familie, sie markiert den singulären Status. Gleichzeitig überblenden retardierende Erfahrungen und widersprüchliche Gefühle die soziale Konversion, die Erzähler:in entkommt ihrem sozialen Schicksal und wird doch von ihm heimgesucht. Schließlich wird in der Konversionserzählung eine Idee sozialen Wandels kommuniziert, die mit dem linearen Fortschrittsnarrativ bricht und für die Widersprüche, das Nebeneinander von Fortschritten und Rückschritten, sensibilisiert. Wie sich der Textstatus von Autosoziobiographien in einem Zustand der Überschreitung von klar zuordenbaren Textgattungen (Roman oder Gesellschaftsanalyse) befindet, erzählt auch die Konversion der Figur von einer Gesellschaft im Übergang, die sich in einem diffusen Schwellenzustand befindet. Ihre Konturen sind noch nicht klar identifizierbar, aber erzählbar.

## *Literaturverzeichnis*


Amlinger, Carolin (2022): Literatur als Soziologie. Autofiktion, soziale Tatsachen und soziologische Erkenntnis. In: Blome, Eva/ Lammers, Philipp/ Seidel, Sarah (Hgg.): *Autosoziobiographie. Poetik und Politik.* Berlin, Heidelberg: J.B. Metzler, S. 43–66.

Amlinger, Carolin/ Nachtwey, Oliver (2022): *Gekränkte Freiheit. Aspekte des libertären Autoritarismus.* Berlin: Suhrkamp.

Bauman, Zygmunt (2017): *Retrotopia.* Berlin: Suhrkamp.

Beck, Ulrich (1996): Das Zeitalter der Nebenfolgen und die Politisierung der Moderne. In: Beck, Ulrich/ Giddens, Anthony/ Lash, Scott: *Reflexive Modernisierung. Eine Kontroverse.* Frankfurt a.M.: Suhrkamp, S. 19–111.

Beise, Arnd (2007): ›Körpergedächtnis‹ als kulturwissenschaftliche Kategorie. In: Bannasch, Bettina/ Butzer, Günter (Hgg.): *Übung und Affekt. Formen des Körpergedächtnisses.* Berlin: De Gruyter, S. 9–29.

Blome, Eva (2020): Rückkehr zur Herkunft. Autosoziobiografien erzählen von der Klassengesellschaft. In: *Deutsche Vierteljahresschrift für Literaturwissenschaft und Geistesgeschichte*, 94/4, S. 541–571.

Blome, Eva/ Lammers, Philipp/ Seidel, Sarah (Hgg.) (2022): *Autosoziobiographie. Poetik und Politik*. Berlin, Heidelberg: J.B. Metzler.

Bourdieu, Pierre (1997): *Das Elend der Welt. Zeugnisse und Diagnosen alltäglichen Leidens an der Gesellschaft*. Konstanz: UVK.

Bourdieu, Pierre (1998): *Praktische Vernunft. Zur Theorie des Handelns*. Frankfurt a.M.: Suhrkamp.

Bourdieu, Pierre (2002): *Ein soziologischer Selbstversuch*. Frankfurt a.M.: Suhrkamp.

Celikates, Robin (2015): Zwischen Habitus und Reflexion. Zu einigen methodologischen Problemen in Bourdieus Sozialtheorie. In: Mark Hillebrand/ Krüger, Paula/ Lilge, Andrea et al. (Hgg.): *Willkürliche Grenzen. Das Werk Pierre Bourdieus in interdisziplinärer Anwendung*. Bielefeld: Transcript, S. 73–90.

Eribon, Didier (2017): *Gesellschaft als Urteil. Klassen, Identitäten, Wege*. Berlin: Suhrkamp.

Eßlinger, Eva (2022): Wechsel ohne Schwelle. Ein Soziologe kommt zu Besuch. In: Blome, Eva/ Lammers, Philipp/ Seidel, Sarah (Hgg.): *Autosoziobiographie. Poetik und Politik*. Berlin, Heidelberg: J.B. Metzler, S. 193–210.

Franzen, Johannes (2019): Hemmung vor der Wirklichkeit. Literaturkritik. Zeit online: https://www.zeit.de/kultur/literatur/2019-10/literaturkritik-fiktion-fakten-schreiben-qualitaet. 05.09.23.

Genette, Gérard (1992): *Fiktion und Diktion*. München: Fink Verlag.

Genette, Gérard (2001): *Paratexte. Das Buch vom Beiwerk des Buches*. Frankfurt a.M.: Suhrkamp.

Gusdorf, Georges (1980): Conditions and Limits of Autobiography. In: Olney, James (Hg.): *Autobiography. Essays*. Princeton: Princeton University Press, S. 28–48.

Haupt, Heinz-Gerhard (2003): Politische Konversion in historischer Perspektive. Methodische und empirische Überlegungen. In: Uta Gerhardt (Hg.): *Zeitperspektiven. Studien zu Kultur und Gesellschaft. Beiträge aus der Geschichte, Soziologie, Philosophie und Literaturwissenschaft*. Stuttgart: Steiner, S. 267–304.

Heidrich, Christian (2002): *Die Konvertiten. Über religiöse und politische Bekehrungen*. München: Hanser.

Herrmann, Leonard/ Horstkotte, Silke (2016): *Gegenwartsliteratur. Eine Einführung*. Stuttgart: J. B. Metzler.

Kılıç, Sinem (2020): Der Geruch der Herkunft. Streuchlicht. Die Zeit 49 (25.11.2020): https://www.zeit.de/2020/49/streulicht-deniz-ohde-klassengesellschaft-herkunft-milieu. 06.09.23.

Kohli, Martin (1985): Die Institutionalisierung des Lebenslaufs. Historische Befunde und theoretische Argumente. In: *Kölner Zeitschrift für Soziologie und Sozialpsychologie*, 37/1, S. 1–29.

Lejeune, Philippe (1994): *Der autobiographische Pakt*. Frankfurt a.M.: Suhrkamp.

Lersch, Philipp M./ Schulz, Wiebke/ Leckie, George (2020): The Variability of Occupational Attainment. How Prestige Trajectories Diversified within Birth Cohorts over the Twentieth Century. In: *American Sociological Review*, 85/6, S. 1084–1116.

Lofland, John/ Stark, Rodney (1965): Becoming a World-Saver. A Theory of Conversion to a Deviant Perspective. In: *American Sociological Review*, 30, S. 862–875.

Luckmann, Thomas (1987): Kanon und Konversion. In: Assmann, Alida/ Assmann, Jan (Hgg.): *Kanon und Zensur. Beiträge zur Archäologie der literarischen Kommunikation II.* München: Fink, S. 38–46.

Meyhöfer, Frank/ Werron, Tobias (2022): Gegenwartsdiagnosen. Ein öffentliches Genre der Soziologie. In: *Mittelweg, 36* 31/2, S. 48–69.

Müller, Julian (2019): Vom richtigen Leben nach dem falschen. LMU Newsroom: https://www.lmu.de/de/newsroom/newsuebersicht/news/vom-richtigen-leben-nach-dem-falschen.html. 06.09.23.

Müller, Julian (2023): Der politische Konvertit als Fürsprecher seiner selbst. In: *Mittelweg 36*, 32/1, S. 17–27.

Nachtwey, Oliver (2016): *Die Abstiegsgesellschaft. Über das Aufbegehren in der regressiven Moderne.* Berlin: Suhrkamp.

Nassehi, Armin (2021): *Unbehagen. Theorie der überforderten Gesellschaft.* München: C.H. Beck.

Norris, Pippa/ Inglehart, Ronald (2019): *Cultural Backlash. Trump, Brexit, and Authoritarian Populism.* New York: Cambridge University Press.

Offil, Jenny/ Rüther, Tobias (2023): »Ich glaube an aktiven Fatalismus«. Interview. Frankfurer Allgemeine Zeitung: https://www.faz.net/aktuell/feuilleton/buecher/themen/interview-mit-jenny-offill-ueber-ihren-roman-wetter-17585720.html. 05.09.23.

Ohde, Deniz (2020): *Streulicht. Roman.* Berlin: Suhrkamp.

Peters, Gerald (1993): *The Mutilating God. Authorship and Authority in the Narrative of Conversion.* Amherst, MA: University of Massachusetts Press.

Reckwitz, Andreas (2019): *Das Ende der Illusionen. Politik, Ökonomie und Kultur in der Spätmoderne.* Berlin: Suhrkamp.

Richardson, James T. (Hg.) (1978): *Conversion careers. In and out of the new religions.* London: Sage.

Rohrwasser, Michael (1991): *Der Stalinismus und die Renegaten. Die Literatur der Exkommunisten.* Stuttgart: J.B. Metzler Verlag.

Rüther, Tobias (2023): Das Ich und die Suchfunktionen der Literatur. Literaturdebüts 2023. Frankfurter Allgemeine Zeitung: https://www.faz.net/aktuell/feuilleton/buecher/themen/literaturdebuets-von-anne-rabe-irina-kilimnik-und-mina-hava-19033690.html. 05.09.23.

Saurer, Edith (2006): Romantische KonvertitInnen. Religion und Identität in der Wiener Romantik. In: Aspalter, Christian/ Müller-Funk, Wolfgang/ Saurer, Edith et al. (Hgg.): *Paradoxien der Romantik. Gesellschaft, Kultur und Wissenschaft in Wien im frühen 19. Jahrhundert.* Wien: WUV, S. 229–255.

Schaser, Angelika (2007): »Zurück zur heiligen Kirche.« Konversionen zum Katholizismus im säkularisierten Zeitalter. In: *Historische Anthropologie*, 15/1, S. 1–23.

Schreiber, Daniel (2019): Ich will Ich. Gegenwartsliteratur. Zeit online: https://www.zeit.de/kultur/literatur/2019–10/erzaehlperspektive-ich-schriftsteller-literatur-demokratie-glaubwuerdigkeit/komplettansicht. 05.09.23.

Schultheis, Franz (2002): Nachwort. In: Pierre Bourdieu: *Ein soziologischer Selbstversuch.* Frankfurt a.M.: Suhrkamp, S. 133–151.

Shapiro, Stephen A. (1968): The Dark Continent of Literature: Autobiography. In: *Comparative Literature Studies*, 5, S. 421–454.

Snow, David A./ Machalek, Richard (1984): The Sociology of Conversion. In: *Annual Review of Sociology*, 10, S. 167–190.

Spoerhase, Carlos (2017): Politik der Form. Autosoziobiografie als Gesellschaftsanalyse. In: *Merkur*, 71/818, S. 27–37.

Spoerhase, Carlos (2022): Akademische Aufsteiger. Scholarship boys als literarische Sozialfiguren der Autosoziobiographie (Politik der Form II). In: Blome, Eva/ Lammers, Philipp/ Seidel, Sarah (Hgg.): *Autosoziobiographie. Poetik und Politik.* Berlin, Heidelberg: J.B. Metzler, S. 67–88.

Ulmer, Bernd (1988): Konversionserzählungen als rekonstruktive Gattung. Erzählerische Mittel und Strategien bei der Rekonstruktion eines Bekehrungserlebnisses. In: *Zeitschrift für Soziologie*, 17/1, S. 19–33.

Wagner-Egelhaaf, Martina (2005): *Autobiographie.* Stuttgart: J.B. Metzler.

Weintraub, Karl J. (1975): Autobiography and Historical Consciousness. In: *Critical Inquiry*, 1/4, S. 821–848.

Wohlrab-Sahr, Monika/ Krech, Volkhard/ Knoblauch, Hubert (1998): Religiöse Bekehrung in soziologischer Perspektive. Themen, Schwerpunkte und Fragestellungen der gegenwärtigen religionssoziologischen Konversionsforschung. In: dies. (Hgg.): *Religiöse Konversion. Systematische und fallorientierte Studien in soziologischer Perspektive*, Konstanz: UVK, S. 7–35.

*Nicolai Busch*

# Konversionen ins ›Exil‹

## Inszenierungen des Übertretens im Umfeld Uwe Tellkamps und des *BuchHaus Loschwitz*

ABSTRACT: The author Uwe Tellkamp is often regarded as a ›political convert‹ who switched from conservative to (new) right-wing positions in 2018. This article first of all discusses media stagings of Tellkamp's conversion and points to their problems. Based on socio-scientific studies, the article then discusses the relationship between conservatism and right-wing extremism in East Germany and reveals various intersections between the two ideologies, which Tellkamp reproduced long before 2018. Contrary to the assumption of a ›sudden conversion‹, the article shows which strategies of conversion and political immunization Tellkamp and his literary environment in Dresden-Loschwitz have developed for many years. The focus here is on figures of ›inner emigration‹ and ›exile‹, which are interpretated as conversions into imaginary or literary shelters.

KEYWORDS: Uwe Tellkamp; Neue Rechte; Ostdeutschland; *BuchHaus Loschwitz*, Exil

Die Geschichte des Autors Uwe Tellkamp ist vielfach als die eines politischen Überläufers erzählt worden: »Leser und Kritik lagen Uwe Tellkamp zu Füßen, dann driftete er nach rechts ab«[1], konstatierte etwa der *Spiegel* in einer Rezension von Tellkamps Roman *Der Schlaf in den Uhren* (2022). Als politisches »Outing«, über das »allerhand Menschen […] überrascht«[2] gewesen seien, bezeichnete die *Zeit* Tellkamps Unterzeichnung der sogenannten *Charta2017*, in der vor einer »Gesinnungsdiktatur«[3] gewarnt wird. Tellkamp, der noch Ende 2017 von der Forschung als »ideale[] Repräsentationsfigur der konservativen politischen Parteien«[4] eingeordnet und für sein DDR-Epos *Der Turm* (2008) mit Literaturpreisen überhäuft worden war, gilt vielen spätestens

1 Cranach, Xaver von (2022): Soviel Hass, Ekel, Abrechnung, Moral. Spiegel.de, 12.05.2022: https://www.spiegel.de/kultur/literatur/uwe-tellkamp-und-sein-neuer-roman-der-schlaf-in-den-uhren-so-viel-hass-ekel-abrechnung-moral-a-589d2d69-e1ee-46f7-b754-f77c98bde9f4. 31.05.2023.

2 Reinhard, Doreen (2018): Weltbürger trifft Sonderbürger. Zeit.de, 09.03.2018: https://www.zeit.de/kultur/literatur/2018–03/dresden-uwe-tellkamp-durs-gruenbein-afd-pegida. 31.05.2023.

3 Dagen, Susanne (2017): Charta 2017 – Zu den Vorkommnissen auf der Frankfurter Buchmesse 2017. Website des BuchHaus Loschwitz: https://www.kulturhaus-loschwitz.de/charta-2017.html. Nicht länger abrufbar.

4 Wagner, Sabrina (2018): Korrektur durch epische Beschreibung – Konservatives Engagement zwischen autorschaftlichem Selbstverständnis und literaturkritischer Rezeption am Beispiel Uwe Tellkamps. In: Adler, Hans/ Klocke, Sonja E. (Hgg.): *Protest und Verweigerung. Neue Tendenzen in der deutschen Literatur seit 1989.* München: Wilhelm Fink, S. 93–109.

seit einem Streitgespräch mit Durs Grünbein 2018 mehr als Verbreiter rechter »Halbwahrheiten«[5], statt als konservativ-bürgerlicher Literat, sein neuester Roman mehr als vorhersehbare »Karikatur einer Verschwörungserzählung«[6], statt als komplexe Fiktion. In einer 3sat-Doku ließ sich der Autor 2022 als »Paria«[7] inszenieren, der sich, unverstanden und enttäuscht von einer ›linksliberalen Mehrheitsgesellschaft‹, hinter einer Mauer des Zorns verschanzt. Trotz zahlreicher Kooperationen mit neurechten[8] Zeitschriften, Verlagen und Institutionen wie *Sezession, Tumult, Junge Freiheit, Antaios* oder der *Bibliothek des Konservatismus* verweigert sich der Autor jeder Selbstdeutung als politischer Konvertit. Einen politischen Lagerwechsel hat er nach eigenem Verständnis nicht vollzogen, stattdessen habe sich unter dem Einfluss grüner Klima- und linker Identitätspolitik die politische Diskussionskultur selbst in eine ›totalitäre‹ und ›meinungsfreiheitsgefährdende‹ konvertiert: »Wir haben die Bildung eines fast nationalen Blocks wie schon in der DDR unter Inanspruchnahme der Demokratie für alle Maßnahmen, die dieser Block trifft. Und unter Abwertung aller anderen Meinungen, nur weil sie anderer Meinung sind«.[9] Seine Sympathien zur AfD und neurechten Netzwerken (und zwar vor allem zu diesen) gesteht Tellkamp mittlerweile öffentlich ein, versteht sich aber selbst als überparteilicher, »aufgeklärter« Intellektueller, der ›die eigene Filter Bubble regelmäßig durchbreche‹ und sich »ohne Berührungsängste«[10] mit bürgerlichen ebenso wie mit rechts- und linksextremen Medienformaten und Positionen auseinandersetze.

---

5 Gess, Nicola (2021): *Halbwahrheiten. Zur Manipulation von Wirklichkeit.* Berlin: Matthes & Seitz, S. 86–100.

6 Soboczynski, Adam (2022): Der Abstieg. In: *Die Zeit*, 12.05.2022, S. 46.

7 3sat (2022): Der Fall Tellkamp (1/5): Verlorenes Vertrauen. Website des Senders 3sat: https://www.3sat.de/kultur/kulturdoku/der-fall-tellkamp-serie-folge1–100.html. 31.05.2023, 00:04:00ff.

8 Hier verstanden als Selbst- und Fremdbezeichnung für ein vergleichsweise intellektuelles, politisches Spektrum zwischen Konservatismus und Rechtsextremismus, das in seiner Berufung auf die Konservative Revolution der Weimarer Republik Grundlagen und Errungenschaften heutiger moderner Demokratien oder pluralistischer, liberaler Gesellschaften ablehnt. Vgl. Gessenharter, Wolfgang (1989): Die ›Neue Rechte‹ als Scharnier zwischen Neokonservatismus und Rechtsextremismus in der Bundesrepublik. In: Eisfeld, Rainer/ Müller, Ingo (Hgg.): *Gegen Barbarei. Essays Robert M. W. Kempner zu Ehren.* Frankfurt a.M.: Athenäum, S. 424–452; Pfahl-Traughber, Armin (2019): *Der Extremismus der Neuen Rechten. Eine Analyse zu Diskursthemen und Positionen.* Wiesbaden: Springer VS, S. 33ff.

9 Müller, Lothar (2022): »Ich muss mich rechtfertigen«. Gespräch mit Uwe Tellkamp. In: *SZ*, 11.05. 2022, S. 11.

10 Schuler! Fragen, was ist (2023): »Wer unzufrieden ist, dem bleibt fast nur die AfD«. Gespräch mit Uwe Tellkamp. YouTube-Profil von Ralf Schuler, 10.06.2023: https://www.youtube.com/watch?v=VXdrCWXNRLQ. 31.05.2023, ab 38:00. Die YouTube-Sendung des ehemaligen *BILD*-Journalisten Schuler wird von der Produktionsfirma Rome Medien GmbH produziert, die dem ehemaligen *BILD*-Chefredakteur Julian Reichelt gehört.

## 1. Konversions-Inszenierungen als Medienereignis und neurechte PR-Strategie

Mindestens ebenso diskussionswürdig wie Tellkamps überparteiliches Selbstverständnis müssen indessen die Fremdinszenierungen des Autors als politischer Konvertit in Kritiken und TV-Sendungen erscheinen. Grundlage dieser Konversions-Inszenierungen ist die Vorstellung voneinander klar abgrenzbarer, in sich abge- schlossener ideologischer Lager, die zumindest aus einer diskurs- und differenztheoretischen Perspektive wenig haltbar ist, insofern ideologische bzw. hegemoniale Diskurse zwar ständig Allgemeingültigkeit beanspruchen, aufgrund ihres konstitutiven Verhältnisses zu einem ›anderen‹, diskursiven Außen die eigene Universalität aber auch ständig unterminieren.[11] Bekannte Überläufer wie der zunächst links- und später rechtsextreme Theoretiker Günter Maschke oder der einstige SDS-Aktivist und spätere NPD-Unterstützer Bernd Rabehl werden folglich nur dann als solche beschreibbar, insofern man, anstatt von instabilen, immerzu umkämpften Diskursen, von bedeutungsfixierten Essenzen ›linker‹, ›grüner‹, ›konservativer‹ oder ›rechter‹ Ideologien ausgeht, zwischen denen ein vermeintlich autonomes Überläufer-Subjekt beliebig wechseln könne. Ähnlich dem Konvertiten Horst Mahler, der nach gängiger Forschungsmeinung aufgrund von Hegel-Lektüren ›vom RAF-Terroristen zum Neonazi‹[12] konvertiert sein soll, geht die verkürzte Medienerzählung über Tellkamp von einem »plötzlichen Erweckungserlebnis«[13] des Autors (in diesem Fall dem Streitgespräch mit Grünbein) aus, das zum eindeutigen Lagerwechsel geführt habe und sich als Medienereignis gut inszenieren lässt.

Vor allem neurechte Medien wie die Zeitschrift *Sezession* betreiben geradezu einen Inszenierungskult um Konvertiten, die aufgrund ihres nonkonformistischen »Solitärsein[s]« zu politisch-theologischen Initiatoren anti-liberaler »Erweckungsbewegun-

---

11 Vgl. zusammenfassend: Reckwitz, Andreas (2006): Ernesto Laclau. Diskurse, Hegemonien, Antagonismen. In: Moebius, Stephan/ Quadflieg, Dirk (Hgg.): *Kultur. Theorien der Gegenwart.* Wiesbaden: VS Verlag für Sozialwissenschaften, S. 339–349.

12 In einer dreiteiligen Aufsatzserie, die Anfang 1978 in der österreichischen Zeitschrift *Neues Forum* erschienen war, hatte Mahler erstmals seine rechtshegelianisch inspirierte Staatstheorie entwickelt, wonach der Staat nicht als zu bekämpfender, kapitalistischer Unterdrücker, sondern als Ausdruck des »allgemeinen Willens« des »Volkes« zu verstehen sei. Laut Mahler sei der eigentliche Wunsch der Arbeiterschicht nach 1945 die »Identifikation« mit dem deutschen Staat gewesen, was die revolutionäre Linke allerdings nie verstanden hätte. Der entscheidende Schritt zu einer politischen Wende sei daher ein Bekenntnis der politischen Linken zur deutschen Nation. Vgl. Mahler, Horst (1978a): Neubeginnen. Brief aus dem Kerker. In: *Neues Forum*, 291/292, S. 8–15; Mahler, Horst (1978b): Staat muß sein. Brief aus dem Kerker II. In: *Neues Forum*, 293/294, S. 18–25; Mahler, Horst (1978c): Revolutionäre Manager. Brief aus dem Kerker III. In: *Neues Forum*, 295/296, S. 25–33. Zur Deutung von Mahlers Hegel-Lektüre als Konversionsereignis vgl. etwa: Seitenbecher, Manuel (2013): *Mahler, Maschke & Co. – Rechtes Denken in der 68er-Bewegung?* Paderborn: Ferdinand Schöningh, S. 332ff.

13 Amlinger, Carolin/ Gess, Nicola/ Liese, Lea (2023): Renegaten. Zur Gegenwart politischer Ab- und Ausgrenzungen. In: *Mittelweg*, 36/1, S. 4–16, S. 10.

gen«[14] stilisiert werden. Die Konversionserzählung ›von Linksliberal oder gemäßigt Konservativ nach Rechtsaußen‹ eignet sich für die Neue Rechte vor allem dazu, die vermeintliche Überlegenheit ihrer Vorstellungen von ›konkreter Wirklichkeit‹, ›Leben‹ und ›Kampf‹ gegenüber einer Linken zu behaupten, die immer schon nur »am Leben vorbeitheoretisier[t]«[15] habe, oder sich von einem bürgerlichen Lager abzugrenzen, das auf einen wirkungslosen »Gärtner-Konservatismus«[16] anstatt auf die neurechte, exzentrische Lust an der Grenzüberschreitung und Revolution setze.[17] Hochzeiten des politischen Konvertismus feierte man in der *Sezession* nicht nur in Folge der Geflüchtetenkrise 2015 oder während der Corona-Proteste 2021–22. Auch 2018 – die AfD war just in den deutschen Bundestag eingezogen und die von Tellkamp mitunterzeichnete, sogenannte *Gemeinsame Erklärung* gegen »illegale Masseneinwanderung«[18] fand regen Zuspruch – war auf den Online-Seiten der Zeitschrift von einer »Welle der Bekenntnislust« einer zuvor »schweigenden Mehrheit« (hier im Sinne Elisabeth Noelle-Neumanns)[19] die Rede gewesen: »Zigtausend Leute«, so Kubitschek, würden nun ins neurechte Lager überlaufen, »den Finger heben und sich namentlich dazu bekennen, AfD zu

---

14 Sommerfeld, Caroline (2022): Solitäre, Kippfiguren, Masse. In: *Sezession*, 106, S. 14–17, hier S. 14. Die gesamte Ausgabe widmet sich dem Thema der ›Kippfigur‹. Auch der oben erwähnte einstige RAF-Terrorist und spätere Neonazi und Holocaustleugner Horst Mahler wird hier als »Querschläger« portraitiert, »der für die von ihm erkannte Wahrheit Zeugnis ablegt und dabei keine noch so schreckliche Konsequenz scheut«. Es falle »schwer«, so der Autor des Artikels weiter, »sich der Aura, die sich um solche Leute bildet, zu entziehen«. Ritter, Wiggo (2022): Querschläger: Horst Mahler. In: *Sezession*, 106, S. 32–35, S. 35.

15 Kubitschek, Götz (2018): Konstruktive Theorieschwäche. In: *Sezession*, 82, S. 8–11, S. 11.

16 Mohler, Armin (1974): *Von rechts gesehen.* Stuttgart: Seewald Verlag, S. 22. Vgl. anknüpfend: Kubitschek, Götz (2011): Die Strahlkraft der KR. In: *Sezession*, 44, S. 8–13.

17 Figuren der Grenzüberschreitung (im politischen ebenso wie kriminellen, religiösen, psychopharmazeutischen oder kunstbezogenen Sinn), darunter Avantgardisten, Soldaten, Drogenkonsumenten, Terroristen oder Selbstmörder, durchziehen sämtliche neurechte Programmatiken und werden als besonders willensstark, kämpferisch oder kompromisslos idealisiert. Vgl. grundlegend: Lichtmesz, Martin (2007): Fanal und Irrlicht. In: *Sezession*, 20, S. 18–23.

18 Initiator:innen der Gemeinsamen Erklärung 2018 (2018): Gemeinsame Erklärung, 15. März 2018. Website des Bündnisses Gemeinsame Erklärung 2018: https://www.erklaerung2018.de/. 31.05.2023.

19 Mittels der Metapher der »schweigenden Mehrheit«, wie sie die Medientheorie der ›Schweigespirale‹ von Elisabeth Noelle-Neumann geprägt hat, unterstellt die neurechte Medienkritik einen manipulativen Unterschied zwischen vermeintlich staatlich-gelenkter ›veröffentlichter‹ und ›öffentlicher‹ (aber verschwiegener) bürgerlicher Meinung. Vgl. Waldstein, Thor von (2017): Thesen zur öffentlichen Meinung. In: *Sezession*, 80, S. 26–30; Noelle-Neumann, Elisabeth (1980): *Die Schweigespirale. Öffentliche Meinung, unsere soziale Haut.* München: Piper. Noelle-Neumann, deren Karriere im NS-Staat ihren Anfang nimmt, tritt noch in den 1990er Jahren als Autorin der neurechten Zeitschrift *Criticón* in Erscheinung, die Kubitscheks Zeitschrift *Sezession* (seit 2003) zum Vorbild nimmt.

wählen, oppositionelle Medien zu lesen, demonstriert zu haben und aus alledem keinen Hehl mehr machen zu wollen«.[20]

Eine erste These des vorliegenden Beitrags ist, dass die Fremdinszenierungen Tellkamps als Konvertit ganz im strategischen Interesse der Neuen Rechten den Blick auf die soziokulturellen Ursprünge, die diskursive Genese und die komplexen, historischen Transformationen rechten Denkens außer- und innerhalb der Literatur versperren. Zum einen wird durch die Erzählung des politischen Überläufers der Mythos eindeutig »dichotomisierende[r] antagonistische[r] Denkweise[n]« bedient, um derart nach »populistische[r] Diskurslogik«[21] und »Riss«[22]-Metaphorik die »gesellschaftliche Polarisierung«[23] und Spaltung aktiv voranzutreiben. Zum anderen aber – und dies wiegt weit schwerer – erzeugen Überläufergeschichten einen medialen Personen- und Gegenwartsfokus, durch den ein angebliches ›Erweckungserlebnis‹ oder ›Bekenntnis‹ des Konvertiten überbetont, die überindividuelle Geschichte, gesellschaftliche Verhandlung, soziale Funktion und Wandlung weltanschaulicher Diskurse ebenso wie ihr antagonistisch-konstitutives Verhältnis zueinander oder ihre inhaltlichen Schnittmengen miteinander jedoch zu wenig Beachtung finden. Nicht nur wird auf diese Weise der falsche Eindruck einer eindeutigen und ergo eindeutig überschreitbaren Grenze zwischen demokratischem Konservatismus und demokratiefeindlichem Rechtsextremismus erzeugt, anstatt die historische Debatte um eben jene Grenze, ihre »Erosion«[24] sowie ihre ständige Verschiebung zu thematisieren. Auch rückt durch den Gegenwartsfokus in den Hintergrund, welche langfristigen identitätsstiftenden Prozesse der sogenannte Überläufer und sein soziales Umfeld über Jahrzehnte vollzogen haben und welche biographischen und sozialen Diskursnarrative (z.B. Ängste und Krisen, Gefühle der Benachteiligung, Selbstvermarktungsziele etc.)[25], welche regionalpolitischen Diskurse (z.B. zur Arbeitslosigkeit, zu milieu- und schichtspezifischen Wertvorstellungen, zu regionalen Geschichtsbildern etc.) oder welche institutionellen Dispositive (z.B. Parteien, Vereine, religiöse Organisationen etc.) diese Prozesse mitgeprägt haben.[26]

---

20 Kubitschek, Götz (2018): Erklärung 2018 – eine Welle der Bekenntnislust. Sezession.de, 23.03.2018: https://sezession.de/58354/erklaerung-2018-eine-welle-der-bekenntnislust?hilite=Tellkamp. 31. 05.2023.

21 Séville, Astrid (2023): Renegatentum als politische Pose im Rechtspopulismus. In: *Mittelweg*, 36/1, S. 79–99, S. 83.

22 Vgl. etwa: Sommerfeld, Caroline (2021): *Versuch über den Riß*. Schnellroda: Antaios.

23 Séville: Renegatentum als politische Pose im Rechtspopulismus, S. 83.

24 Pfahl-Traughber, Armin (1994): Brücken zwischen Rechtsextremismus und Konservatismus. Zur Erosion der Abgrenzung auf publizistischer Ebene in den achtziger und neunziger Jahren. In: Kowalsky, Wolfgang/ Schroeder, Wolfgang (Hgg.): *Rechtsextremismus. Einführung und Forschungsbilanz*. Opladen: Westdeutscher Verlag, S. 164–182.

25 Zur Konversionserzählung als ›Selbsterzählung des politischen Subjekts‹ vgl. Müller, Julian (2023): Der politische Konvertit als Fürsprecher seiner selbst. In: *Mittelweg*, 36/1, S. 17–27.

26 Vgl. hierzu auch: Seeßlen, Georg (2017): Renegaten, Verräter, Konvertiten, Überläufer oder

Mittels welcher Erzählungen, Figuren oder Verfahren derartige Prozesse ins Literarische übersetzt worden sind und welche mitgestaltenden und imaginär-politischen Funktionen der Literatur somit zukommen, ist überdies zu beleuchten, will man den Medienmythos der ›plötzlichen Konversion‹ eines literarischen Autors wie Tellkamp dekonstruieren.

## 2. ›Ostdeutscher Rechtsruck‹ – Konversion, Transformation oder Tradition?

Eine kritische Diskursanalyse des angeblichen Konvertismus Tellkamps hätte die oben aufgezählten Wahrheitsbildungsprozesse und Machtwirkungen insofern zu berücksichtigen und mit Beobachtungen zur ostdeutschen Gesellschaft und Politik insgesamt zu kontextualisieren. Zwar ist ein neuer ›Rechtsruck‹ in Ostdeutschland spätestens seit 2015/16 immer wieder diskutiert worden. Häufig sind der enorme Erfolg der Parteien AfD und NPD in den östlichen Bundesländern, das Entstehen des rechtsterroristischen NSU in Thüringen, die in Teilen rechtsextreme Bewegung *Pegida* in Dresden oder die Asylproteste in Freital, Clausnitz, Heidenau oder Bautzen jedoch auf einzelne Ursachen – wie die in Sachsen besonders ausgeprägte »Furcht vor kultureller ›Überfremdung‹« und »islamistischem Terror«[27] – reduziert worden, ohne die Diskursgeschichte dieser Ursachen genauer herzuleiten. Auch dass der Rechtstrend im Osten nur als logische Ablehnung ›westdeutscher Hegemonien‹ zu interpretieren ist, haben Teile der Forschung (und Tellkamp selbst in Berufung auf diese) argumentiert.[28] Die hiermit einhergehende These, wonach nicht die Fremdenfeindlichkeit ostdeutscher Bevölkerungsteile, sondern die ›Gleichheits- und Korrektheitsbestrebungen der West-Eliten‹ sowie ›eine den Osten diffamierende west-journalistische Berichterstattung‹[29] zur Ra-

---

Überzeugungstäter. getidan.de, 01.07.2017: http://www.getidan.de/gesellschaft/georg_seesslen/76722/renegaten-verraeter-konvertiten-ueberlaeufer-oder-ueberzeugungstaeter. 31.05.2023.

27 »So wünschten sich [laut der Umfrage ›Sachsen-Monitor‹, die jährlich von der Sächsischen Staatskanzlei in Auftrag gegeben wird,] 2016 39 Prozent und 2017 38 Prozent der Sachsen, dass Muslimen die Zuwanderung nach Deutschland untersagt wird, und zwei Drittel der Sachsen gingen davon aus, dass die in Deutschland lebenden Muslime ›unsere Werte nicht teilen‹.« Yendell, Alexander/ Pickel, Gert (2020): Sind Sachsen besonders anfällig für Rechtsextremismus? Politische Einstellungen in Sachsen im Ländervergleich. In: Backes, Uwe/ Kailitz, Steffen (Hgg.): *Sachsen – Hochburg des Rechtsextremismus?* Göttingen: V&R, S. 61–80, S. 74.

28 Vgl. frühzeitig vor allem: Patzelt, Werner/ Klose, Joachim (2016): *PEGIDA – Warnsignale aus Dresden.* Dresden: Thelem. Dass die Erkenntnisse des aufgrund seiner Nähe zur Pegida-Bewegung kritisierten Patzelt ignoriert und dieser ›ausgegrenzt‹ würde, behauptete Tellkamp später in der *Sezession.* Vgl. Tellkamp, Uwe (2018): Der Moralismus der Vielen. Ein Offener Brief von Uwe Tellkamp. In: *Sezession,* 87, S. 27–31, S. 28.

29 Im Rahmen der Dresdner-Diskussionsveranstaltung mit Durs Grünbein 2018 bestand Tellkamp

dikalisierung ehemals ›bürgerlich-konservativer Ost-Milieus‹ beigetragen hätten, bedient die Erzählung einer ausschließlich fremdverschuldeten Konversion des Ostens, die wissenschaftlich nicht haltbar ist. In einem Themenheft zu ›Sachsen‹ hebt entsprechend auch die *Sezession* 2019 einen immer schon ›revoltierenden‹ Charakter des Bundeslands hervor, der sich gegen eine ›westdeutsche Bevormundung‹ richte[30]: Bereits bei der »Revolution von 1848/49« seien »auch sächsische Künstler beteiligt« gewesen, bevor »[d]ie Revolution von 1918 [...] zum Freistaat Sachsen«[31] und die Wende 1989 zum »Übertritt ins mündige Leben«[32] geführt habe. Dass »Sachsen [...] nach der Wende und seither [...] ein Problem mit Rechtsradikalismus« habe, wird im Heft zwar eingestanden, aber als Folge einer gescheiterten »Wiedervereinigung«[33] ausgelegt.

Wie dementgegen eine große Anzahl an wissenschaftlichen Arbeiten und Medienberichterstattungen nahelegt, muss die historische Entwicklung des Rechtsextremismus[34] in Sachsen mit Blick auf geschichtspolitische Diskurse des Landes[35], die sozial-

---

vehement darauf, die sächsische Bevölkerung vom Verdacht rechtsextremistischer Einstellungen freizusprechen. »Sachsen«, so Tellkamp später auch in der *Sezession*, seien »nicht qua Erbanlage presse- und demokratiefeindlich« – vielmehr hätten »journalistische[] Fehlleistungen, die vor den [ostdeutschen] Protesten gegen Presse, Funk und Fernsehen lagen [...][,] erst zu Wut und Aggressivität« gegen Journalist:innen geführt. Vgl. Tellkamp: Der Moralismus der Vielen, S. 28. Noch 2005 hatte der Autor den ostdeutschen Rechtsextremismus anders gedeutet. Auf die Frage, ob er sich die ›rechte Terrororganisation‹ seines in Ostdeutschland spielenden Romans *Der Eisvogel* »nur ausgedacht« habe, antwortete dieser damals: »Ich wünschte, das wäre so«. Weidermann, Volker (2005): Neues Deutschland. In: *FAZ*, 11.04.2005, S. 25.

30 Vgl. hierzu auch die Diskussion um Dirk Oschmanns Buch *Der Osten – eine westdeutsche Erfindung* (Ullstein 2023), in dem das Bild eines defizitären Ostens als westdeutsches Diskursprodukt interpretiert wird, aber die (bis in die DDR zurückreichenden) Ursachen der ostdeutschen Rechtsextremismusproblematik keine Diskussion erfahren.

31 Bernig, Jörg (2019): Revoltierende Resteverwerter verfallner Imperien. In: *Sezession*, 90, S. 48–53, S. 48.

32 Bernig: Revoltierende Resteverwerter verfallner Imperien, S. 53.

33 Seidel, Jörg (2019): Warum Sachsen? Warum der Osten? In: *Sezession*, 90, S. 14–18, S. 17.

34 Hier verwendet als »Sammelbezeichnung für alle politischen Auffassungen und Handlungen, die mit einer Höherwertung ethnischer Identität die Grundlagen moderner Demokratie und offener Gesellschaft ablehnen«, wobei die »Extremismusintensität« zwischen einer nur in Ansätzen vorhandenen Ablehnung »demokratischer Grundwerte« (etwa im Falle eines überwiegend metapolitisch-agierenden Extremismus der Neuen Rechten) bis hin zu anti-demokratischen »Gewalthandlungen« (etwa der Neonazi-Szene) reichen kann. Pfahl-Traughber, Armin (2019): *Rechtsextremismus in Deutschland. Eine kritische Bestandsaufnahme.* Wiesbaden: Springer VS, S. 24.

35 Vgl. etwa: Behrends, Jan/ Lindenberger, Thomas/ Poutrus, Patrice (2003): Fremde und Fremd-Sein in der DDR. Zur Einführung. In: dies. (Hgg.): *Fremde und Fremd-Sein in der DDR. Zu historischen Ursachen der Fremdenfeindlichkeit in Ostdeutschland.* Berlin: Metropol, S. 9–21; Waibel, Harry (2014): *Der gescheiterte Anti-Faschismus der SED. Rassismus in der DDR.* Frankfurt a.M.: Peter Lang; Völtz, Nicole (2010): Vom Wirken der DDR auf die sächsische Gesellschaft. In: Hermann, Konstantin (Hg.): *Sachsen seit der Friedlichen Revolution. Tradition, Wandel, Perspektiven.* Dresden: Sax

strukturellen und ökonomischen Bedingungen einzelner Bevölkerungsteile[36] und die dortige Diskurspolitik der seit der Wiedervereinigung durch die CDU angeführten Landesregierungen[37] betrachtet werden. Allgemein bekannt ist zunächst, dass in der DDR der Glaube an einen sozialistischen Antifaschismus als zentraler »Gründungsmythos«[38] des Staates diskursiviert wurde, was mithin dazu führte, dass die besonders in den 1980er Jahren wachsende ostdeutsche Skinhead- und Neonazi-Szene von politischer Seite verharmlost wurde[39] und der sächsische CDU-Ministerpräsident Kurt Biedenkopf (1990–2002) noch 2017 behaupten konnte, die Sachsen seien »immun […] gegenüber Rechtsradikalismus«.[40] Wie eine 2017 kontrovers diskutierte[41] Studie des Göttinger Instituts für Demokratieforschung in Übereinstimmung mit weiteren Forschungsarbeiten nahelegt, lässt sich in Teilen Sachsens und Thüringens bis heute eine »selektive Auseinandersetzung mit der [DDR-]Historie« und ihrer Rechtsextremismus-Problematik

---

Verlag, S. 217–228.

36 Vgl. vor allem die Arbeiten von Wilhelm Heitmeyer zur sogenannten Deprivations- oder Desintegrationsthese: Heitmeyer, Wilhelm (Hg.) (2002–12): *Deutsche Zustände, Folge 1–10.* Frankfurt a.M.: Suhrkamp.

37 Vgl. etwa: Neubert, Falk (2013): Sächsische Demokratie. Ein Erklärungsversuch. In: Schmincke, Imke/ Siri, Jasmin (Hgg.): *NSU-Terror. Ermittlungen am rechten Abgrund. Ereignis, Kontexte, Diskurse.* Bielefeld: transcript, S. 79–90; Steffen, Tillmann (2015): Sachsen sieht das nicht so eng. Zeit.de, 02.09.2015: https://www.zeit.de/gesellschaft/2015-09/sachsen-rassismus-islam-asyl-heidenau-ursachen. 31.05.2023; Meisner, Matthias (2015): Die Pegida-Versteher der CDU. Tagesspiegel.de, 23.01.2015: https://www.tagesspiegel.de/politik/die-pegida-versteher-in-der-cdu-sachsen-3605935.html. 31.05.2023.

38 Münkler, Herfried (2002): Antifaschismus als Gründungsmythos der DDR. Abgrenzungsinstrument nach Westen und Herrschaftsmittel nach innen. In: Agethen, Manfred/ Jesse, Eckard/ Neubert, Erhart (Hgg.): *Der missbrauchte Antifaschismus. DDR-Staatsdoktrin und Lebenslüge der deutschen Linken.* Freiburg: Herder, S. 79–99.

39 Vgl. Wagner, Bernd (2014): *Rechtsradikalismus in der Spät-DDR. Zur militant-nazistischen Radikalisierung. Wirkungen und Reaktionen in der DDR-Gesellschaft.* Berlin: Edition Widerschein.

40 »In vier Jahren ist die AfD von fünf Prozent auf über 20 gestiegen. Das hat nichts mit Neonazis zu tun. Sondern mit Unzufriedenheit. Fehlender Führung im Land«, so Biedenkopf im Interview 2017. Machowecz, Martin (2017): »Kurt, das wäre dir nicht passiert!«. Gespräch mit Kurt Biedenkopf. Zeit.de, 05.10.2017: https://www.zeit.de/2017/41/cdu-sachsen-kurt-biedenkopf-wahlergebnis/komplett- ansicht. 31.05.2023.

41 Vgl. Michelsen, Danny/ Przybilla-Voß, Marika/ Lühmann, Michael et al. (2017): Rechtsextremismus und Fremdenfeindlichkeit in Ostdeutschland im regionalen Kontext. Ursachen – Hintergründe – regionale Kontextfaktoren. Abschlussbericht des Forschungsprojekts. Wiederveröffentlichte, überarbeitete Fassung: https://fragdenstaat.de/dokumente/141559-rechtsextremismus-und-fremdenfeindlichkeit-in-ostdeutschland-im-regionalen-kontext-ursachen-hintergrunde-regionale-kontextfaktoren/. 31.05.2023. Die Studie wurde nach ihrem Erscheinen wegen methodischer Mängel u.a. durch die Zeitung *Welt* scharf kritisiert, bevor sich auch ihre Auftraggeberin, die damalige Ostbeauftragte der Bundesregierung, Iris Gleicke (SPD), von ihr distanzierte. Einige ihrer erst 2022 erneut veröffentlichten Ergebnisse entsprechen dennoch einer wissenschaftlichen Mehrheitsmeinung und werden hier deshalb zitiert.

erkennen, die auf die Idealisierung »einer möglichst positiven, moralisch ›sauberen‹ regionalen Identität«[42] abzielt und eine Kritik daran nicht selten als ›Nestbeschmutzung‹ ablehnt. Diese erinnerungspolitische Strategie führt der Studie nach besonders dort zu einer Abwärtsspirale im Umgang mit Rechtsextremismus, wo sie durch sozialstrukturelle Faktoren noch zusätzlich motiviert wird:

> Die empfundene [sowie in Teilen durchaus auch reale ökonomische und strukturelle, Anm. N.B.] Benachteiligung gegenüber dem Westen und die als anmaßend empfundenen Äußerungen von BundespolitikerInnen und Medien, dass insbesondere Sachsen ein Problem mit Fremdenfeindlichkeit habe, verstärken noch das Bedürfnis, die eigene regionale oder ostdeutsche Identität zu romantisieren und auf diesem Wege das Problem der Fremdenfeindlichkeit entweder auszublenden oder [...] zu heroisieren, als Ausdruck einer genuin sächsischen Widerständigkeit und Streitlust zu deuten.[43]

Darüber hinaus lassen sich speziell in der sächsischen Landesregierung Tendenzen einer »Entpolitisierung«[44] feststellen, die auf eine »Neutralisierung politischer Konflikte«[45] abzielt und auch hierdurch einer Verharmlosung des regionalen Rechtextremismus Vorschub leistet. Schon 2017 stellten Teile der Forschung eine konservative »Appeasementpolitik« unter dem damaligen sächsischen CDU-Ministerpräsidenten Stanislaw Tillich (2008–2017) fest, deren »Strategie« darin bestanden habe, »sich zwar regelmäßig pflichtschuldig gegen Äußerungen auszusprechen, die [...] zu offen sexistisch, rassistisch, islamfeindlich oder homophob sind, sich aber gleichzeitig zum Fürsprecher und Vertreter der ›berechtigten Ängste‹ und ›Anliegen‹ der Bürger*innen [im Umfeld von *Pegida*, Anm. N.B.] zu erklären«.[46] Mit Steffen Flath verfügte die sächsische CDU-Landtagsfraktion zwischen 2008 und 2014 über einen Vorsitzenden, der dem rechten CDU-Flügel *Berliner Kreis* angehört, Verbindungen ins evangelikal-fundamentalistische

42 Michelsen et al.: Rechtsextremismus und Fremdenfeindlichkeit in Ostdeutschland im regionalen Kontext, S. 193.

43 Michelsen et al.: Rechtsextremismus und Fremdenfeindlichkeit in Ostdeutschland im regionalen Kontext, S. 194.

44 Michelsen et al.: Rechtsextremismus und Fremdenfeindlichkeit in Ostdeutschland im regionalen Kontext, S. 87ff. und 151ff.

45 Michelsen et al.: Rechtsextremismus und Fremdenfeindlichkeit in Ostdeutschland im regionalen Kontext, S. 92.

46 Steinhaus, Maria/ Heim, Tino/ Weber, Anja (2017): »So geht sächsisch!«. Pegida und die Paradoxien der ›sächsischen Demokratie‹. In: Heim, Tino (Hgg.): *Pegida als Spiegel und Projektionsfläche. Wechselwirkungen und Abgrenzungen zwischen Pegida, Politik, Medien, Zivilgesellschaft und Sozialwissenschaften.* Wiesbaden: Springer VS, S. 143–196, S. 168. Die Autor:innen verweisen etwa auf Aussagen Tillichs aus dem Jahr 2015 demnach, der »Islam [...] nicht zu Sachsen« gehöre, zugleich aber »Fremdenfeindlichkeit, Ausländerhass und Gewalt« abzulehnen seien, denn »Fremdenfeindlichkeit schadet unserem Image«.

Milieu aufweist und durch seine Abtreibungsgegnerschaft wie auch sein wertkonservatives, heteronormatives Familienbild bereits damals deutliche Parallelen zur 2013 gegründeten AfD erkennen lässt.[47] Spätere Positionen von *Pegida*, so haben Steinhaus et al. dargelegt, teilte die sächsische CDU außerdem bereits in ihrem Grundsatzpapier von 2005, in dem etwa eine sächsische »Liebe zur Heimat«[48] und die Sachsen als »Schicksalsgemeinschaft«[49] propagiert wurden. Ein »sächsischer Exzeptionalismus«[50] im Sinne eines ausgeprägten Lokal- und Regionalpatriotismus, wie er oben auch im Sonderheft der neurechten *Sezession* beobachtet wurde, prägt die CDU-Wahlkämpfe und die Reden Biedenkopfs bereits in den 1990er Jahren.[51]

Spezifischere Erkenntnisse zu ›rechtsextremen Strukturen‹ und ›bürgerschaftlichem Engagement gegen Rechtsextremismus‹ in Tellkamps Heimatstadt Dresden liefert eine Studie des Bielefelder Instituts für interdisziplinäre Konflikt- und Gewaltforschung aus dem Jahr 2010: Anknüpfend an den Bielefelder Desintegrationsansatz, demnach besonders Erfahrungen mangelnder ›Sozial- und Systemintegration‹ »rechtsextremistische Einstellungs- und Verhaltensmuster«[52] hervorrufen oder befördern können, stellt die Studie in der Dresdner Altstadt »deutliche Desintegrationstendenzen« und eine »starke Verankerung der NPD«[53] fest. Obschon die Befragten in Tellkamps Heimat- und Villenviertel Loschwitz dementgegen kaum Anzeichen der »sozial-strukturellen Desintegration«[54] (z.B. Abstiegsängste, Gefühle der ökonomischen Benachteiligung etc.) erkennen lassen, zeigt sich dort eine verstärkte ›institutionelle Desintegration‹. Schon 2010 fühlen sich viele Loschwiter-Bürger:innen »bei politischen Entscheidungen unzureichend berücksichtigt« und verfügen der Studie nach über »die geringste Bereitschaft gegen den Rechtsextremismus im Ortsamtsvergleich«.[55] »Der Anteil derjenigen,

---

47 Steinhaus et al.: »So geht sächsisch!«, S. 169–171.

48 CDU Sachsen (2005): Deutscher Patriotismus im vereinigten Europa. 12 Thesen zum Zusammenhalt unserer Gemeinschaft. Parteitagsbeschluss. https://www.cdu-sachsen.de/Dateien/deutscher-patriotismus-im-vereinigten-europa-zwoelf-thesen-zum-zusammenhalt-unserer-gemeinschaft/21803. 31.05.2023, S. 2. Zit. n. Steinhaus et al.: »So geht sächsisch!«, S. 174.

49 CDU Sachsen (2005): Deutscher Patriotismus im vereinigten Europa, S. 8. Zit. n. Steinhaus et al.: »So geht sächsisch!«, S. 174.

50 Steinhaus et al.: »So geht sächsisch!«, S. 176.

51 Vgl. Steinhaus et al.: »So geht sächsisch!«, S. 180.

52 Heitmeyer, Wilhelm/ Borstel, Dierk/ Grau, Andreas et al. (Institut für Interdisziplinäre Konflikt- und Gewaltforschung der Universität Bielefeld) (2010): Rechtsextreme Strukturen, Gruppenbezogene Menschenfeindlichkeit und bürgerliches Engagement gegen Rechtsextremismus in der Landeshauptstadt Dresden. www.dresden.de/media/pdf/auslaender/studie_rechtsextremismus_110524.pdf. 31.05.2023, S. 73.

53 Heitmeyer et al.: Rechtsextreme Strukturen, Gruppenbezogene Menschenfeindlichkeit, S. 138.

54 Heitmeyer et al.: Rechtsextreme Strukturen, Gruppenbezogene Menschenfeindlichkeit, S. 87.

55 Heitmeyer et al.: Rechtsextreme Strukturen, Gruppenbezogene Menschenfeindlichkeit, S. 138.

die von positiven Erfahrungen mit Rechtsextremisten berichten, fällt in Loschwitz/ Schönfeld-Weißig mit 28,2% am höchsten aus«.[56]

## 3. Tellkamps Desintegration und ›innere Emigration‹ ab 2012

Die These einer ›plötzlichen politischen Konversion‹ Tellkamps ließe sich vor diesem Hintergrund folgendermaßen erörtern: Einerseits scheint der einstige Helmut Kohl-Verehrer[57], Freund der CDU-Familie de Maizière[58] und Konrad-Adenauer-Preisträger[59] Tellkamp aus der Perspektive des Jahres 2018 seine immer schon konservativen Positionen durchaus radikalisiert zu haben. Andererseits tendiert Tellkamp bereits lange vor seinem ›AfD-Outing‹ dazu, die oben dargelegten regionalpolitischen Diskursmuster einer Romantisierung und Entpolitisierung Sachsens zu reproduzieren und so die Annäherung der CDU-Politik an den strukturellen Rechtsextremismus in Sachsen und Dresden mitzuvollziehen. Zwar lässt sich noch Tellkamps *Eisvogel*-Roman (2005), der im Kontext der rechtsterroristischen Anschläge einer damals bereits verdeckt mordenden NSU-Gruppe (ab 1999) erscheint, als literarische Warnung vor rechtsextremer Gewalt interpretieren.[60] Schon in seinem Roman *Der Turm* (2008), der den Untergang einer idealen DDR-Geisteswelt zum Thema hat, aber auch in einer Landtagsrede zur Deutschen Einheit, die Tellkamp 2012 im Beisein des CDU-Vorsitzenden Steffen Flath und

56 Heitmeyer et al.: Rechtsextreme Strukturen, Gruppenbezogene Menschenfeindlichkeit, S. 102.

57 Tellkamp, Uwe (2010): Ein Turm namens Kohl. BILD.de, 03.04.2010: https://www.bild.de/politik/2010/19-dezember-1989-haelt-helmut-kohl-seine-schwierigste-rede-teil-2-12077134.bild.html. 31.05.2023.

58 Vgl. etwa: Machowecz, Martin (2009): Dichter dran. Zeit.de, 17.12.2009: https://www.zeit.de/zustimmung?url=https%3 A%2F%2Fwww.zeit.de%2F2009%2F52%2FS-Am-Start. 31.05.2023.; Hildebrandt, Tina/ Niejahr, Elisabeth (2013): »Was ist ein Held?«. Verteidigungsminister Thomas de Maizière und der Schriftsteller Uwe Tellkamp im Gespräch. In: *Die Zeit*, 04.07.2013, S. 8.

59 Vgl. Lieberknecht, Christine (2009): Ansprache. In: Rüther, Günther (Hg.): *Verleihung des Literaturpreises der Konrad-Adenauer-Stiftung e.V. an Uwe Tellkamp. Weimar, 6. Dezember 2009. Dokumentation.* Sankt Augustin/Berlin: Konrad-Adenauer-Stiftung e.V., S. 9–13.

60 Diese Lesart bleibt von der damaligen Kritik allerdings unberücksichtigt. Vollkommen übersehen wird außerdem, dass Mitglieder der Organisation ›Freikorps Havelland‹ im März des Erscheinungsjahres des Romans wegen rassistischer Brandanschläge zu Haftstrafen verurteilt worden waren und Mitglieder des Führungszirkels der Münchner ›Kameradschaft Süd‹ aufgrund der Planung eines antisemitischen Anschlags und staatsumstürzlerischer Aktionen im Mai desselben Jahres inhaftiert werden. Vgl. Bundesministerium des Innern (2006): *Verfassungsschutzbericht 2005.* Berlin, S. 56–57. Tellkamps Romanhandlung spielt tatsächlich in den Landkreisen Havelland und München.

Teilen der NPD-Fraktion[61] hält, wird die eigene sächsische »Heimat«[62] dann aber als geradezu märchenhafter Kindheitsort und »Land der stillen Farben« ästhetisiert, dessen »Schönheit, Eleganz«[63] und »Sinn für Tradition«[64] durch staatliche Eingriffe (in der DDR) oder ›abstrakte, kapitalistische Marktgesetze‹ (in der Nachwendezeit) bedroht seien.[65]

Bereits in der Rede im Landtag stellt Tellkamp vor dem Hintergrund der Eurokrise (ab 2010) die rhetorische Frage, ob »wir tatsächlich in einer Demokratie« leben oder ob sich nicht vielmehr »[wirtschafts-]feudale Züge in unserer sozialen Verfasstheit«[66] zeigen würden. In einer Dankesrede aus dem Mai 2017, die der Autor anlässlich des an ihn verliehenen *Kulturpreises der Deutschen Freimaurer* hält, gibt er überdies zu bedenken, ob man angesichts von ›Medienmanipulationen‹ nicht »mittlerweile in einer DDR 2.0«[67] lebe. Während Tellkamp mit seiner später wiederholten These DDR-ähnlicher Verhältnisse bekannte Verschwörungsdiskurse der Neuen Rechten bedient[68], greifen auch Teile seiner Kapitalismuskritik auf AfD-Positionen zurück: In einem *Zeit*-Gespräch von 2012 prognostiziert der Autor etwa einen ›multikulturellen‹, europäischen »Bürgerkrieg«[69], der als Folge der Finanzkrise ausbrechen könnte: »Das Geld ist irgendwann weg. Die Nahrungsmittel kommen nicht mehr aus dem Supermarkt. Dann beginnen wieder die elementaren Verteilungskämpfe. Dann, denke ich, wird es wieder marodie-

61 Die NPD zog 2004 mit 9,2% und erneut 2009 mit 5,6% in den sächsischen Landtag ein. Bei den Landtagswahlen 2014 und 2019 scheiterte die Partei an der 5%-Hürde.

62 Tellkamp, Uwe (2012): Festrede des Schriftstellers Uwe Tellkamp. Dank an Sachsen. Nachdenken über Heimat. In: Sächsischer Landtag (Hg.): *Festakt zum Tag der Deutschen Einheit am 3. Oktober 2012.* Dresden: Sächsischer Landtag, S. 20–31, S. 20.

63 Tellkamp: Festrede des Schriftstellers Uwe Tellkamp, S. 20.

64 Tellkamp: Festrede des Schriftstellers Uwe Tellkamp, S. 31.

65 Vgl. Tellkamp: Festrede des Schriftstellers Uwe Tellkamp, S. 31.

66 Tellkamp: Festrede des Schriftstellers Uwe Tellkamp, S. 29.

67 Salier, Bastian (2017): Erwiderung von Uwe Tellkamp zum Kulturpreis [Transkript]. Website der Großloge der Alten Freien und Angenommenen Maurer von Deutschland (A.F.u. a.M.v.D.): https://freimaurerei.de/erwiderung-von-uwe-tellkamp-zum-kulturpreis/. 31.05.2023.

68 Vor einer »DDR-light« warnte der neurechts-libertäre Publizist Rainer Zitelmann schon in seinem 1994 erschienenen Buch *Wohin treibt unsere Republik?* Frankfurt a.M.: Ullstein, S. 83ff. Ähnliche Vergleiche der BRD und der DDR finden sich später bei dem AfD-Politiker Björn Höcke: »Weder ihr erstarrter Habitus noch ihre floskelhafte Phraseologie unterscheidet Angela Merkel von Erich Honecker«, so dieser bei seiner nur wenige Monate vor Tellkamps *Freimaurerpreis*-Dankesrede gehaltenen Dresdner-Rede zur ›erinnerungspolitischen Wende um 180 Grad‹. Höcke, Björn (2017): »Gemütszustand eines total besiegten Volkes«. Höcke-Rede im Wortlaut. Tagesspiegel.de, 19.01.2017: https://www.tagesspiegel.de/politik/hoecke-rede-im-wortlaut-gemuets-zustand-eines-total-besiegten-volkes/19273518-all.html. 31.05.2023.

69 Machowecz, Martin/ Schirmer, Stefan (2012): »Es wird wieder marodierende Banden geben«. Ein Gespräch mit Uwe Tellkamp. Zeit.de, 20.09.2012: https://www.zeit.de/2012/39/Uwe-Tellkamp-Der-Turm-Fernsehverfilmung. 31.05.2023.

rende Banden geben. Das ist meine Angst«[70], so Tellkamp ähnlich der kulturalistischen EU-Kritik einer nur wenig später gegründeten AfD.[71] Tellkamps abstrakte Zeitgeist-Diagnosen im Jahr 2012, wonach »[v]iele Menschen [...] das Gefühl [haben], dass etwas grundsätzlich nicht mehr stimmt«[72] und sich daher »in Nischen und Angst«[73] flüchten würden, leiten letztlich eine politische Desintegration des Autors selbst ein: Zwischen 2014 und Ende 2016 finden sich, abgesehen von vereinzelten, weitestgehend unbemerkten Essays, keine öffentlichen Stellungnahmen oder Auftritte des Autors. Bei einer Lesung des damals noch unveröffentlichten *Lava*-Manuskripts deutet Tellkamp 2014 eine krisenhafte Suchbewegung an, die auch seinen Protagonisten in *Der Schlaf in den Uhren* (2022), den ›Chronisten der Macht‹[74] Fabian Hoffmann, antreiben wird: »Ich bin völlig zerschlagen und muss mich neu erfinden«.[75]

Wie sehr Tellkamps frühe AfD-nahe Positionierung und seine gleichzeitige Inszenierung einer ›inneren Emigration‹[76] in die literarischen Schutzräume seines damaligen Romanprojekts durch milieuspezifische Identifikationsprozesse beeinflusst sind, lässt sich mit Blick auf seine Verbindungen zur Buchhändlerin Susanne Dagen darlegen. Dagen, die gemeinsam mit ihrem Lebenspartner, dem gebürtigen Kölner Michael Bormann, 1995 im Dresdner Stadtteil Loschwitz ihr *BuchHaus Loschwitz* und 2005 die dazugehörige Veranstaltungsstätte *KulturHaus* gegründet hatte, wird erstmals im Sommer 2016 durch den *Spiegel* als ›von der CDU enttäuschte *Pegida*-Sympathisantin‹[77] be-

70 Machowecz/ Schirmer: »Es wird wieder marodierende Banden geben«.

71 »Erst das Zusammenkommen von EU- und Eurokritischen Positionen mit nationalistischen und wohlstandchauvinistischen Positionierungen sowie mit kulturalisierenden und diskriminierenden Zuschreibungen – also der ›Kulturalisierung‹ sozio-ökonomischer Problemlagen – bietet eine Grundlage zum Rückschluss auf rechtspopulistische Orientierung«. Vgl. Häusler, Alexander (2013): *Die Alternative für Deutschland – eine neue rechtspopulistische Partei?* Düsseldorf: Heinrich Böll Stiftung Nordrhein-Westfalen, S. 91.

72 Tellkamp: Festrede des Schriftstellers Uwe Tellkamp, S. 29.

73 Tellkamp: Festrede des Schriftstellers Uwe Tellkamp, S. 29–30.

74 Vgl. Tellkamp, Uwe (2022): *Der Schlaf in den Uhren. Archipelagus I.* Frankfurt a.M.: Suhrkamp, S. 102.

75 Balke, Florian (2014): Auf der Suche nach der verlorenen Gegenwart. In: *FAZ*, 24.05.2014, S. 10.

76 Hier verstanden als gegen die vermeintlichen ›diktatorischen‹, deutschen Gegenwartsverhältnisse gerichtete, performative Widerstandsgeste des Autors, die sich zwischen 2012 und 2016 als »ein[] Gefühl des Fremd-seins im eigenen Land« darbietet, das zunächst zum Rückzug aus der kritisierten Gesellschaft und Öffentlichkeit führt. Krenzlin, Leonore (2016): Emigranten im eigenen Land? Zum Umgang mit dem Ausdruck ›Innere Emigration‹. In: Golaszewski, Marcin/ Kardach, Magdalena/ Krenzlin, Leonore (Hgg.): *Zwischen Innerer Emigration und Exil. Deutschsprachige Schriftsteller 1933– 1945.* Berlin/ Boston: de Gruyter, S. 11–27, S. 22.

77 »Bei einem Frühstück erfahre ich, dass die beste Buchhändlerin Dresdens mit Pegida sympathisiert. Sie ist noch nie marschiert, aber sie hält die Bewegung für einen Ausdruck der nicht bewältigten Ost-West-Konflikte«. Osang, Alexander (2016): Herr Preuß schreibt Geschichte. In: *Der Spiegel*, 13.05.2016, S. 68–72, S. 70.

schrieben, nachdem sie Anfang 2016 eine Lese- und Gesprächsreihe zu einem Buch des *Pegida*-nahen Publizisten Sebastian Hennig initiiert hatte, das 2015 im völkischen *Arnshaugk Verlag* veröffentlicht worden war. Neben Dagens letztendlichem Bekenntnis zur Wahl der AfD Ende 2017[78] und ihrer kurzzeitigen Tätigkeit als Kuratoriums-Mitglied der AfD-nahen *Desiderius Erasmus Stiftung*[79] fällt besonders ihre wiederholte Selbstdarstellung als betrieblich und politisch »unabhängige«[80] oder ›randständige‹[81] Kulturschaffende auf. Obschon in ihrem *KulturHaus* bis 2015 durchaus marktförmige Literat:innen, wie Jorge Semprún, Walter Kempowski, Marcel Beyer, Sibylle Lewitscharoff, Robert Seethaler und Tellkamp selbst lesen, prägt Dagen selbst ein biographisches Narrativ der unangepassten Nonkonformistin, das sie bereits 2010 in Interviews vermittelt.[82] Mitbeeinflusst durch eigene Erfahrungen mit der DDR-Staatssicherheit, die Dagens Mutter, der Kunstgaleristin Ulrike Wittig, aufgrund ihrer Zusammenarbeit mit dissidentischen Künstler:innen Berufsverbot angedroht haben soll[83], präsentiert sich die Buchhändlerin als Sprecherin innerhalb eines Widerstands-

78 »Ich habe – das sage ich auch ganz offen – mit Erst- und Zweistimme AfD gewählt. Per Briefwahl. Das nur, weil ich den Wahlsonntag als Wahlhelfer vor Ort begleite. Ich will eine Opposition im Bundestag. Ich will den Stachel im Fleisch. Das will ich. Die AfD soll in der Opposition agieren. Als eine Regierungspartei sehe ich sie derzeit nicht«. Neumann, Gunter/ Kelch, Johanna (2017): Chronik einer Denunziation. mdr Sachsen Wahlzone.de, kein Datum: https://archive.ph/9MLpr. 31.05.2023. Seit 2019 sitzt Dagen für die Freien Wähler im Dresdner Stadtrat und im Stadtbezirksbeirat von Dresden-Loschwitz.

79 Wolf, Tobias (2018): Zwei Dresdner für AfD-nahe Stiftung tätig. Sächsische Zeitung.de, 22.03. 2018: https://www.saechsische.de/plus/zwei-dresdner-fuer-afd-nahe-stiftung-taetig-3902958.html.
31.05.2023.

80 Als »beste unabhängige Sortimentsbuchhandlung Deutschlands« soll Dagens *BuchHaus* 2009 ausgezeichnet worden sein, wobei unklar bleibt durch wen. Mit dem Deutschen Buchhandlungspreis, der durch das Staatsministerium für Kultur und Medien vergeben wird, wurde die Buchhandlung 2015 und 2016 geehrt. Vgl. Guggenheimer, Michael (2009): Kleine Fläche, große Wirkung. NZZ.de, 25.04.2009: https://www.nzz.ch/kleine_flaeche_grosse_wirkung-ld.561774. 31.05.2023.

81 Als »literarische Buchhandlung ›am Rande der Stadt‹« wird das *BuchHaus* etwa auf der eigenen Facebook-Seite beworben. Vgl. BuchHaus Loschwitz: Steckbrief. Facebook-Seite des BuchHaus Loschwitz: https://www.facebook.com/buchhaus?locale=de_DE. 31.05.2023.

82 »Die Bücher, die sie [Dagen] ab 1989 las, haben ihr neue Perspektiven eröffnet, sagt sie. Wolfgang Leonhards ›Die Revolution entlässt ihre Kinder‹ zum Beispiel. ›Wir wurden früher nur belogen!‹ Zur Schule sind beide nicht gern gegangen. Sie waren sich deshalb einig, dass eine staatliche Schule für ihre Kinder nicht infrage kommt. Die Töchter gehen zur Waldorfschule. Ihre Kinder sollen lernen, ›den Mund aufzumachen‹, Teil der Gesellschaft zu sein und nicht permanent um sich selbst zu kreisen«. Schlottmann, Karin (2010): Abschied vom Klischee. Gespräch mit Susanne Dagen und Michael Bormann. Sächsische Zeitung.de, 04.10.2010: https://www.saechsische.de/plus/abschied-vom-klischee-107751.html. 31.05.2023.

83 Aisslinger, Moritz (2019): »Man hat mich politisch gemacht«. In: *Die Zeit*, 28.08.2019, S. 11–13, S. 11.

diskurses von in der DDR verfemten literarischen Autor:innen, die, wie Monika Maron, Sarah Kirsch, Andreas Reimann oder Siegmar Faust, wiederholt Gäste des *KulturHaus Loschwitz* waren oder dies bis heute noch sind.

Tellkamps Denkfigur der inneren Emigration, die dem nahekommt, was der Autor Frank Thiess 1945 als ein ›Ausharren auf verlorenem Posten‹ bezeichnet hat[84], ist indessen auch in Dagens Widerstandsdiskurs mitangelegt. Ähnlich Tellkamp, der einerseits den Sozialismus aus wirtschaftlichen und freiheitsrechtlichen Gründen ablehnt[85], sich andererseits aber auch als Kritiker des technisierten und neoliberalisierten Westens positioniert, beansprucht das Paar Dagen und Bormann eine doppelt-heimatlose Position im ›Dazwischen‹ für sich, die, wiederum ähnlich Tellkamp, als eine vermeintlich überparteiliche und systemautonome markiert wird: Schon 1996 beklagt Bormann als Autor der Dresdner Zeitschrift *Elbhang Kurier* die »Zerstörung einer [ostdeutschen] Lebensform«[86] durch den ›geldfixierten Westen‹, lehnt aber gleichzeitig den sozialistischen DDR-Staat bereits als Jugendlicher ab.[87] Dass sie sich aufgrund ihres »DDR-biografischen Hintergrund[s] […] nicht [von Parteien] instrumentalisieren lasse«[88], betont Bormanns Partnerin Dagen ausgerechnet gegenüber der rechtsextremen Zeitschrift *Compact* im Februar 2018, wobei sie deren NPD-Nähe offenkundig gezielt ausblendet.

---

84 Vgl. Thiess, Frank (1963 [1945]): Die innere Emigration. In: Grosser, J.F.G. (Hg.): *Die große Kontroverse. Ein Briefwechsel um Deutschland.* Hamburg/Genf/Paris: Nagel Verlag, S. 22–26, S. 24. Thiess stellte damals die Schriftsteller:innen der sogenannten ›Inneren Emigration‹ verschiedenen exilierten Schriftsteller:innen (wie Thomas Mann) wertend gegenüber und erhob das passive Verbleiben von Autor:innen im NS-Staat zu einer patriotischen Haltung ›auf verlorenem Posten‹. Tellkamp wiederum hat die Denkfigur des »verlorene[n] Posten[s]« seit 2008 wiederholt in Interviews für sich beansprucht. Vgl. etwa: Tellkamp, Uwe (2008): Fragebogen. Focus.de, 09.09. 2015: https://www.focus.de/kultur/leben/13fragen/uwe-tellkamp-fragebogen_id_2174197.html. 31.05.2023.

85 Schon 2008 positioniert sich Tellkamp als ehemaliger Deserteur der Nationalen Volksarmee der DDR. Vgl. Bartels, Gerrit (2008): »Vielleicht bin ich giftiger Lurch«. Tagesspiegel.de, 13.10.2008: https://www.tagesspiegel.de/kultur/literatur/uwe-tellkamp-vielleicht-bin-ich-ein-giftiger-lurch-6834907.html. 31.05.2023. Zu seiner ökonomischen Kritik am DDR-Staat vgl. etwa: Jachertz, Nobert/ Klinhammer, Gisela (2009): »Das ganze Thema ist immer noch radioaktiv«. Interview mit Uwe Tellkamp, Arzt und Schriftsteller. In: *Deutsches Ärzteblatt*, 106/10, S. 453–455.

86 Bormann, Michael (1996): Über die langsame Zerstörung einer Lebensform. In: *Der Elbhang Kurier*, Juli-Ausgabe, S. 4.

87 »In der Schule hat er [Bormann] sich oft mit seinem Lehrer gestritten, einem Linken. ›Der sah die DDR als Vorstufe zum Paradies.‹ Seinen Vorschlag, einmal über die Bücher von Alexander Solschenizyn zu reden, habe der Lehrer ignoriert«. Schlottmann: Abschied vom Klischee. Gespräch mit Susanne Dagen und Michael Bormann.

88 Pföhringer, Daniell (2018): »Es ist notwendig, seine Stimme zu erheben«. Susanne Dagen im Gespräch. In: *Compact*, 2, S. 18–20, S. 20.

## 4. Konversionen ins ›Exil‹ – Susanne Dagens *EXIL*-Reihe (seit 2020)

Es gehört zur Inszenierungsstrategie des doppelt-heimatlosen DDR- und West-Gegners, dass dieser, um politisch handlungsfähig und gleichzeitig immun zu bleiben, in imaginäre ›Exile‹, anstatt in politische Lager konvertiert. Schon in den Jahren 2009/10 werden im Rahmen einer u.a. von Tellkamp moderierten Veranstaltungsreihe des *KulturHaus Loschwitz* literarische »Rückzugsgebiete« im »postsowjetischen Raum«[89] ausgelotet, die man z.B. in der rumänischen phantastischen Literatur des Autors Mircea Cărtărescu entdeckt. Etwa ab 2015 finden sich in Dagens Veranstaltungsprogramm[90] sodann vermehrt Autor:innen wieder, die, wie Ulrich Schacht, eine deutsch-deutsche ›Exil- und Heimatverlusterfahrung‹[91] aufweisen können, die, wie Martin Mosebach, eine katholizistische Geistesheimat abseits der Moderne für sich beanspruchen[92], oder die, wie der Herausgeber der heute neurechten Zeitschrift *Tumult*, Frank Böckelmann, eine heimatlose ›Entgrenztheit‹[93] des globalen Westens kritisieren. Mit der Buchreihe *EXIL*, die 2020 durch Texte von Tellkamp, Monika Maron und Jörg Bernig eröffnet wird, will Dagen eine »Zuflucht der Kunst« ebenso wie eine »Kunst der Zuflucht« schaffen, »die sich einem Klima zunehmender politischer Anfeindung ausgesetzt sieht«.[94] Obwohl es sich keinesfalls um eine nur künstlerische Reihe handelt, wird diese einem kunstautonomen Anspruch unterstellt, der eine Konversion ihrer Autor:innen in literarische, geschützte »Räume der Freiheit, des Denkens und [des] Träumens«[95] qua Behauptung sicherstellt.[96]

---

89 Vgl. KulturHaus Loschwitz (2010): Veranstaltungsprogramm des 10. November 2010, S. 14. https://www.yumpu.com/user/kulturhaus.loschwitz.de. 31.05.2023.

90 So etwa im Rahmen der damaligen Veranstaltungsreihe »Heimat. Annäherung an ein deutsches Thema«, an der Ulrich Schacht, Frank Böckelmann, die damalige *Achse des Guten*-Journalistin Sophie Dannenberg (Pseudonym), aber auch der Lyriker Durs Grünbein oder die Autorin Jenny Erpenbeck teilnehmen und die von Dagen moderiert wird.

91 Schacht wurde 1973 wegen »staatsfeindlicher Hetze« in der DDR zu sieben Jahren Haft verurteilt, 1976 aber durch die BRD freigekauft. 2018 ist Ulrich Schacht verstorben. Dem Begriff des »Heimatverlusts« bei Schacht näherte sich bereits 2009 der heute neurechts-positionierte Autor Jörg Bernig an. Vgl. Bernig, Jörg (2009): Heimatverlust. Zu Ulrich Schachts literarischem Werk. In: Schmitz, Walter/ Bernig, Jörg (Hg.): *Deutsch-deutsches Literaturexil. Schriftstellerinnen und Schriftsteller aus der DDR in der Bundesrepublik.* Dresden: Thelem, S. 282–309.

92 Vgl. Mosebach, Martin (2007): *Häresie der Formlosigkeit. Die römische Liturgie und ihr Feind.* München: Hanser.

93 Vgl. Böckelmann, Frank (2007): *Die Welt als Ort. Erkundungen im entgrenzten Dasein.* Wien: Karolinger Verlag.

94 KulturHaus Loschwitz: EXIL. Website des BuchHaus Loschwitz: https://kulturhaus-loschwitz.de/edition-buchhaus/edition-buchhaus-loschwitz/. 31.05.2023.

95 Hinz, Thorsten (2023): Exil im BuchHaus Loschwitz. CATO.de, 06.02.2023: https://cato-magazin.de/exil-im-buchhaus-loschwitz/. 31.05.2023.

96 Vgl. zu dieser Immunisierungsstrategie der Neuen Rechten auch: Ullrich, Wolfang (2019): Auf

Welche paratextuellen Funktionen dem Titel *EXIL* für die Konversions-Inszenierung der gesamten Reihe zukommt, mag ein abschließender Blick auf Jörg Bernigs repräsentativen *EXIL*-Band *An der Allerweltsecke* (2020) darlegen. In dem darin enthaltenen Essay *In der weißen Stadt* (2017) wird eine Reise auf den südlichen Balkan geschildert, die den Autor, der selbst »böhmische[] Vorfahren«[97] hat, in die serbische Hauptstadt Belgrad führt. Bereits am Textanfang – Bernig besteigt gerade ein gleichnamiges Flugzeug – muss sich dieser an Goethes Gedicht *Ilmenau* (1783) erinnern, dessen siebzehnte Strophe im Essay sodann auch fast vollständig zitiert wird:

> Wie dank' ich, Musen, euch! Daß ihr mich heut /auf einen Pfad gestellet, / Wo auf ein einzig Wort die ganze Gegend gleich / Zum schönsten Tage sich erhellet; / Die Wolke flieht, der Nebel fällt, / Die Schatten sind hinweg. Ihr Götter, Preis und Wonne! / Es leuchtet mir die wahre Sonne, / Es lebt mir eine schönre Welt; / Das ängstliche Gesicht ist in die Luft zerronnen, / Ein neues Leben ist's, es ist schon lang begonnen.[98]

Goethes Gelegenheitsgedicht, das dieser auf den 27. Geburtstag von Herzog Carl August von Weimar geschrieben hatte und das Goethes Ministertätigikeit im Ilmenauer Bergwerkswesen reflektiert, dient Bernig auf verquere Weise als Stichwort zur eigenen Serbienverklärung. Die »schönre Welt« oder das »neue[] Leben«, als die in den letzten Versen der oben zitierten Strophe die positive Belebung der Ilmenauer Landschaft durch die industrielle und administrative Führung des Herzogs gelobt wird[99], fungieren bei Bernig als Metaphern seiner Konversion in ein naturbelassenes, undomestiziertes, anti-zivilisatorisches Exil, das der Autor in Serbien glaubt gefunden zu haben. Antatt einer »ökonomischen Selbstgewißheit«[100], die Bernig im Westen beobachtet, sei die Gesellschaft Belgrads »näher am Krieg« und »am Martialischen« – »die bunte Oberfläche, des Westens Markenzeichen«, so Bernig, habe »Belgrad noch nicht zur Gänze überzogen«.[101] Dass aufgrund der Jugoslawienkriege der 1990er Jahre noch heute »viele junge Serben […] die Sehnsucht treibt, ihrem Land zu entkommen«[102],

---

dunkler Scholle. In: Die Zeit, 16.05.2019, S. 42; ders.: Feindbild werden. Ein Bericht. Berlin: Verlag Klaus Wagenbach.

97 Bernig, Jörg (2020): In der weißen Stadt. In: ders.: *An der Allerweltsecke. Essays.* Dresden: edition buchhaus loschwitz, S. 9–49, S. 15.

98 Bernig: In der weißen Stadt, S. 9; vgl. Goethe, Johann Wolfgang von (1783/1888): Ilmenau am 3. September 1783. In: ders.: *Goethes Werke. Weimarer Ausgabe [WA].* Abt. I/Bd. 2. Hg. im Auftrage der Großherzogin Sophie von Sachsen. Weimar: Böhlau Verlag, S. 141–147.

99 Vgl. Jeßing, Benedikt (2017): Bergbau und Fürstenlob: Goethes Gedicht »Ilmenau am 3. September 1783«. In: *Der Anschnitt*, 69/5–6, S. 249–261, S. 259.

100 Bernig: In der weißen Stadt, S. 27.

101 Bernig: In der weißen Stadt, S. 23.

102 Bernig: In der weißen Stadt, S. 12.

wird im Essay zwar erwähnt. Die genaue Rolle des serbischen Nationalisten Slobodan Milosevic als Urheber des Kriege sowie die durch Milosevic angeordneten Massenvertreibungen und Massaker bosnischer Muslime im Sinne seiner Pläne eines ›großserbischen Staates‹ finden bei Bernig aber keine genaue Beschreibung – vielmehr werden im Essay vor allem die NATO-Luftangriffe gegen die Stellungen der bosnisch-serbischen Armee für die bis heute ökonomisch prekäre und weiterhin konfliktlastige Situation des Landes verantwortlich gemacht.[103]

Während Goethes Fürstenspiegel besonders die pädagogische Funktion der »Zeit«[104] im Sinne eines Reifungsprozesses des aufgeklärten, vernünftigen Herrschers in den Vordergrund rückt, interessiert sich Bernig für einen geschichtlich- und kriegerisch-gereiften, serbischen Volksgeist, der dem Autor nach nie humanistische oder demokratische Kontrollinstanzen nötig hatte und auch darin dem westlich-liberalen Modell überlegen sei: »Selbstvergewisserung, Sprache, Identität, Kultur«, so Bernig zur »osmanischen Fremdherrrschaft« in Serbien (1459–1878), »überdauerten während der Okkupation innerhalb der Religion und der Institution der serbisch-orthodoxen Kirche«.[105] Mit Botho Strauß‹ Essay *Anschwellender Bocksgesang* (1993) teilt Bernigs Text – neben seiner Lobeshymne auf den bellizistischen Thymos der Serben – ein letztlich völkisch-ethnopluralistisches[106] Verständnis von ›Nation‹, das ›in Deutschland nicht verstanden würde‹[107]:

---

103 Vgl. Bernig: In der weißen Stadt, S. 12, 21 und 33.

104 »Wer kann der Raupe, die am Zweige kriecht,/ Von ihrem künft'gen Futter sprechen? / Und wer der Puppe, die am Boden liegt, / Die zarte Schale helfen durchzubrechen? / Es kommt die Zeit, sie drängt sich selber los / Und eilt auf Fittigen der Rose in den Schoos. /Gewiß, ihm geben auch die Jahre / Die rechte Richtung seiner Kraft. / Noch ist bei tiefer Neigung für das Wahre, / Ihm Irrthum eine Leidenschaft«. Goethe, Johann Wolfgang von (1783/1888): Ilmenau am 3. September 1783, V. 130–139. Vgl. Jeßing, Benedikt (2017): Bergbau und Fürstenlob: Goethes Gedicht »Ilmenau am 3. September 1783«, S. 258.

105 Bernig: In der weißen Stadt, S. 36.

106 Unter dem Begriff des ›Ethnopluralismus‹ wird die neurechte, biologistische Vorstellung einer politisch notwendigen Völkervielfalt gefasst. Argumentiert wird von neurechter Seite, dass jedes Volk über unveränderliche und individuelle ethnische Merkmale verfüge und Kulturen dann am stärksten seien, wenn sie sich von äußeren kulturellen Einflüssen vollständig abschotten. Vgl. hierzu: Zorn, Daniel-Pascal (2018): Ethnopluralismus als strategische Option. In: Schellhöh, Jeniffer/ Reichertz, Jo/ Heins, Volker M. et al. (Hgg.): *Großerzählungen des Extremen. Neue Rechte, Populismus, Islamismus, War on Terror.* Bielefeld: transcript, S. 21–33.

107 Vgl. Bernig: In der weißen Stadt, S. 35. Ähnlich heißt es bei Strauß: »Daß jemand in Tadschikistan es als politischen Auftrag begreift, seine Sprache zu erhalten, wie wir unsere Gewässer, das verstehen wir nicht mehr. Daß ein Volk sein Sittengesetz gegen andere behaupten will und dafür bereit ist, Blutopfer zu bringen, das verstehen wir nicht mehr und halten es in unserer liberal-libertären Selbstbezogenheit für falsch und verwerflich«. Strauß, Botho (1993): Anschwellender Bocksgesang. In: ders.: *Der Aufstand gegen die sekundäre Welt. Bemerkungen zu einer Ästhetik der Anwesenheit.* München: Carl Hanser, S. 55–76, S. 58.

> Die Sensibilität Belgrads als Ort eines Anfangs und Endes, als Ort des Übergangs, des Aufeinandertreffens, aber auch der Differenzierung von Völkern, Kulturen von Weltkreisen [im Sinne einer Alternative zum deutschen Multikulturalismus, Anm. N.B.] könnte allen Europäern von Nutzen sein, [liege aber, so Bernig an anderer Stelle,] [...] jenseits der Erfahrungen jener von starken Zentralgewalten erschaffenen und geprägten Staaten des westlichen Europas.[108]

Es sind derartig subtile, aber doch eindeutige Ähnlichkeiten zu bekannten nationalistischen Intertexten – darunter auch Peter Handkes Reisebericht *Gerechtigkeit für Serbien* (1996)[109] – die Bernigs Essay ebenso wie das gesamte Loschwitzer *EXIL*-Projekt als politische Strategie erkennbar werden lassen. Wie bei Bernig zielen auch die *EXIL*-Essays des ehemaligen *Spiegel*-Journalisten und heutigen Autors diverser neurechter Plattformen Matthias Matussek darauf, die Figur des politischen ›Außenseiters‹ mit literarischen Außenseitern wie Heinrich Heine oder Heinrich von Kleist gleichzusetzen[110], hierdurch die von Matussek selbst eingestandene »Sympathie für den Typus des Reaktionärs«[111] zu ästhetisieren und letztlich die eigene langfristige Transformation ins Reaktionäre als einen bloß ästhetischen Übertritt in die nonkonforme Sphäre der Kunst zu legitimieren. Wiederum ähnlich verfährt Tellkamps literarischer *EXIL*-Essay *Das Atelier* (2020): Als Schöpfer eines »transrealistische[n]«[112], das heißt in diesem Fall, politisch immunen Kunstreichs zwischen »Dichtung und Wahrheit«[113] werden darin etwa die nur wenige Monate zuvor aufgrund ihrer AfD-Nähe diskutierten Leipziger Maler Neo Rauch und Axel Krause[114] als »Martin Rahe«[115] und »Thomas Vogelstrom«[116] schlüsselliterarisch verfremdet und in ihrem täglichen Schaffen stilisiert. Die Produktion von Kunst, die in Goethes poetischer Autobiographie *Dichtung und Wahrheit* (1811–1833) noch »als das einzig mögliche Mittel der Selbstfindung und

---

108 Bernig: In der weißen Stadt, S. 27 und 36.

109 Bernig: In der weißen Stadt, S. 21: »Es wird Gerechtigkeit gefordert, Gerechtigkeit für Serbien«. Vgl. Handke, Peter (1996): *Eine winterliche Reise zu den Flüssen Donau, Save, Morawa und Drina oder Gerechtigkeit für Serbien.* Frankfurt a.M.: Suhrkamp.

110 Vgl. Matussek, Matthias (2021): Pistolenknall und Harfenklang. Warum uns Heinrich Heine heute noch angeht. In: ders.: *Aussenseiter. Von Rebellen, Heiligen und Künstlern auf der Kippe.* Dresden: edition buchhaus loschwitz, S. 16–37.

111 Matussek, Matthias (2021): Es lebe der Außenseiter! Vorwort mit großzügiger Unterstützung durch Botho Strauß. In: ders.: *Aussenseiter. Von Rebellen, Heiligen und Künstlern auf der Kippe.* Dresden: edition buchhaus loschwitz, S. 9–15, S. 14.

112 Tellkamp, Uwe (2020): *Das Atelier.* Dresden: edition buchhaus loschwitz, S. 16.

113 Tellkamp: *Das Atelier,* Klappentext.

114 Vgl. Ullrich: Auf dunkler Scholle, S. 42.

115 Tellkamp: *Das Atelier,* S. 9.

116 Tellkamp: *Das Atelier,* S. 33.

Selbsterfüllung des Menschen«[117] erscheint, dient in Tellkamps Essay indessen bloß noch einem malerischen Widerstand gegen »die Mühlen«[118] links-grüner politischer Korrektheit: Bei Rahes Atelier, heißt es im Text, habe »man es mit einer Arena, einer Kampfstätte zu tun, etwas Ernstem und Schwerem und einer Kunst, die weniger spielen als eingreifen will«.[119] »Ich verachte die Gutwetter-Geschmeidigen, Rectum-Puderbüchsen auf zwei Beinen, Charakterbettler, [...], die Feuilletonlyriker und Gefälligkeitsschnitzer«[120], tobt entsprechend der Erzähler gegen Ende des Essays.

## 5. Fazit und Ausblick

Der vorliegende Aufsatz ist von der Beobachtung ausgegangen, dass im Fall Tellkamp, anstatt von einer plötzlichen Konversion ins rechte Lager, vielmehr von einer langfristigen Radikalisierung des Autors ausgegangen werden sollte. Zu zeigen war, dass Tellkamps über mehr als ein Jahrzehnt andauernder Radikalisierungsprozess überhaupt nur greifbar wird, insofern man zum einen die Traditionen und Transformationen rechten Denkens in Ostdeutschland und zum anderen die ab 2012 verstärkte institutionelle Desintegration des Autors innerhalb seiner politischen und literarischen Milieus in Dresden-Loschwitz mitreflektiert. Einerseits reproduzieren Tellkamps Selbstdarstellungen als ›desintegrierter, innerer Emigrant‹ Muster, die im regionalpolitischen, AfD-nahen Diskurs Sachsens damals bereits seit einiger Zeit angelegt sind. Andererseits schließen diese an einen anti-sozialistischen wie anti-westlichen Widerstandsdiskurs an, der im Umfeld der Dresdner Buchhändlerin Susanne Dagen ab 2015 ausgeprägt wird. Eine zentrale strategische Funktion innerhalb dieses Widerstandsdiskurses um Dagen kommt der Figur des Exilanten als einem ›Ausgestoßenen‹ oder ›Heimatlosen‹ zu. In der Buchreihe *EXIL* werden entsprechend des Titels Räume des Rückzugs imaginiert, die als vermeintlich kunstautonome Räume ausgewiesen werden und somit einer politischen Immunisierung der überwiegend neurechts positionierten Reihen-Autor:innen Vorschub leisten.

In der genaueren Analyse der *EXIL*-Beiträge der Autoren Bernig, Matussek und Tellkamp sind verschiedene essayistische wie literarische Strategien herausgearbeitet worden, mittels derer in den Beiträgen rechte, rassistische, anti-liberale und anti-demokratische Positionen als nonkonforme, literarische Positionen ästhetisiert und dadurch legitimiert werden. Die Inszenierungen der Konversion in die imaginären

117 Witte, Bernd (1978): Autobiographie als Poetik. Zur Kunstgestalt von Goethes *Dichtung und Wahrheit*. In: *Neue Rundschau*, 89/3, S. 384–400, S. 397.

118 Tellkamp: *Das Atelier*, Klappentext.

119 Tellkamp: *Das Atelier*, S. 56.

120 Tellkamp: *Das Atelier*, S. 85.

Schutzräume der Kunst und Literatur, wie sie in den untersuchten *EXIL*-Texten jeweils feststellbar sind, wären letztlich an anderer Stelle hinsichtlich ihrer Bedeutung für die Neuen Rechten umfassender zu untersuchen. Fest steht, dass neurechte Strömungen bereits seit den 1960er Jahren auf eine neue, anti-liberale Lebensform für Deutschland abzielen, deren Möglichkeit zum einen mittels literarischer Fiktionen erprobt und deren politische Durchsetzung zum anderen durch eine literaturpolitische Einflussnahme auf den Kultur- und Literaturbetrieb aktiv betrieben wird.[121] Die Konversion rechter Revolutionäre in die Exile der Kunst und Literatur erscheint damit letztlich als eine zentrale Strategie des neurechten Umsturzprojekts: »Der Einzelne und sein inneres, sein poetisches Reich – wer wirklich schöpferisch und restaurativ zugleich wirken will, muß dort gewohnt haben«[122], heißt es in Kubitscheks programmatischem Aufsatz *Der romantische Dünger* (2014). »Er hätte ein ganz anderes Bild dabei, eine Große Erzählung, und vor allem wäre er von furchterregender, angemessen rücksichtsloser Entschlossenheit«.[123]

## *Literaturverzeichnis*


3sat (2022): Der Fall Tellkamp (1/5): Verlorenes Vertrauen. Website des Senders 3sat. https://www.3sat.de/kultur/kulturdoku/der-fall-tellkamp-serie-folge1–100.html. 31.05.2023.

Aisslinger, Moritz (2019): »Man hat mich politisch gemacht«. In: *Die Zeit*, 28.08.2019, S. 11–13.

Amlinger, Carolin/ Gess, Nicola/ Liese, Lea (2023): Renegaten. Zur Gegenwart politischer Ab- und Ausgrenzungen. In: *Mittelweg*, 36/1, S. 4–16.

Balke, Florian (2014): Auf der Suche nach der verlorenen Gegenwart. In: *FAZ*, 24.05.2014, S. 10.

Bartels, Gerrit (2008): »Vielleicht bin ich giftiger Lurch«. Tagesspiegel.de, 13.10.2008: https://www.tagesspiegel.de/kultur/literatur/uwe-tellkamp-vielleicht-bin-ich-ein-giftiger-lurch-6834907.html. 31.05.2023.

Behrends, Jan/ Lindenberger, Thomas / Poutrus, Patrice (2003): Fremde und Fremd-Sein in der DDR. Zur Einführung. In: dies. (Hgg.): *Fremde und Fremd-Sein in der DDR. Zu historischen Ursachen der Fremdenfeindlichkeit in Ostdeutschland.* Berlin: Metropol, S. 9–21.

Bernig, Jörg (2009): Heimatverlust. Zu Ulrich Schachts literarischem Werk. In: Schmitz, Walter/ Bernig, Jörg (Hg.): *Deutsch-deutsches Literaturexil. Schriftstellerinnen und Schriftsteller aus der DDR in der Bundesrepublik.* Dresden: Thelem, S. 282–309.

Bernig, Jörg (2019): Revoltierende Resteverwerter verfallner Imperien. In: *Sezession*, 90, S. 48–53.

Bernig, Jörg (2020): In der weißen Stadt. In: ders.: *An der Allerweltsecke. Essays.* Dresden: edition buchhaus loschwitz, S. 9–49.


121 Vgl. hierzu: Busch, Nicolai (2024): *Das ›politisch Rechte‹ der Gegenwartsliteratur (1989–2022). Mit Studien zu Christian Kracht, Simon Strauß und Uwe Tellkamp.* Berlin: de Gruyter.

122 Kubitschek, Götz (2014): Der romantische Dünger. In: *Sezession*, 59, S. 33–35, S. 35.

123 Kubitschek: Der romantische Dünger, S. 35.

Böckelmann, Frank (2007): *Die Welt als Ort. Erkundungen im entgrenzten Dasein.* Wien: Karolinger Verlag.

Bormann, Michael (1996): Über die langsame Zerstörung einer Lebensform. In: *Der Elbhang Kurier*, Juli-Ausgabe, S. 4.

BuchHaus Loschwitz: Steckbrief. Facebook-Seite des BuchHaus Loschwitz: https://www.facebook.com/buchhaus?locale=de_DE. 31.05.2023.

Bundesministerium des Innern (2006): *Verfassungsschutzbericht 2005.* Berlin.

Busch, Nicolai (2024): *Das ›politisch Rechte‹ der Gegenwartsliteratur (1989–2022). Mit Studien zu Christian Kracht, Simon Strauß und Uwe Tellkamp.* Berlin: de Gruyter.

CDU Sachsen (2005): Deutscher Patriotismus im vereinigten Europa. 12 Thesen zum Zusammenhalt unserer Gemeinschaft. Parteitagsbeschluss: https://www.cdu-sachsen.de/Dateien/deutscher-patriotismus-im-vereinigten-europa-zwoelf-thesen-zum-zusammenhalt-unserer-gemeinschaft/21803. 31.05.2023.

Cranach, Xaver von (2022): Soviel Hass, Ekel, Abrechnung, Moral. Spiegel.de, 12.05.2022: https://www.spiegel.de/kultur/literatur/uwe-tellkamp-und-sein-neuer-roman-der-schlaf-in-den-uhren-so-viel-hass-ekel-abrechnung-moral-a-589d2d69-e1ee-46f7-b754-f77c98bde9f4. 31.05.2023.

Dagen, Susanne (2017): Charta 2017 – Zu den Vorkommnissen auf der Frankfurter Buchmesse 2017. Website des Freien und Angenommenen Maurer von Deutschland (A.F.u. a.M.v.D.): https://freimaurerei.de/erwiderung-von-uwe-tellkamp-zum-kulturpreis/. 31.05.2023.

Dagen, Susanne (2017): Charta 2017 – Zu den Vorkommnissen auf der Frankfurter Buchmesse 2017. Website des BuchHaus Loschwitz: https://www.kulturhaus-loschwitz.de/charta-2017.html. Nicht länger abrufbar.

Gess, Nicola (2021): *Halbwahrheiten. Zur Manipulation von Wirklichkeit.* Berlin: Matthes & Seitz.

Gessenharter, Wolfgang (1989): Die ›Neue Rechte‹ als Scharnier zwischen Neokonservatismus und Rechtsextremismus in der Bundesrepublik. In: Eisfeld, Rainer/ Müller, Ingo (Hgg.): *Gegen Barbarei. Essays Robert M.W. Kempner zu Ehren.* Frankfurt a.M.: Athenäum 1989, S. 424–452.

Goethe, Johann Wolfgang von (1888): Ilmenau am 3. September 1783. In: ders.: *Goethes Werke. Weimarer Ausgabe [WA].* Abt. I/Bd. 2. Hg. im Auftrage der Großherzogin Sophie von Sachsen, Weimar: Böhlau Verlag, S. 141–147.

Guggenheimer, Michael (2009): Kleine Fläche, große Wirkung. NZZ.de, 25.04.2009: https://www.nzz.ch/kleine_flaeche_grosse_wirkung-ld.561774. 31.05.2023.

Handke, Peter (1996): *Eine winterliche Reise zu den Flüssen Donau, Save, Morawa und Drina oder Gerechtigkeit für Serbien.* Frankfurt a.M.: Suhrkamp.

Häusler, Alexander (2013): *Die Alternative für Deutschland – eine neue rechtspopulistische Partei?* Düsseldorf: Heinrich Böll Stiftung Nordrhein-Westfalen.

Heitmeyer, Wilhelm (Hg.) (2002–12): *Deutsche Zustände, Folge 1–10.* Frankfurt a.M.: Suhrkamp.

Heitmeyer, Wilhelm/ Borstel, Dierk/ Grau, Andreas et al. (Institut für Interdisziplinäre Konflikt- und Gewaltforschung der Universität Bielefeld) (2010): Rechtsextreme Strukturen, Gruppenbezogene Menschenfeindlichkeit und bürgerliches Engagement gegen Rechtsextremismus in der Landeshauptstadt Dresden: www.dresden.de/media/pdf/auslaender/studie_rechtsextremismus_110524.pdf. 31.05.2023.

Hildebrandt, Tina/ Niejahr, Elisabeth (2013): »Was ist ein Held?«. Verteidigungsminister Thomas de Maizière und der Schriftsteller Uwe Tellkamp im Gespräch In: *Die Zeit*, 04.07. 2013, S. 8.

Hinz, Thorsten (2023): Exil im BuchHaus Loschwitz. CATO.de, 06.02.2023: https://cato-magazin.de/exil-im-buchhaus-loschwitz/. 31.05.2023.

Höcke, Björn (2017): »Gemütszustand eines total besiegten Volkes«. Höcke-Rede im Wortlaut. Tagesspiegel.de, 19.01.2017: https://www.tagesspiegel.de/politik/hoecke-rede-im-wortlaut-gemuetszustand-eines-total-besiegten-volkes/19273518-all.html. 31.05.2023.

Jachertz, Nobert/ Klinhammer, Gisela (2009): »Das ganze Thema ist immer noch radioaktiv«. Interview mit Uwe Tellkamp, Arzt und Schriftsteller. In: *Deutsches Ärzteblatt*, 106/10, S. 453–455.

Jeßing, Benedikt (2017): Bergbau und Fürstenlob: Goethes Gedicht »Ilmenau am 3. September 1783«. In: *Der Anschnitt*, 69/5–6, S. 249–261.

Krenzlin, Leonore (2016): Emigranten im eigenen Land? Zum Umgang mit dem Ausdruck ›Innere Emigration‹. In: Golaszewski, Marcin/ Kardach, Magdalena/ Krenzlin, Leonore (Hgg.): *Zwischen Innerer Emigration und Exil. Deutschsprachige Schriftsteller 1933–1945.* Berlin/ Boston: de Gruyter, S. 11–27.

Kubitschek, Götz (2011): Die Strahlkraft der KR. In: *Sezession*, 44, S. 8–13.

Kubitschek, Götz (2014): Der romantische Dünger. In: *Sezession*, 59, S. 33–35.

Kubitschek, Götz (2018): Erklärung 2018 – eine Welle der Bekenntnislust. Sezession.de, 23.03. 2018:https://sezession.de/58354/erklaerung-2018-eine-welle-der-bekenntnislust?hilite= Tellkamp. 31.05.2023.

Kubitschek, Götz (2018): Konstruktive Theorieschwäche. In: *Sezession*, 82, S. 8–11.

KulturHaus Loschwitz (2010): Veranstaltungsprogramm des 10. November 2010, S. 14: https://www.yumpu.com/user/kulturhaus.loschwitz.de. 31.05.2023.

KulturHaus Loschwitz: EXIL. Website des BuchHaus Loschwitz: https://kulturhaus-loschwitz.de/edition-buchhaus/edition-buchhaus-loschwitz/. 31.05.2023.

Lichtmesz, Martin (2007): Fanal und Irrlicht. In: *Sezession*, 20, S. 18–23.

Lieberknecht, Christine (2009): Ansprache. In: Rüther, Günther (Hg.): *Verleihung des Literaturpreises der Konrad-Adenauer-Stiftung e.V. an Uwe Tellkamp. Weimar, 6. Dezember 2009. Dokumentation.* Sankt Augustin/Berlin: Konrad-Adenauer-Stiftung e.V., S. 9–13.

Machowecz, Martin (2009): Dichter dran. Zeit.de, 17.12.2009: https://www.zeit.de/zustimmung?url=https%3 A%2F%2Fwww.zeit.de%2F2009%2F52%2FS Am-Start. 31.05.2023.

Machowecz, Martin (2017): »Kurt, das wäre dir nicht passiert!«. Gespräch mit Kurt Biedenkopf. Zeit.de, 05.10.2017: https://www.zeit.de/2017/41/cdu-sachsen-kurt-biedenkopf-wahlergebnis/komplettansicht. 31.05.2023.

Machowecz, Martin/ Schirmer, Stefan (2012): »Es wird wieder marodierende Banden geben«. Ein Gespräch mit Uwe Tellkamp. Zeit.de, 20.09.2012: https://www.zeit.de/2012/39/Uwe-Tellkamp-Der-Turm-Fernsehverfilmung. 31.05.2023.

Mahler, Horst (1978a): Neubeginnen. Brief aus dem Kerker. In: *Neues Forum*, 291/292, S. 8–15.

Mahler, Horst (1978b): Staat muß sein. Brief aus dem Kerker II. In: *Neues Forum*, 293/294, S. 18–25.

Mahler, Horst (1978c): Revolutionäre Manager. Brief aus dem Kerker III. In: *Neues Forum*, 295/296, S. 25–33.

Meisner, Matthias (2015): Die Pegida-Versteher der CDU. Tagesspiegel.de, 23.01.2015: https://www.tagesspiegel.de/politik/die-pegida-versteher-in-der-cdu-sachsen-3605935.html. 31.05.2023.

Michelsen, Danny/ Przybilla-Voß, Marika/ Lühmann, Michael et al. (2017): Rechtsextremismus und Fremdenfeindlichkeit in Ostdeutschland im regionalen Kontext. Ursachen – Hintergründe – regionale Kontextfaktoren. Abschlussbericht des Forschungsprojekts. Wiederveröffentlichte, überarbeitete Fassung: https://fragdenstaat.de/dokumente/141559-rechtsextremismus-und-fremdenfeindlichkeit-in-ostdeutschland-im-regionalen-kontext-ursachen-hintergrunde-regionale-kontextfaktoren/. 31.05.2023.

Mohler, Armin (1974): *Von rechts gesehen.* Stuttgart: Seewald Verlag.

Mosebach, Martin (2007): *Häresie der Formlosigkeit. Die römische Liturgie und ihr Feind.* München: Hanser.

Müller, Julian (2023): Der politische Konvertit als Fürsprecher seiner selbst. In: *Mittelweg*, 36/1, S. 17–27.

Müller, Lothar (2022): »Ich muss mich rechtfertigen«. Gespräch mit Uwe Tellkamp. In: *SZ*, 11.05.2022, S. 11.

Münkler, Herfried (2002): Antifaschismus als Gründungsmythos der DDR. Abgrenzungsinstrument nach Westen und Herrschaftsmittel nach innen. In: Agethen, Manfred/ Jesse, Eckard/ Neubert, Erhart (Hgg.): *Der missbrauchte Antifaschismus, DDR-Staatsdoktrin und Lebenslüge der deutschen Linken.* Freiburg: Herder, S. 79–99.

Neubert, Falk (2013): Sächsische Demokratie. Ein Erklärungsversuch. In: Schmincke, Imke/ Siri, Jasmin (Hgg.): *NSU-Terror. Ermittlungen am rechten Abgrund. Ereignis, Kontexte, Diskurse.* Bielefeld: transcript, S. 79–90.

Neumann, Gunter/ Kelch, Johanna (2017): Chronik einer Denunziation. mdr Sachsen Wahlzone.de: https://archive.ph/9MLpr. 31.05.2023.

Noelle-Neumann, Elisabeth (1980): *Die Schweigespirale. Öffentliche Meinung, unsere soziale Haut.* München: Piper.

Osang, Alexander (2016): Herr Preuß schreibt Geschichte. In: *Der Spiegel*, 13.05.2016, S. 68–72.

Oschmann, Dirk (2023): *Der Osten – eine westdeutsche Erfindung.* Berlin: Ullstein.

Patzelt, Werner/ Klose, Joachim (2016): *PEGIDA – Warnsignale aus Dresden.* Dresden: Thelem.

Pfahl-Traughber, Armin (1994): Brücken zwischen Rechtsextremismus und Konservatismus. Zur Erosion der Abgrenzung auf publizistischer Ebene in den achtziger und neunziger Jahren. In: Kowalsky, Wolfgang/ Schroeder, Wolfgang (Hgg.): *Rechtsextremismus. Einführung und Forschungsbilanz.* Opladen: Westdeutscher Verlag, S. 164–182.

Pfahl-Traughber, Armin (2019): *Der Extremismus der Neuen Rechten. Eine Analyse zu Diskursthemen und Positionen.* Wiesbaden: Springer VS.

Pfahl-Traughber, Armin (2019): *Rechtsextremismus in Deutschland. Eine kritische Bestandsaufnahme.* Wiesbaden: Springer VS.

Pföhringer, Daniell (2018): »Es ist notwendig, seine Stimme zu erheben«. Susanne Dagen im Gespräch. In: *Compact*, 2, S. 18–20.

Reckwitz, Andreas (2006): Ernesto Laclau. Diskurse, Hegemonien, Antagonismen. In: Moebius, Stephan/ Quadflieg, Dirk (Hgg.): *Kultur. Theorien der Gegenwart.* Wiesbaden: VS Verlag für Sozialwissenschaften, S. 339–349.

Reinhard, Doreen (2018): Weltbürger trifft Sonderbürger. In: Zeit.de, 09.03.2018: https://www.zeit.de/kultur/literatur/2018–03/dresden-uwe-tellkamp-durs-gruenbein-afd-pegida 31.05.2023.

Ritter, Wiggo (2022): Querschläger: Horst Mahler. In: *Sezession*, 106, S. 32–35.

Salier, Bastian (2017): Erwiderung von Uwe Tellkamp zum Kulturpreis [Transkript]. Website der Großloge der Alten Freien und Angenommenen Maurer von Deutschland (A.F.u. a.M.v. D.): https://freimaurerei.de/erwiderung-von-uwe-tellkamp-zum-kulturpreis/. 31.05.2023.

Schlottmann, Karin (2010): Abschied vom Klischee. Gespräch mit Susanne Dagen und Michael Bormann. Sächsische Zeitung.de, 04.10.2010: https://www.saechsische.de/plus/abschied-vom-klischee-107751.html. 31.05.2023.

Schuler! Fragen, was ist (2023): »Wer unzufrieden ist, dem bleibt fast nur die AfD«. Gespräch mit Uwe Tellkamp. YouTube-Profil von Ralf Schuler, 10.06.2022: https://www.youtube.com/watch?v=VXdrCWXNRLQ. 31.05.2023.

Seeßlen, Georg (2017): Renegaten, Verräter, Konvertiten, Überläufer oder Überzeugungstäter. getidan.de, 01.07.2017: http://www.getidan.de/gesellschaft/georg_seesslen/76722/renegaten-verraeter-konvertiten-ueberlaeufer-oder-ueberzeugungstaeter. 31.05.2023.

Seidel, Jörg (2019): Warum Sachsen? Warum der Osten? In: *Sezession*, 90, S. 14–18.

Seitenbecher, Manuel (2013): *Mahler, Maschke & Co. – Rechtes Denken in der 68er-Bewegung?* Paderborn: Ferdinand Schöningh.

Séville, Astrid (2023): Renegatentum als politische Pose im Rechtspopulismus. In: *Mittelweg*, 36/1, S. 79–99.

Soboczynski, Adam (2022): Der Abstieg. In: *Die Zeit*, 12.05.2022, S. 46.

Sommerfeld, Caroline (2021): *Versuch über den Riß.* Schnellroda: Antaios.

Sommerfeld, Caroline (2022): Solitäre, Kippfiguren, Masse. In: *Sezession*, 106, S. 14–17.

Steffen, Tillmann (2015): Sachsen sieht das nicht so eng. Zeit.de, 02.09.2015: https://www.zeit.de/gesellschaft/2015–09/sachsen-rassismus-islam-asyl-heidenau-ursachen. 31.05.2023.

Steinhaus, Maria/ Heim, Tino/ Weber, Anja (2017): »So geht sächsisch!«. Pegida und die Paradoxien der ›sächsischen Demokratie‹. In: Heim, Tino (Hgg.): *Pegida als Spiegel und Projektionsfläche. Wechselwirkungen und Abgrenzungen zwischen Pegida, Politik, Medien, Zivilgesellschaft und Sozialwissenschaften.* Wiesbaden: Springer VS, S. 143–196.

Strauß, Botho (1993): Anschwellender Bocksgesang. In: ders.: *Der Aufstand gegen die sekundäre Welt. Bemerkungen zu einer Ästhetik der Anwesenheit.* München: Carl Hanser, S. 55–76.

Tellkamp, Uwe (2008): Fragebogen. Focus.de, 09.09.2015: https://www.focus.de/kultur/leben/13fragen/uwe-tellkamp-fragebogen_id_2174197.html. 31.05.2023.

Tellkamp, Uwe (2010): Ein Turm namens Kohl. BILD.de, 03.04.2010: https://www.bild.de/politik/2010/19-dezember-1989-haelt-helmut-kohl-seine-schwierigste-rede-teil-2–12077134.bild.html. 31.05.2023.

Tellkamp, Uwe (2012): Festrede des Schriftstellers Uwe Tellkamp. Dank an Sachsen. Nachdenken über Heimat. In: Sächsischer Landtag (Hg.): *Festakt zum Tag der Deutschen Einheit am 3. Oktober 2012.* Dresden: Sächsischer Landtag.

Tellkamp, Uwe (2018): Der Moralismus der Vielen. Ein Offener Brief von Uwe Tellkamp. In: *Sezession*, 87, S. 27–31.

Tellkamp, Uwe (2021): *Das Atelier.* Dresden: edition buchhaus loschwitz.

Tellkamp, Uwe (2022): *Der Schlaf in den Uhren. Archipelagus I.* Frankfurt a.M.: Suhrkamp.

Thiess, Frank (1963 [1945]): Die innere Emigration. In: Grosser, J.F.G. (Hg.): *Die große Kontroverse. Ein Briefwechsel um Deutschland.* Hamburg/Genf/Paris: Nagel Verlag, S. 22–26.

Ullrich, Wolfang (2019): Auf dunkler Scholle. In: *Die Zeit*, 16.05.2019, S. 42.

Ullrich, Wolfgang (2020): *Feindbild werden. Ein Bericht.* Berlin: Verlag Klaus Wagenbach.

Völtz, Nicole (2010): Vom Wirken der DDR auf die sächsische Gesellschaft. In: Konstantin Hermann (Hg.): *Sachsen seit der Friedlichen Revolution. Tradition, Wandel, Perspektiven.* Dresden: Sax Verlag, S. 217–228.

Wagner, Bernd (2014): *Rechtsradikalismus in der Spät-DDR. Zur militant-nazistischen Radikalisierung. Wirkungen und Reaktionen in der DDR-Gesellschaft.* Berlin: Edition Widerschein.

Wagner, Sabrina (2018): Korrektur durch epische Beschreibung – Konservatives Engagement zwischen autorschaftlichem Selbstverständnis und literaturkritischer Rezeption am Beispiel Uwe Tellkamps. In: Adler, Hans/ Klocke, Sonja E. (Hgg.): *Protest und Verweigerung. Neue Tendenzen in der deutschen Literatur seit 1989.* München: Wilhelm Fink, S. 93–109.

Waibel, Harry (2014): *Der gescheiterte Anti-Faschismus der SED. Rassismus in der DDR.* Frankfurt a.M.: Peter Lang.

Waldstein, Thor von (2017): Thesen zur öffentlichen Meinung. In: *Sezession*, 80, S. 26–30.

Weidermann, Volker (2005): Neues Deutschland. In: *FAZ*, 11.04.2005, S. 25.

Witte, Bernd (1978): Autobiographie als Poetik. Zur Kunstgestalt von Goethes *Dichtung und Wahrheit.* In: *Neue Rundschau*, 89/3, S. 384–400.

Wolf, Tobias (2018): Zwei Dresdner für AfD-nahe Stiftung tätig. Sächsische Zeitung.de, 22.03. 2018:https://www.saechsische.de/plus/zwei-dresdner-fuer-afd-nahe-stiftung-taetig-3902958.html. 31.05.2023.

Yendell, Alexander/ Pickel, Gert (2020): Sind Sachsen besonders anfällig für Rechtsextremismus? Politische Einstellungen in Sachsen im Ländervergleich. In: Backes, Uwe/ Kailitz, Steffen (Hgg.): *Sachsen – Hochburg des Rechtsextremismus?* Göttingen: V&R, S. 61–80.

Zitelmann, Rainer (1994): *Wohin treibt unsre Republik?* Frankfurt a.M.: Ullstein.

Zorn, Daniel-Pascal (2018): Ethnopluralismus als strategische Option. In: Schellhöh, Jeniffer/ Reichertz, Jo/ Heins, Volker M. et al. (Hgg.): *Großerzählungen des Extremen. Neue Rechte, Populismus, Islamismus, War on Terror.* Bielefeld: transcript, S. 21–33.

*Lea Liese*

# »I hadn't voted for anyone«

## Zur Geste politischer Neutralität als ästhetischer Widerstand bei Bret Easton Ellis

ABSTRACT: Using Bret Easton Ellis' nonfictional book *White* as an example, this article examines how criticism of liberalism is made plausible by the thesis of a culture war in the polarized U.S. society since the election of Donald Trump. In the U.S., identity politics are blamed for this increasing polarization. Thus, Ellis justifies his departure from liberalism with its supposed transformation into left-wing reactionism that places political correctness above freedom of speech and art. In turn, he stages himself as a neutral observer of political events and justifies his supposed objectivity as a condition for political and aesthetic freedom: he wants to be able to empathize with all points of view and regard them as equal. But in this way, he adopts – whether intentionally or not – narratives that the Alt-Right uses strategically to justify right-wing narratives of conversion and to combat progressive liberalism.

KEYWORDS: Identity politics – Culture war – Aesthetics – Liberalism – Conservatism – Bret Easton Ellis

Als Recep Tayyip Erdoğan im Mai 2023 erneut in seinem Amt als Präsident der Republik Türkei bestätigt wurde, führte dies zu Erklärungsversuchen, die Identitäts- und Zugehörigkeitsfragen anstelle z.B. ökonomischer Faktoren als entscheidend herausstellten.[1] Erdoğan habe seinen muslimischen, sunnitischen und konservativen Wähler*innen ein kategorisches Identitätsangebot gemacht, das mit essentialistischen Wert- und Weltvorstellungen verbunden sei, so Michael Thumann: »Eine Welt, in der Mann und Frau, Herrscher und Volk, stark und schwach, oben und unten klar geregelt sind.«[2] Auffällig ist, dass dieses konservative Bedürfnis nach nationaler, ethnischer, sexueller oder religiöser Eindeutigkeit nicht nur in zunehmend autokratisch regierten Ländern, sondern auch in – ihrem Selbstverständnis nach – liberalen Demokratien wie Deutschland oder den USA als Erklärung dafür herangezogen wird, warum Bürger*innen aus der Arbeiterschaft oder der unteren Mittelschicht rechten Parteien ihre Stimme geben, obwohl deren Programme keine soziale Verbesserung ihrer Lebensbe-

1 Vgl. hierzu z.B. Cicek, Hüseyin (2023): Der türkische Präsident Erdogan betreibt Identitätspolitik im In- und Ausland als Dauerkampagne – Ziel ist es, den Westen in die Schranken zu weisen. NZZ.ch: https://www.nzz.ch/meinung/erdogan-betreibt-identitaetspolitik-erfolgreich-als-dauerkampagne-ld.1743279?reduced=true. 17.08.23 sowie Seeling, Luisa (2023): Erdoğan bietet seinen Wählern Identität. Süddeutsche.de: https://www.sueddeutsche.de/politik/wahlen-in-der-tuerkei-erdogan-bietet-seinen-waehlern-identitaet-1.4028776. 17.08.23.

2 Thumann, Michael: Es geht um Identität, nicht um Politik. Deutschlandfunk.de: https://www.deutschlandfunk.de/tuerkei-stichwahl-praesident-erdogan-kilicdaroglu-100.html. 17.08.23.

dingungen vorsehen.[3] Die Popularität von offen anti-liberalen Positionen wird von konservativer Seite aus wiederum mit einer vermeintlichen Fixierung auf Identitätsfragen der Linksliberalen begründet, die das Volk ›spalte‹ und zu Polarisierungen führe und letztendlich die ›radikalen Ränder‹ stärke.[4] Die These von einem ›Kulturkampf‹ zwischen Linken und Rechten, Liberalen und Konservativen, die derzeit v.a. im Feuilleton Hochkonjunktur hat, scheint ein Trend zu sein, einerseits von empirischen Herausforderungen moderner Gesellschaften wie sozialer Ungleichheit, Migration oder dem Klimawandel abzulenken, andererseits deren Komplexität zu simplifizieren und dabei länderspezifische Differenzen zu nivellieren.[5] Dabei ist zum einen zu beobachten, dass sich das Kulturkampf-Narrativ auch und insbesondere am Ästhetischen entzündet, ob es nun um die Verwendung gendergerechter Sprache geht, die angeblich

---

3 Vgl. für Deutschland hinsichtlich der Wahlerfolge der AfD z.B. Decker, Oliver/ Kiess, Johannes/ Brähler, Elmar (Hgg.): *Die enthemmte Mitte. Autoritäre und rechtsextreme Einstellung in Deutschland. Die Leipziger »Mitte«-Studie 2016.* Gießen: Psychosozial-Verlag; sowie Lewandowsky, Marcel/ Giebler, Heiko/ Wagner, Aiko (2016): Rechtspopulismus in Deutschland. Eine empirische Einordnung der Parteien zur Bundestagswahl 2013 unter besonderer Berücksichtigung der AfD. In: *Politische Vierteljahresschrift*, 57/2, S. 247–275. Für den US-Kontext schreibt z.B. Francis Fukuyama, ein Großteil des politischen Lebens habe nur oberflächlich mit ökonomischen Ressourcen zu tun. Vgl. Fukuyama, Francis (2019): *Identität. Wie der Verlust der Würde unsere Demokratie gefährdet.* Aus dem amerikanischen Englisch von Bernd Rullkötter. Hamburg: Hoffmann und Campe, S. 36. Vgl. hierzu außerdem: Kovic, Marko (2020): Sie wollen Politik, die ihnen schadet: Die masochistischen Trump-Wähler. Watson.de: https://www.watson.ch/international/analyse/956182709-trump-waehler-wollen-politik-die-ihnen-schadet-warum-das-so-ist. 17.08.23.

4 In Deutschland z.B. von Friedrich Merz (CDU), vgl. hierzu in kritischer Distanz: El Ouassil, Samira (2023): Als würde man Nemo verprügeln. Spiegel.de: https://www.spiegel.de/kultur/friedrich-merz-warum-das-gruenenbashing-des-cdu-chefs-auch-empirisch-nichts-bringt-kolumne-a-216c7f07–9d34–415c-93c2-e623b9280879. 17.08.23.

5 In diesem Kontext ist auch die Rede von einer angeblichen linken »Cancel Culture«, also einer repressiven und moralisch-autoritären Kultur, die politische Korrektheit der Kunst- und Meinungsfreiheit überordne und darum bemüht sei, Positionen, die als diskriminierend wahrgenommen werden könnten, aus dem öffentlichen Diskurs zu tilgen, eben zu ›canceln‹. Adrian Daub hat jüngst aufgezeigt, dass Cancel Culture-Geschichten speziell im US-Universitätskontext stark kolportiert sind und teilweise von konservativen Lobbygruppen bewusst gestreut werden, um ein verzerrtes Bild von ›dogmatischen Linken‹ zu zeichnen. Die Streuung solcher Geschichten sei speziell in den USA eine Strategie der Rechten, »sich eine ganz bestimmte Interpretation der Wirklichkeit zu eigen zu machen«: »Anstatt sich über Löhne, Kosten, Berufsaussichten, Schulden und Umverteilung Sorgen machen zu müssen, kann man sich rein am Kulturellen abarbeiten.« Denn, so Daub weiter: »Wer vom ›Canceln‹ als Wirkung einer ›Kultur‹ spricht, spricht bewusst nicht vom Canceln als etwa einem Resultat von Prekarisierung.« Vgl. Daub, Adrian (2022): *Cancel Culture Transfer. Wie eine moralische Panik die Welt erfasst.* Berlin: Suhrkamp, S. 230. Zudem habe der Cancel Culture-Diskurs als ›Aufregerthema‹ eine aufmerksamkeitsökonomische Funktion, die vor allem (digitale) Zeitungen gezielt nutzten, um Klicks zu generieren. Vgl. Daub: *Cancel Culture Transfer*, S. 309.

die ›Schönheit der Sprache‹ beeinträchtige[6], um die Sorge vor einer Zensur von (kritischer) Kunst zugunsten der politischen Korrektheit[7] oder um den Vorwurf, dass heute identitätspolitische Themen Vorrang vor literarischer Qualität hätten[8]. Und zum anderen ist zu beobachten, dass die gegenwärtige Verteidigung der Kunstfreiheit auch und insbesondere im rechten Spektrum erfolgt, wie u.a. Wolfgang Ullrich analysiert hat.[9] Vor diesem Hintergrund möchte der folgende Beitrag am Beispiel des populären US-amerikanischen Gegenwartsautors Bret Easton Ellis untersuchen, wie die Kulturkampf-These mit der politischen Erzählung einer Abwendung von (links-)liberalen Positionen[10] plausibilisiert wird und welche ästhetischen Motive die Rechtsdrift legitimieren sollen. Gerade in den USA, wo das Zweiparteiensystem eine politische und gesellschaftliche Polarisierung befördert,[11] werden Identitätsdebatten in Verbindung

6 Vgl. in diesem Zusammenhang z.B. den offenen Brief des Vereins Deutsche Sprache »Schluss mit Gender-Unfug!«, 2019 initiiert von Monika Maron, Wolf Schneider, Walter Krämer, Josef Kraus auf: https://vds-ev.de/aktionen/aufrufe/schluss-mit-gender-unfug/. 17.08.23.

7 In diesem Kontext hat es in den letzten Jahren in verschiedenen Ländern Debatten gegeben, z.B. im Rahmen der MeToo-Bewegung um Eugen Gomringers Gedicht »Avenidas« an der Fassade der Berliner Alice Salomon Hochschule (Deutschland), um die Balthus-Ausstellung in der Basler Fondation Beyeler (Schweiz) sowie um das Waterhouse-Gemälde in der Manchester Art Gallery (Großbritannien). Vgl. hierzu: Hildebrand, Kathleen (2018): Das lyrische Ich ist unabhängig abwesend. Süddeutsche.de: https://www.sueddeutsche.de/kultur/debatte-um-eugen-gomringer-gedicht-das-lyrische-ich-ist-auffaellig-abwesend-1.3841758. 17.08.23; Kilb, Andreas (2018): Sie alle waren Puppen seiner Phantasie. Faz.net: https://www.faz.net/aktuell/feuilleton/kunst-und-architektur/balthus-ausstellung-der-fondation-beyeler-in-riehen-bei-basel-15769786.html. 17.08.23 sowie Brown, Mark (2018): Gallery removes naked nymphs painting to ›prompt conversation‹. Theguardian.com: https://www.theguardian.com/artanddesign/2018/jan/31/manchester-art-gallery-removes-waterhouse-naked-nymphs-painting-prompt-conversation. 17.08.23.

8 Vgl. hierzu z.B. Baßler, Moritz (2021): Der neue Midcult. Vom Wandel populärer Leseschaften als Herausforderung der Kritik. In: *Pop. Kultur und Kritik*, 18, S. 132–149.

9 Vgl. Ullrich, Wolfgang (2019): Auf dunkler Scholle. Zeit.de: https://www.zeit.de/2019/21/kunstfreiheit-linke-intellektuelle-globalisierung-rechte-vereinnahmung. 04.09.2023.

10 In den USA wird nicht im selben Maße wie im deutschsprachigen Raum zwischen einem sozialpolitisch fundierten und radikaldemokratischen Linksliberalismus, der sich für die politische, soziale und diskursive Teilhabe aller Gesellschaftsmitglieder einsetzt, und dem Liberalismus als Idee einer freiheitlichen ökonomischen und politischen Ordnung unterschieden. Wenn deshalb in diesem Beitrag von einem »linken Liberalismus« im US-Kontext die Rede ist, dann im Sinne eines Liberalismus, der unter identitätspolitischen Vorzeichen zum Feindbild öffentlicher Wahrnehmung gerät und von dem Kritiker*innen und rechte Gegner*innen sagen, dass er seine freiheitlichen Ideale durch eine vermeintliche Fokussierung auf Identitätspolitik und politische Korrektheit verraten würde.

11 Vgl. Fukuyama: *Identität*, S. 144. Arlie Russell Hochschild führt in diesem Zusammenhang eine Studie an, die besagt, dass *partyism* die US-amerikanische Gesellschaft stärker spalte als Rassismus. Während bei einer Umfrage im Jahr 1960 nur 5 % der befragten Mitglieder beider Parteien gestört habe, wenn ihr Kind ein Mitglied der anderen Partei heiraten würde, waren es 2010 schon

mit einer angeblichen Gefährdung der Meinungsfreiheit mit besonderer Vehemenz geführt, wie die Soziologin Arlie Russell Hochschild bereits 2016 in ihrer Studie über die amerikanischen Rechten dargelegt hat. Und spätestens seit der Präsidentschaft Donald Trumps scheinen sich Konservative und Liberale antagonistisch gegenüberzustehen. In diesem Zeichen steht auch Ellis' 2019 veröffentlichter Essayband *White*, in dem er autobiographische Anekdoten von den 1970er Jahren bis heute mit dem so beobachteten kulturellen Niedergang der USA verknüpft. Ausgehend von den eigenen Erfahrungen als selbst ernannter Vertreter der Generation X[12] und Rezipient amerikanischer Populärkultur zeichnet er ein kulturpessimistisches Bild im Hinblick auf die Millennials, deren rigorose politische Korrektheit die Fähigkeit zur ästhetischen Erfahrung beeinträchtige. Der Generationen-Diskurs soll dabei ein allgemeines politisches Problem veranschaulichen, nämlich das eines in Bezug auf die Meinungs- und Kunstfreiheit *unmündig* und *unfrei* gewordenen Liberalismus, der Konversionsbewegungen befördere.

Der folgende Beitrag beansprucht nicht, die Diagnose einer polarisierten US-Gesellschaft unter speziell identitätspolitischen Vorzeichen empirisch zu überprüfen. Ebenso wenig sollen die essayistischen und anekdotischen Einlassungen von Ellis als allgemeingültig für eine rechte Liberalismuskritik im US-Kontext betrachtet werden. Als Autor aber, der sowohl durch sein Romanwerk als auch in den letzten Jahren durch seine politischen Kommentare, v.a. auf Twitter, extrem polarisiert hat; dem die Fähigkeit attestiert wird, »with razor-sharp precision« die Gesellschaft zu beobachten und zu beschreiben (»one of the world's most fearless and clear-sighted observers of society«); und dessen erstes nonfiktionales Buch *White* dezidiert als Manifest für die Meinungsfreiheit geframt wurde (»His forthright views are powered by a fervent belief in artistic freedom and freedom of speech«),[13] gibt er Aufschluss über das ästhetische und politische Freiheitsverständnis jener, die sich als ›former liberal‹ (ehemals liberal) bezeichnen. Ellis' Liberalismuskritik, so möchte ich im Folgenden herausstellen, wird im Register des Ästhetischen ausgetragen: Moralische Ambiguität und – vermeintlich – politische Neutralität begreift der Autor nämlich nicht nur als Voraussetzung für ästhetische Freiheit, die keine Rücksicht auf Identitätspolitiken nimmt, sondern als Widerstand gegen den so beobachteten Wandel der Liberalen in eine ›autoritäre Bewegung mit moralischem Überlegenheitsgestus‹ (»authoritarian moral superiority

33% der Demokraten und 40% der Konservativen. Vgl. Hochschild, Arlie Russell (2016): *Fremd in ihrem Land. Eine Reise ins Herz der amerikanischen Rechten.* Aus dem Englischen von Ulrike Bischoff. Frankfurt/ New York: Campus Verlag, S. 21.

12 Ellis ist 1964 geboren und steht genau an der Schwelle zwischen Babyboomern und Generation X.

13 Vgl. Ellis, Bret Easton (2019): *White.* New York: Knopf, Klappentext.

movement«,W, 142)[14]. So wird die Geste des teilnahmslosen Beobachters, der sich als Einziger inmitten des angeblich tobenden, affektiv und moralisch aufgeladenen Kulturkampfes seine Standhaftigkeit bewahrt, zum politischen und ästhetischen Distinktionsmittel.

## 1. Zum Zusammenhang von ›Kulturkampf‹ und Identitätspolitik in den USA

Arlie Russell Hochschild hat sich in ihren Feldforschungen kritisch mit der These des eingangs erwähnten Wahlparadoxons in Bezug auf die US-amerikanischen Rechten auseinandergesetzt. Vor dem Hintergrund, dass viele Konservative generell die Natur und konkret die jeweilige lokale Umwelt als schützenswertes Gut betonten, stellt sie z.B. die Frage, wie es sein kann, dass sich ein US-Landwirt einerseits als Opfer mangelnder gesetzlicher Regulierungen von umweltschädlichen Großkonzernen betrachtet, andererseits Anhänger der rechtskonservativen Tea Party ist und also die Abschaffung sämtlicher staatlicher Regulierungen, einschließlich Umweltschutzausgaben, fordert.[15] Dabei beobachtet Hochschild, dass bei vielen Rechten nostalgische Gefühle (z.B. in Bezug auf eine einst »herrliche Umwelt«) das politische Urteilsvermögen verzerrten.[16] Wahlentscheidend seien vielmehr die so bezeichneten »Tiefengeschichten« als »gefühlte Sicht der Dinge, die Emotionen in Symbolsprache erzählen«[17] und Tatsachen ausblendeten (z.B. dass Einwohner*innen in den mehrheitlich demokratisch wählenden und ›regulierungsfreundlicheren‹ Bundesstaaten in einer saubereren Umwelt lebten als Einwohner*innen in republikanisch regierten).[18] Diese Tiefengeschichten umfassen aber nicht nur positive nostalgische Erinnerungen, sondern können auch negative Abwehrhaltungen gegen Personen oder Instanzen provozieren, die – gefühlt – schuld an dem Verlust der einst ›heilen Welt‹ sind. Verantwortung trägt dann aus rechtskonservativer Perspektive der Staat, der zu viele Steuergelder für ›unnötige‹ Regulierungen ausgebe, die Bürger*innen bevormunde und ihnen zudem »Ehre und Anerkennung« ihrer Lebensleistungen abspreche,[19] indem er auf der Seite derjenigen stehe, die sich unberechtigterweise ›vordrängelten‹.[20] Hochschild beschreibt diese Erfahrung aus den Augen der Rechten, die sie bei ihren

14 Alle Zitate aus Ellis: *White* werden im Folgenden direkt im Fließtext in Klammern und unter der Angabe der Sigle (W) und der Seitenzahl wiedergegeben.

15 Vgl. Hochschild: *Fremd in ihrem Land*, S. 19.

16 Vgl. Hochschild: *Fremd in ihrem Land*, S. 76–78.

17 Hochschild: *Fremd in ihrem Land*, S. 187.

18 Vgl. Hochschild: *Fremd in ihrem Land*, S. 115, 187.

19 Vgl. Hochschild: *Fremd in ihrem Land*, S. 59

20 Vgl. Hochschild: *Fremd in ihrem Land*, S. 207.

Reisen durch die Südstaaten kennengelernt hat, mit dem Bild einer langen Schlange, in der man ansteht:

> Du wartest geduldig in einer langen Schlange, die wie bei einer Wallfahrt auf einen Berg führt. [...] Gleich hinter der Bergkuppe befindet sich der amerikanische Traum, das Ziel aller, die in der Schlange warten. Im hinteren Teil dieser Schlange sind viele People of Colour – arme, junge und alte, die meisten ohne College-Abschluss. [...]. Guck! Du siehst, wie Leute sich vordrängen! [...] Wer sind die? Einige sind schwarz. Durch die vom Staat durchgedrückten Antidiskriminierungsmaßnahmen bekommen sie bevorzugt Plätze an Colleges und Universitäten, Ausbildungsplätze, Jobs, Sozialleistungen und kostenloses Mittagessen [...]. Frauen, Einwanderer, Flüchtlinge, Angestellte im öffentlichen Dienst – wo soll das enden? Dein Geld rinnt durch ein Sieb liberaler Sympathien, auf das du keinen Einfluss hast und mit dem du nicht einverstanden bist. [...] Das ist nicht fair.[21]

Diese Tiefengeschichte empfinden viele Rechte als wahr. Hinzu kommt aber, dass sie nicht nur wütend über die gefühlte Deklassierung sind, sondern auch darüber, dass insbesondere Liberale diese Tiefengeschichte als unwahr bezeichnen und ihren Gefühlen somit die Legitimität absprechen würden, so analysiert Hochschild:

> Die Menschen am äußeren rechten Rand hatten das Gefühl, die Tiefengeschichte gebe ihre tatsächliche Situation wider, die jedoch durch eine politisch korrekte Darstellung vertuscht werde. Sie waren empört. »Die Leute denken, wir seien keine guten Menschen, wenn wir kein Mitleid mit Schwarzen, Einwanderern und syrischen Flüchtlingen haben«, sagte mir ein Mann. »Aber ich bin ein guter Mensch, und ich habe kein Mitleid mit ihnen.«[22]

Nicht nur Gefühle können also wahlentscheidend werden, sondern auch die Abneigung gegen angebliche »Gefühlsregeln«, so Hochschild:

> Die Rechte möchte sich von liberalen Vorstellungen, was sie empfinden sollte, befreien: Freude über frisch verheiratete Homosexuelle, Betroffenheit über die Not syrischer Flüchtlinge, keinen Ärger über zu zahlende Steuern. [...] Solche Regeln stellen den emotionalen Kern rechter Überzeugungen infrage. Und eben an diesen Kern kann ein hemmungsloser Kandidat wie der Unternehmer und Milliardär Donald Trump, der

21 Hochschild: *Fremd in ihrem Land*, S. 188–190.
22 Hochschild: *Fremd in ihrem Land*, S. 304.

Präsidentschaftskandidat der Republikaner 2016, appellieren und beim Blick auf die Menge seiner Anhänger sagen: »Schaut euch all diese Leidenschaft an.«[23]

Ein Liberalismus, der z.B. offen für Migration ist, geht somit in den Augen der Rechten mit einem Anti-Liberalismus in Form von politisch korrekten Gefühlsregeln einher. Das Gefühl, sich seines Platzes in der Gesellschaft nicht mehr sicher sein zu können,[24] lässt sich dabei aber nicht regulieren und erfordert immer weitere Tiefengeschichten, wobei »Identitätspolitik« zum einen als Negativfolie und Feindbild, zum anderen als positives Mittel der Selbstbehauptung eine Rolle spielt.

Die Bezeichnung der *identity politics* geht ursprünglich auf ein Kollektiv schwarzer lesbischer Feministinnen Ende der 1970er Jahre in den USA zurück, die in ihrem programmatischen Statement postulierten:

> We realize that the only people who care enough about us to work consistently for our liberation are us. Our politics evolve from a healthy love for ourselves, our sisters and our community [...]. This focusing upon our own oppression is embodied in the concept of identity politics.[25]

Silke van Dyk hat zu Recht darauf hingewiesen, dass diese Programmatik weder einer egoistischen noch einer separatistischen Haltung entsprochen habe, sondern schlicht der Erkenntnis, dass die Anliegen mehrfachdiskriminierter Personen weder in der von Männern dominierten Bürgerrechtsbewegung noch im weißen Feminismus ihren Platz gefunden hätten – geschweige denn in der Mehrheitsgesellschaft.[26] Identitätspolitik als der Akt, ›Ich‹ zu sagen und dieses Ich zu einer kollektiven politischen Größe zu erheben, war also nicht weniger als eine Überlebensstrategie. Ungeachtet dessen behaupten Kritiker*innen heute, identitätspolitische Debatten, etwa um queeren Aktivismus, *Black Lives Matter* oder auch *Gender Mainstreaming*, rückten mehr und mehr partikulare Gruppen in den Mittelpunkt, die sich nicht über gemeinsame Werte definierten, sondern über Kategorien wie *race*, *class* und *gender* Distinktion betrieben.[27]

---

23 Hochschild: *Fremd in ihrem Land*, S. 35.

24 Vgl. Fukuyama: *Identität*, S. 25

25 Combahee River Collective (2017 [1977]): The Combahee River Collective Statement. In: Taylor, Keeanga-Yamahtta (Hg.): *How We Get Free. Black Feminism and the Combahee River Collective.* Chicago: Haymarket Books, S. 15–27, hier S. 18–19.

26 Vgl. Van Dyk, Silke (2019): Identitätspolitik gegen ihre Kritik gelesen. Für einen rebellischen Universalismus. In: *Aus Politik und Zeitgeschichte*, 9–11, S. 25–32: https://www.bpb.de/shop/zeitschriften/apuz/286508/identitaetspolitik-gegen-ihre-kritik-gelesen/. 31.08.2023.

27 Vgl. für den deutschsprachigen Raum z.B. Stegemann, Bernd (2017): Der liberale Populismus und seine Feinde. In: *Blätter für deutsche und internationale Politik*, 4, S. 81–94 sowie Flaßpöhler, Svenja (2021): *Sensibel. Über moderne Empfindlichkeit und die Grenzen des Zumutbaren.* Stuttgart:

Dabei wird der Begriff sehr unspezifisch und losgelöst von seiner ursprünglich intendierten Bedeutung gebraucht und ist, ähnlich wie ›Cancel Culture‹ oder ›Wokeness‹, zu einem politischen Schlagwort der Rechten und im öffentlichen Diskurs zur Projektionsfläche vielfältiger sozialer und kultureller Konflikte regrediert.

In meinem Beitrag behandle ich den Begriff im Zuge der referierten mehrheitlich kritisch-ablehnenden Positionen weitgehend in diesem Sinne als Diskursphänomen mit Erregungspotenzial und nicht in seiner eigentlichen Bedeutung als politische Strategie der Ermächtigung. Denn insbesondere seit der Trump-Wahl geriet das Phänomen zunehmend in den Fokus medialer und politischer Debatten in den USA,[28] was Armin Nassehi mit dem Kulturkampf-Narrativ zwischen Linken und Rechten, Liberalen und Konservativen in Zusammenhang bringt. So entwachse aus dem Gefühl, übergangen zu werden – das Hochschild sehr eindrücklich mit dem Bild der langen Schlange illustriert hatte – ein immer stärkeres Bedürfnis zu sagen, ›wer man ist‹:

> Die Leute haben immer stärker das Bedürfnis zu sagen, wer sie sind. […] Es ist ein Kulturkampf zwischen denen, die sagen, wer sie sind – und die genau darauf beharren. Auf der alten Seite der Konservativen ist das kaum überraschend: Hier wird die nationale, die ethnische, die konfessionelle, die heterosexuelle, die regionale, die angeblich ›normale‹ Identität wieder entdeckt und damit sagbar – nicht weil sie vorher nicht existiert hätte, sondern weil sie jetzt beschworen werden muss.[29]

Weil gesellschaftlicher Wandel nicht mehr für alle nachvollziehbar sachlich abgebildet werden könne, werde Identitätspolitik zum Mittel der Kontingenzreduktion, indem sie die Welt scheinbar (wieder) in Ordnung bringen und sie sagbar machen würde, so Nassehi.[30] Die gruppenbezogene Beschreibung der Welt führe aber irgendwann beinahe zwangsläufig zu einer Moralisierung der Differenz – in dem Sinne, dass einer bestimmten Gruppe in der Selbstbeschreibung ein höheres Maß an Moral bzw. ethischem Reflexionsvermögen attestiert werde als einer anderen.[31] Moral funktioniert dann gleichermaßen als Distinktions- und als Inklusionsmittel, weil es größeren oder kleineren moralisch integrierten Gruppen gelinge, »die eigene Perspektive so sehr zu verabsolutieren, dass ein gemeinsamer Raum ethischer Reflexion geradezu ausge-

Klett-Cotta. Vgl. für den US-Kontext neben Fukuyama z.B. McWhorter, John (2021): *Woke Racism: How a New Religion Has Betrayed Black America.* New York: Portfolio/Penguin. Vgl. in kritischer Distanz zu diesen Positionen: Amlinger, Carolin/ Nachtwey, Oliver (2022): *Gekränkte Freiheit. Aspekte des libertären Autoritarismus.* Berlin: Suhrkamp, S. 233–235.

28 Vgl. Daub: *Cancel Culture Transfer*, S. 246.

29 Nassehi, Armin (2021): *Unbehagen. Theorie der überforderten Gesellschaft.* C.H. Beck: München, S. 282–284.

30 Vgl. Nassehi: *Unbehagen*, S. 179–180, 185.

31 Vgl. Nassehi: *Unbehagen*, S. 191.

schlossen scheint«[32]. Nach Nassehi ließen sich somit auch die Übermoralisierungen gesellschaftlicher Debatten verstehen, insbesondere die von Hochschild rekonstruierte Polarisierung der amerikanischen Gesellschaft, die auf Formen der Identitätspolitik von allen Seiten des politischen Spektrums beruhten, z.B. »Generalverdacht bei sprachlichen Abweichungen«, »die ungeheure Empörungsbereitschaft und der strategische Einsatz des Beleidigtseins« sowie »die Steigerungsformen kommunikativer Anschlussdynamik in sozialen Netzwerken«.[33] Für Nassehi scheinen diese »Übermoralisierungen« sowie die beobachteten diskursiven Strategien »ungeheure[r] Empörungsbereitschaft« aber hauptsächlich von links auszugehen, und zwar von einem ›Linkselitismus‹. So beschreibt er Identitätspolitik von rechts als »Gegenreaktion gegen die neuen Identitäten, die zwar im Hauptseminar gelernt haben, dass man nicht zu sehr identifizieren soll und dass Bedeutungen ebenso kontingent wie arbiträr und fluide sind«, die aber im Modus des Kulturkampfs nun doch auf »deutliche Formen der Identifizierung« beharrten.[34] In der Folge kämpften beide Seiten im Modus des Kulturkonflikts um »starke Identitäten«, weil ihnen allein dies bei der gesellschaftlichen Selbstverortung in der US-amerikanischen Demokratie helfe.[35] Bei der Trump-Wahl sei der Kulturkampf dann wahlentscheidend gewesen.[36] So lässt sich wiederum mit Hochschild gegen die These des Wahlparadoxons argumentieren: Die Menschen sind demnach bei ihren Wahlentscheidungen nicht »irregeleitet«, sondern wählen durchaus in ihrem Eigeninteresse, allerdings gestützt auf kulturelle Werte.[37] Francis Fukuyama veranschaulicht: Die Gegner*innen liberaler Gesetzesentscheidungen wie beispielsweise der Homosexuellen-Ehe wünschen sich in diesem Sinne eine Bestätigung ihrer Werte, die sie als überlegen erachten: das Festhalten an heterosexuellen Verbindungen und an traditionellen Familienstrukturen.[38]

Ähnlich wie Nassehi vertritt auch Fukuyama die These, dass die von den Linken praktizierte Identitätspolitik eine entsprechende politische Reaktion von rechts ausgelöst habe.[39] Zwar sei Identitätspolitik an sich nicht Neues – die bedeutendsten Kämpfe in der politischen Geschichte der USA – »um Sklaverei und Rassentrennung,

32 Nassehi: *Unbehagen*, S. 192.

33 Vgl. Nassehi: *Unbehagen*, S. 194.

34 Vgl. Nassehi: *Unbehagen*, S. 282–284.

35 Vgl. Nassehi: *Unbehagen*, S. 185.

36 Vgl. Nassehi: *Unbehagen*, S. 185.

37 Vgl. Hochschild: *Fremd in ihrem Land*, S. 34. Auch Pippa Norris und Ronald Inglehart kommen zu der These, dass die brisantesten politischen Themen in den westlichen Gesellschaften heute kultureller Natur seien und z.B. die Integration ethnischer Minderheiten, Einwanderung und Grenzkontrollen sowie gleichgeschlechtliche Ehen und LGBTQ-Rechte beträfen. Vgl. Norris, Pippa/ Inglehart, Ronald (2019): *Cultural backlash. Trump, Brexit, and authoritarian populism.* Cambridge/ New York: Cambridge University Press, S. 50.

38 Vgl. Fukuyama: *Identität*, S. 37.

39 Vgl. Fukuyama: *Identität*, S. 144.

Arbeiterrechte und Frauenemanzipation« – seien immer auf die Forderung hinausgelaufen, »den Kreis der als vollwertig geltenden Individuen zu erweitern«.[40] Die »zeitgenössische Identitätspolitik« werde aber dadurch angeheizt, dass dieses Streben »schnell in ein Verlangen nach Anerkennung des Vorrangs der [vormals randständigen, L.L.] Gruppe umschlagen« könne, wobei die »alte Arbeiterklasse auf der Strecke« geblieben sei.[41]

Abgesehen davon, dass dieser Einschätzung mit Skepsis zu begegnen ist,[42] ist es gerade nicht die Misere und die Deklassierung weißer Arbeiter*innen, die Bret Easton Ellis mit seinem programmatischen Titel *White* im Blick hat. Allerdings greift Ellis das Narrativ von einem linksliberalen Elitismus auf. Denn die Tendenz zum strategischen Beleidigtsein und zu Übermoralisierungen herrscht nach Ellis überwiegend unter privilegierten weißen Linksliberalen vor, für die Trumps Präsidentschaft zum Anlass wurde, sich in selbstbestärkenden diskursiven Filterblasen zu Opfern rechter Politik zu stilisieren.

## 2. ›Kulturkampf‹ als Generationenkonflikt?

In *White* erscheint der angebliche Kulturkampf zwischen Linken und Rechten, Konservativen und Liberalen, Republikanern und Demokraten zunächst als ein Generationenkonflikt. So rückt Ellis in anekdotischer Manier und hyperbolischer, nahezu karikaturesker Überzeichnung vor allem den jüngeren Lebenspartner als Angehörigen der »Generation Wuss« (dt. ›Generation Memme‹) in Szene. Nach der Wahl Trumps zum Präsidenten sei dieser nicht weniger als ›traumatisiert‹ gewesen und habe mit einem depressiven Schub sowie verstärktem Drogenkonsum reagiert, während sich Ellis als – wenn auch eher gleichgültigen – Fürstreiter wechselnder Kräfteverhältnisse in Demokratien inszeniert:

> The legions of the disappointed had failed to get over the outcome of the election, failed to move on, and at times it became appalling, almost unbearable, that there were no signs of accepting one of life's simple if brutal truths: you win some, you lose some. […] When

40 Vgl. Fukuyama: *Identität*, S. 40.

41 Vgl. Fukuyama: *Identität*, S. 40, 140.

42 Zum Beispiel hat Simon Strick überzeugend dargelegt, dass die These vom Aufstieg der Rechten als eine Folge von linker Identitätspolitik und Political Correctness maßgeblich einer »bösartigen Mimikry« der Alt-Right geschuldet sei. Diese strategische Mimikry bestehe in der Übernahme von Gesten linker Kritik, ohne die progressiv-emanzipatorischen Inhalte zu teilen, etwa wenn auf die *Black Lives Matter*-Bewegung in pseudokritischer Manier mit dem Slogan »All Lives Matter« reagiert werde. Vgl. Strick, Simon (2021): *Rechte Gefühle. Affekte und Strategien des digitalen Faschismus.* Bielefeld: transcript, S. 103–104.

my traumatized boyfriend criticized me for not being angrier about the election (five months after it happened) I shot back that I didn't want to talk about Trump anymore. I didn't care. He was elected president. Get over it. (W, 144, 147)

Das Verhalten des Partners identifiziert Ellis als repräsentativ für eine ganze Generation, der er ›Übersensibilität‹, ein ausgeprägtes ›Anspruchsdenken‹ und ›Rechthaberei‹ unterstellt sowie die Unfähigkeit, Ereignisse in einem größeren Kontext zu betrachten. (W, 130)

Verantwortlich hierfür seien die Eltern der Millennials, »overprotective, helicopter moms and dads«, die wiederum gegen die Elterngeneration der Babyboomer rebellierten,

because they felt they'd never really been loved by their own selfish narcissistic true-boomer parents, and who as a result were smothering their kids and not teaching them how to deal with life's hardships about how things actually work: people might not like you, this person will not love you back, kids are really cruel, work sucks, it's hard to be good at something, your days will be made up of failure and disappointment, you're not talented, people suffer, people grow old, people die.

Während die »disillusioned Gen X'ers« aus ihrer Desillusion ›Freiheit‹ hätten schöpfen können (W, 260), indem sie bereits als Heranwachsende gelernt hätten, sich mit der ›kalten Realität‹ auseinanderzusetzen und somit heute besser darauf vorbereitet seien, sich in einer ›oft feindseligen oder gleichgültigen Welt‹ zurechtzufinden, verfielen die Millennials »into sentimentality and create victim narratives« (W, 131).

›Freiheit‹ definiert Ellis in diesem Zusammenhang nicht primär als politische Freiheit, sondern als Freiheit der Kunst, und zwar auf produktions- und rezeptionsästhetischer Seite. Denn – so die anekdotische Herleitung – in Ellis' eigener Jugend sei es noch möglich gewesen, sich Filme mit expliziten Sex- und Gewaltszenen anzuschauen, ohne dass jemand daran Anstoß genommen hätte. An dieser Stelle markiert Ellis als Schriftsteller bereits ein sowohl politisches als auch ästhetisches Distinktionsmerkmal, denn er selbst habe immer ohne Rücksicht auf Verluste geschrieben, egal ob seine Leser*innen die Gewalt- oder Sexdarstellungen gestört hätten. (W, 115–116) Gerade in Kontrast zu der polemisch gezeichneten »Generation Wuss«, von der es heißt, dass sie nur ›positives Feedback‹ (W, 137) ertrüge, erscheint diese indifferente Haltung als rebellische Pose. In seiner Selbstbeschreibung profiliert sich Ellis hier also als Nonkonformist, weil er das ›reine‹ ästhetische Urteil stets am höchsten gewichtet habe, ungeachtet der politischen Korrektheit oder der Neigung, gefallen zu wollen.

Nicht nur der Konsum von transgressiver Kultur, wie Horrorfilmen oder Pornos, habe einen immunisierenden Effekt auf die Generation X gehabt, sondern auch der »style[] of some of the greatest filmmakers, the ones who operated with a God's-eye neutrality« (W, 86). Diesen Stil à la Stanley Kubrick (*Barry Lyndon*, 1975) oder Paul Schrader (*American Gigolo*, 1980) beschreibt Ellis mit den folgenden Substantiven: »Chilliness, coldness, remoteness, distance, austerity, minimalist« (W, 86). Die Haltung der Regie (als Summe der Entscheidungen über Kameraführung, Schnitt etc., aber auch über das Spiel der Protagonist*innen) korreliert dabei idealtypisch mit einer desengagierten Haltung der Zuschauer*innen als »passive observers« (W, 86). Die ästhetische Erfahrung gleiche auf diese Weise einer ›voyeuristischen‹, die den*die Betrachter*in auf sich selbst zurückwirft, und zwar

> by showing things neutrally and ask *you* to bring something to the picture, which might, for example, have a complicated and contradictory character or a morally ambiguous nature at its center that the movie isn't going to simplify or resolve for you. (W, 87)

Das Prinzip der »God's-eye neutrality« könnte man somit auch als ausgestellte Standortungebundenheit bezeichnen – im Gegensatz zu der vermeintlichen Überbetonung je subjektiver Befindlichkeiten, die nach Ellis leicht in eine ›opferzentrierte‹ Perspektive abgleiten würde. Als Beispiel hierfür führt er Barry Jenkins' 2016 erschienenes und oscarprämiertes Filmdrama *Moonlight* an, das auf dem unveröffentlichten autofiktionalen Stück von Tarell Alvin McCraney beruht. Der Film erzählt in drei Kapiteln (Kindheit, Adoleszenz, Erwachsenenalter) die Geschichte von Chiron, der während der Hochzeit der ›Crack-Epidemie‹ in den USA der 1980er Jahre unter prekären Umständen aufwächst. Nach Ellis sei der Film nicht aufgrund seiner ästhetischen Qualität erfolgreich gewesen, sondern weil er mit einem »gay, black, poor, bullied [...] victim« (W, 8) als Protagonisten identitätspolitische Kriterien erfüllt habe. (W, 88, 155–156) Der Film sei eine ideologische ›Opfererzählung‹, wobei Ellis hier mit ›ideologisch‹ meint, dass die künstlerische Perspektive auf Themen wie »insecurity of black hypermasculinity« und »fragility of black life in general« opferzentriert sei und das *storytelling* den freien Willen des Protagonisten außer Acht lasse. (W, 89) Ellis stört sich also daran, dass erstens die ›Sicht des Opfers‹ der einzige Blickwinkel sei, aus dem die Geschichte erzählt werde und zweitens diese Sichtweise zu unbedingtem Mitleid auffordere und alle anderen Reaktionen ausschließe. Außerdem unterschlage der Film ›den begehrenden männlichen Blick auf Männer‹ sowie das Begehren überhaupt, weswegen Ellis den Film auch als symptomatisch für die Ära des »post-sex« bezeichnet. Dies empfindet Ellis als scheinheilig, denn der Film mache es gerade einem nicht-schwulen, nicht-schwarzen Publikum leicht, empathisch mit dem Hauptcharakter zu sein. Das ideologische Moment besteht dann im Sinne Ellis' in der Gleichförmigkeit des Urteils (W, 117–118), das kein ästhetisches mehr ist, sondern ein (identitäts-)politisches.

Ellis definiert also (moralische und politische) Neutralität als eine wichtige Voraussetzung für eine sich frei entfaltende ästhetische Produktivität und Rezeption. Dabei scheint ihm durchaus bewusst zu sein, dass eine neutrale bis indifferente Haltung ein sowohl generationsspezifisches als auch politisches Privileg ist:

> My generation was raised in a fantasy world at the height of the Empire: our baby boomer parents were the most privileged and best-educated children of the (so-called) Greatest Generation and enjoyed the economic prosperity of postwar America. [...] Compared to millennial reality, ours wasn't one of economic uncertainty and hardship; we had the luxury to be depressed and ironic and cool and solvent all at once. (W, 133–134)

Als »Gen Xer«, der auf eine »white, upper-middle-class childhood at the height of [ the American, L.L.] Empire« (W, 13) zurückblicken kann, sei es ihm folglich leicht gefallen, den Status quo zu ignorieren (W, 116). Er distanziert sich allerdings von den Vorwürfen, dass er erstens aufgrund seiner erfahrenen Privilegien nicht kritisch Stellung zu einem Film wie *Moonlight* beziehen ›dürfe‹, und dass er zweitens essenzielle Charakteristika wie *whiteness* oder *maleness* nicht nur als identitätsbildend und also urteilspräfigurierend, sondern auch als ideologisches Problem ansehen ›müsse‹:

> [T]hese social media critics wanted to imply that my whiteness was an *ideological* error, that my comfortable awareness was an indisputable problem, yet I'd argue that living without a direct experience of poverty or state-sponsored violence [...] don't equate to a lack of empathy, judgment, or understanding on my part and don't rightly and automatically demand my silence. (W, 91)

Auf diese Weise fordere eine »progressive ideology« »universal inclusivity except for those who dare to ask any questions« (W, 91). Dies sei typisch für eine – sich liberal gebende – Kultur, die sich nicht weiter um Kunst schere. (W, 92)

## 3. Das ästhetische Subjekt im Spannungsfeld identitätspolitischer Debatten

Von einer politischen Warte aus entspricht das von Ellis idealisierte Prinzip einer »God's-eye neutrality« dem, was Jacques Rancière in *Die Politik der Kunst und ihre Paradoxien* (2006) als demokratisch bezeichnet hat. Rancière schreibt, im Übergang vom 18. zum 19. Jahrhundert habe sich mit der Ästhetik ein neues – demokratisches – Regime der Identifizierung von Kunst herausgebildet. Ästhetische Regime seien Regime der Freiheit und Gleichheit, insofern Kunstwerke nicht mehr aufgrund von Herstellungsregeln oder hierarchischen Zuschreibungspraktiken als Kunstwerke gelten würden, sondern weil sie ein neuartiges gemeinsames Wahrnehmungsregister begründeten,

> in dem die Mysterien des Glaubens, die großen Taten der Prinzen und Helden, eine holländische Dorfschenke, ein kleiner spanischer Bettler oder eine französische Obst- oder Fischauslage beliebig dem Blick des zufälligen Passanten ausgesetzt sind – also nicht der Gesamtheit der Bevölkerung, der Vermischung aller Klassen, sondern dem Subjekt ohne besondere Identität, das »Irgendjemand« heißt.[43]

Auch die Entstehung des Museums, die in diesen Zeitraum fällt, ist in diesem Sinne zu verstehen: als Ort der Ermöglichung eines ästhetischen Blicks, der die Werke unabhängig von ihrem Entstehungskontext und ihrer ursprünglichen Bedeutung zu betrachten erlaubt.[44] Das Paradox liegt nach Rancière nun darin, dass das ästhetische Regime der Kunst für einen Gemeinsinn stehe, der in dem Maße politisch sei, insofern er Sitz einer radikalen Gleichgültigkeit sei[45] – eine Gleichheit, die hier nicht klassensoziologisch, sondern wahrnehmungsphysiologisch gemeint ist. Kunst ist vor diesem Hintergrund nicht politisch aufgrund ihrer dargestellten Inhalte, sondern weil sie »ein raum-zeitliches Sensorium schafft, durch das bestimmte Weisen des Zusammen- oder Getrenntseins, des Innen- oder Außen-, Gegenüber- oder In-der-Mitte-Seins festgelegt« bzw. vermeintlich fixe Bedeutungszusammenhänge und Zugehörigkeitsverhältnisse durch permanente Aushandlung in Frage gestellt werden.[46] Der distanzierte Blick auf die Kunst soll dabei zum Vorbild werden für die distanzierte Haltung zum eigenen Leben – eine Haltung, die sich auch in den Pop-Ästhetiken des 20. Jahrhunderts niederschlägt, in die sich Ellis prominent einschreibt.

Die von Rancière vorgebrachte Distanz der Erzählstimme zum Dargestellten intendiert dann den gleichen Effekt wie Ellis' voyeuristische Standortungebundenheit, nämlich eine Vermeidung von Moralisierung qua Narration, damit – vereinfacht gesagt – alle Stimmen zu Wort kommen und sich alle ihre eigene Meinung bilden können. In diesem Zusammenhang verweist Rancière darauf, dass ausgerechnet Gustave Flauberts realistischer Roman *Madame Bovary* (1848) als »Siegeszug der Demokratie« bezeichnet wurde.[47] Denn der Realismus weigere sich, der Literatur eine (moralische) Botschaft mitzugeben, stattdessen stelle er das Kleine und das Große (»die großen Taten der Prinzen und Helden, eine holländische Dorfschenke, ein kleiner spanischer Bettler oder eine französische Obst- oder Fischauslage«) gleichberechtigt nebeneinander, zerstöre Wahrnehmungshierarchien und lasse alles gleichermaßen zum Zen-

---

43 Rancière, Jacques (2008): Die Politik der Kunst und ihre Paradoxien. In: Maria Muhle (Hg.): *Die Aufteilung des Sinnlichen. Die Politik der Kunst und ihre Paradoxien.* Aus dem Französischen von Maria Muhle. Berlin: b_books, S. 75–100, S. 78.

44 Vgl. Rancière: *Die Politik der Kunst und ihre Paradoxien*, S. 78.

45 Vgl. Rancière: *Die Politik der Kunst und ihre Paradoxien*, S. 79.

46 Vgl. Rancière: *Die Politik der Kunst und ihre Paradoxien*, S. 77.

47 Vgl. Rancière: *Die Politik der Kunst und ihre Paradoxien*, S. 86.

trum der ästhetischen Erfahrung werden.[48] Rancière postuliert somit auch eine programmatische Unterschiedslosigkeit zwischen Kunst und Leben, Ästhetik und Politik.[49]

Der Betrachter als »Subjekt ohne besondere Identität«, wie Rancière formuliert, stellt exakt das Gegenteil von Ellis' so stilisiertem ästhetischen Subjekt der Generation Y dar. Vor allem in den USA, aber zunehmend auch im deutschsprachigen Raum werden die Millennials (und auch die nachfolgende Generation Z) polemisch als »Generation Snowflake« bezeichnet, weil sie »bei der leisesten Kritik schmelzen und mit dem Erwachsenwerden heillos überfordert«[50] seien. Dieser Diskurs hat sich mitunter als anschlussfähig für die Sichtweise auf Identitätspolitik als eine vermeintlich hegemonial werdende »opfernarzisstische Haltung von minoritären und/oder diskriminierten Gruppen« erwiesen, wie Thomas Edlinger formuliert.[51] Diese Haltung bestehe im *Nicht-Wahrhaben-Wollen,* »dass nicht jeder, der sich als Opfer glaubhaft darzustellen mag, in jedem Fall Recht hat«.[52] Edlinger spricht in diesem Zusammenhang auch von einer »opfernarzisstischen Hyperkritik«, die in ihrer »identitätspolitischen Verfeinerungssucht« dazu neige, »Kritik an sich selbst zu delegitimieren und bestimmte Bedenken gegen sie zu tabuisieren«, indem sie jeden Einwand als »Herabwürdigung unterprivilegierter Subjektpositionen« betrachte.[53] Maria-Sibylla Lotter stellt diese vermeintliche identitätspolitische »Rhetorik der Vulnerabilität« sogar unter Ideolo-

---

48 Vgl. Rancière: *Die Politik der Kunst und ihre Paradoxien,* S. 86.

49 Vgl. Rancière: *Die Politik der Kunst und ihre Paradoxien,* S. 84. Oliver Marchart hat rekonstruiert, wie sich im postfundamentalistischen Denken Jean-Luc Nancys, Claude Leforts, Alain Badious, Jacques Rancières, Ernesto Laclaus und Giorgio Agambens eine Differenzierung zwischen den Bereichen der Politik (*la politique*) und des Politischen (*le politique*) herausgebildet habe und prägt hierfür den Begriff der »politischen Differenz«, wobei das Politische im Gegensatz zu der Politik keine konkreten institutionalisierten Abläufe meint und auch nicht auf die Sphäre des Staatlichen beschränkt bleibt. Vielmehr durchdringt es als eine Dimension des Sozialen sämtliche Bereiche des gesellschaftlichen Zusammenlebens und umfasst den permanenten Aushandlungsprozess darüber, welche Weisen dieses Zusammenlebens zur Erscheinung kommen sollen, also hegemonial werden. Im demokratischen Sinne realisiert sich somit das Politische als Potenzialität gemeinschaftlichen (Aus-)Handelns. Ästhetische Regime können im Sinne Rancières als wesentlicher Bestandteil des Politischen betrachtet werden. Vgl. Marchart, Oliver (2010): *Die politische Differenz.* Berlin: Suhrkamp; Mouffe, Chantal (2007): *Über das Politische. Wider die kosmopolitische Illusion.* Aus dem Englischen von Niels Neumeier. Frankfurt a.M.: Suhrkamp, insbesondere S. 15–16 sowie Lefort, Claude (1990): Die Frage der Demokratie. In: Rödel, Ulrich (Hg.): *Autonome Gesellschaft und libertäre Demokratie.* Aus dem Französischen von Kathrina Menke. Frankfurt a.M.: Suhrkamp, S. 281–297, S. 281.

50 Maydl, Tobias (2018): Sternzeichen Schneeflocke. Cicero.de: https://www.cicero.de/kultur/generation-y-z-snowflake-millennials-milosz-matuschek-shell-jugendstudie. 17.08.23.

51 Vgl. Edlinger, Thomas (2015): *Der wunde Punkt. Zum Unbehagen an der Kritik.* Berlin: Suhrkamp, S. 19.

52 Vgl. Edlinger: *Der wunde Punkt,* S. 19.

53 Vgl. Edlinger: *Der wunde Punkt,* S. 33.

gieverdacht und betrachtet sie als Gefahr für die Meinungsfreiheit in liberalen Demokratien.[54]

Moritz Baßler und Heinz Drügh lenken in ihrer *Gegenwartsästhetik* (2021) hingegen den Blick weg von den (aufgrund von z.B. *race* oder *gender*) »minoritären und/oder diskriminierten Gruppen« zu jenen, die sich minoritär und diskriminiert *fühlen* bzw. dies vorgeben, um sich unter dem Deckmantel der Demokratisierung Gehör zu verschaffen. Für den deutschsprachigen Raum nennen sie beispielsweise die ›Besorgten Bürger‹ oder ›Corona-Gegner‹,

> die ihre Auffassung der Dinge ohne besondere Qualifikation der Allgemeinheit anmuten und sich in ihren Urteilen gegenseitig bestärken und bestätigen. Sachurteile und politische Urteile werden dabei in einem Modus gefällt (›ich finde das aber!‹), der zuvor nur im Ästhetischen seine Legitimität fand.[55]

Nach Baßler/Drügh habe dieser Modus als »Pathos des sich-Gehör-Verschaffens« nicht wenig mit der von Rancière idealisierten »Engführung von Ästhetik und Politik« zu tun (insofern mit Rancière egalitäres Urteilen in der demokratischen Moderne als genuin ästhetischer Modus begriffen wird), die sich aber in aktuellen Protestbewegungen »unangenehmerweise von rechts« zeige.[56] Mit Baßler/ Drügh lässt sich hier eine Parallele zum individualistischen Freiheitsverständnis ziehen, das Carolin Amlinger und Oliver Nachtwey jüngst als »gekränkte» und somit »negative Freiheit« herausgestellt haben, nämlich als Freiheit *von* gesellschaftlicher Verantwortung.[57] Vor diesem Hintergrund seien auch die spektakelhaften und nicht selten gewaltsamen Artikulationsformen dieser ›Freiheit‹ auf »Agitation, Polarisierung und Ausschluss« hin ausgelegt, so Baßler/ Drügh,[58] und erfolgen gerade nicht im Sinne einer grundsätzlichen Bejahung gesellschaftlicher Beziehungen oder einer gemeinsamen bzw. gemeinsam erfahrbaren Welt (inklusive der Anerkennung ihrer politischen Gesetze)[59].

---

54 Vgl. Lotter, Maria-Sibylla (2022): Sind ›vulnerable Gruppen‹ vor Kritik zu schützen? Die Funktionen der Redefreiheit für die liberale Demokratie und die Ideologisierung der Vulnerabilität. In: *Zeitschrift für Praktische Philosophie*, 9/2, S. 375–398.

55 Baßler, Moritz/ Drügh, Heinz (2021): *Gegenwartsästhetik*. Konstanz: Konstanz University Press, S. 151–152.

56 Vgl. Baßler/ Drügh: *Gegenwartsästhetik*, S. 150, 152.

57 Vgl. Amlinger/ Nachtwey: Gekränkte Freiheit.

58 Vgl. Baßler/ Drügh: *Gegenwartsästhetik*, S. 157.

59 Vgl. hierzu Amlinger/Nachtwey: Gekränkte Freiheit, S. 58–59, 307. Amlinger/ Nachtwey beschreiben in diesem Zusammenhang mit Pierre Rosanvallo die verschwörungstheoretisch geprägte Bewegung der Querdenker*innen als »Gegen-Demokratie«, die unpolitisch geworden sei, weil ihr »der Bezug zu einer gemeinsamen Welt« fehle. Vgl. Rosanvallo, Pierre (2017): *Die Gegen-Demokratie. Politik im Zeitalter des Misstrauens.* Aus dem Französischen von Michael Halfbrodt. Hamburg: Hamburger Edition, S. 14.

Als Beispiel für die USA nennen Baßler/ Drügh an dieser Stelle den Sturm auf das Kapitol in Washington 2021 und stellen mit Blick auf die Inszenierung des ›QAnon-Schamanen‹, der zur Ikone des Protests wurde, die provokante Frage, ob man sich heute so die »Verschmelzung von Ästhetik, Leben und Politik« im Sinne Rancières vorstellen müsse.[60]

## 4. Die rechte Erzählung vom Linksreaktionismus

Auch Ellis kritisiert – wenn auch in Form anekdotischer Evidenzen – jenes »Pathos des sich-Gehör-Verschaffens«: »When everybody claims to be a specialist, with a voice that deserves to be heard, this actually makes each person's voice less meaningful.« (W, 117)

Ellis aber bezieht seine Kritik ausdrücklich nicht auf die lautstarken Trump-Wähler*innen, nicht auf irrationale QAnon-Verschwörungstheoretiker*innen und auch nicht auf die mit Desinformation operierende Alt-Right, sondern auf Trumps Kritiker*innen – auf die Liberalen und Demokraten. Für Ellis ist es vielmehr so, dass Identitätspolitik, indem sie angeblich dazu aufrufe, die ›weiße Identität‹ zu hassen bzw. sich wegen ihr schuldig zu fühlen, »the spread of separatist alt-right and all-white organizations« erst ermutigt hätte (W, 242–243) – genauso wie die unter der Präsidentschaft von Barack Obama ›explodierte‹ »victim culture« erst zu der Wahl Trumps provoziert habe (W, 118). Bereits mit der penetrant- polemischen Darstellung liberaler Trump-Gegner*innen, wie seines ›memmenhaften‹ Lebenspartners, als wütend oder weinerlich und ohne Impulskontrolle, hatte sich Ellis in der Geste politischer Teilnahmslosigkeit ein Stück weit widersprochen. Im Verlauf der Lektüre zeichnet sich dabei eine Tendenz ab, die über eine rein stilistische, also schriftstellerische, Überzeichnung hinausgeht, etwa wenn Ellis Partei ergreift für dezidiert rechte Aktivist*innen.

Auch wenn Ellis dabei zugestanden werden muss, dass *White* vor dem Sturm auf das Kapitol geschrieben und veröffentlicht wurde, ist bemerkenswert, dass er hierin u.a. positiven Bezug auf Brandon Straka nimmt, einen New Yorker Influencer und Politaktivisten, der noch einen Tag vor dem Sturm auf das Kapitol auf einer Kundgebung gesprochen und die Menge aufgestachelt hatte. Er wurde deswegen Anfang 2022 für drei Jahre auf Bewährung verurteilt. Ellis erwähnt Straka, weil sich dieser als »former liberal« bezeichnet und 2018 die Kampagne #Walkaway ins Leben gerufen hatte, um die Menschen zu ermutigen, die Demokratische Partei zu verlassen.[61] Ellis zitiert in *White* Strakas Begründung für seine Abwendung von den Liberalen wie folgt:

60 Vgl. Baßler/ Drügh: *Gegenwartsästhetik*, S. 153–154.

61 Vgl. Rabinowitz, Hannah/ Lybrand, Holmes (2022): Pro-Trump influencer sentenced to three years of probation for his participation in the Capitol riot. Edition.CNN.com: https://edition.cnn.

›Once upon a time I was liberal. Well, to be honest, less than a year ago I was still a liberal,‹ Brandon Straka announced in a video. ›But I reject a system which allows an ambitious, misinformed, dogmatic group to suppress free speech, create false narratives and apathetically steamroll over the truth. I reject hate. These are the reasons why I am now walking away.‹ (W, 247)

Ellis beschreibt die #Walkaway-Kampagne als Reaktion auf die »increasingly deranged and rabid resistance« der Linksliberalen gegen Trump, die sich aber tatsächlich gegen alle richte, die nicht »woke« seien, und zutiefst «anti-common-sense, anti-rational and anti-American» sei (W, 247). Der Linksliberalismus der Demokraten habe sich also, vor allem durch Trumps Präsidentschaft, zum Negativen gewandelt, nämlich

into something it never had been in my lifetime: a morally superior, intolerant and authoritarian party that was out of touch and lacked any coherent ideology beyond its blanket refusal to credit an election in which someone they didn't approve of had, at least legally, technically, won the White House. The Left had become a rage machine, burning itself up: a melting blue bubble dissolving in on itself. (W, 242)

Liberalismus habe deshalb aktuell mit Freiheit nichts mehr zu tun, so Ellis: »Liberalism used to concern itself with freedoms I'd aligned myself with, but during the 2016 campaigns, it finally hardened into a warped authoritarian moral superiority movement that I didn't want to have anything to do with.« (W, 142) Daher kann sich Ellis auch mit der Selbstbeschreibung eines »former liberal«, wie Straka sie verwendet, identifizieren, obwohl er bei der Präsidentschaftswahl 2016 erkannt habe, weder eindeutig liberal noch konservativ zu sein und weder für die Demokraten noch für die Republikaner gestimmt habe:

I hadn't voted for anyone, not only because I lived in rest-assured California but also because during the campaign I'd realized I wasn't a conservative or a liberal, a Democrat or a Republican, and that I didn't buy into what either party was selling. (W, 145)

Auffällig ist, wie schwammig der Liberalismus-Begriff im ganzen Buch verwendet wird und wen Ellis als »former liberal« bezeichnet, z.B. auch Trump. (W, 148)[62] Liberalismus

---

com/2022/01/24/politics/brandon-straka-capitol-riot/index.html. 17.08.23. Vgl. in diesem Zusammenhang auch den Herausgeberband von Lee Trepanier und Grant Havers: Trepanier, Lee/ Havers, Grant (Hgg.) (2019): Walk Away. When the Political Left Turns Right. Lanham: Lexington Books.

62 Fukuyama schreibt in diesem Zusammenhang: »Trump war der perfekte Vertreter der Ethik der Authentizität, die typisch für unser Zeitalter ist: Er mag verlogen, bösartig, scheinheilig und

bedeutet für Ellis vor allem, die Meinungsfreiheit zu verteidigen, also ›die Freiheit aller Menschen, sich so auszudrücken, wie sie es wollten und für richtig hielten‹ (W, 163). Demnach scheint es eher der Libertarismus zu sein, dem er als politische Idee anhängt. In diesem Zeichen, nämlich *jedwede* öffentliche Aussage eines Individuums als legitime Meinung und somit demokratisches Recht zu werten, steht auch Ellis' Parteinahme für rechtskonservative, rechtspopulistische und rechtsextreme Aktivist*innen und Trump-Befürworter*innen wie Brandon Straka, Candace Owens und Milo Yiannopoulos.

Während die weit rechts stehende politische Kommentatorin Owens für einen afroamerikanischen Konservatismus einsteht und die Position vertritt, die afroamerikanische Bevölkerung solle sich von der Demokratischen Partei abwenden, wurde Yiannopoulos als »Alt-Right-Posterboy« und Redakteur der als rechtspopulistisch bis rechtsradikal eingestuften Website »Breitbart News Network« bekannt. Owens und Yiannopoulos sind für Ellis' Argumentation einschlägige, weil aus einer identitätspolitischen Perspektive widersprüchlich scheinende Referenzpersonen: Owens – zum einen – hat in der Öffentlichkeit vor allem dadurch Aufsehen erregt, dass sie als Schwarze Person die *Black Lives Matter*-Bewegung als »whiny toddlers, pretending to be oppressed for attention« verunglimpft hat,[63] womit sie im identitätspolitischen Diskurs das opfernarzisstische Narrativ aufgreift und es wie Ellis mit der Zuschreibung des ›Weinerlich-Regressiven‹ (»toddlers«) verbindet. Owens vertritt antifeministische und transfeindliche Positionen.[64] Sie wurde in dem Manifest des rechtsextremen Terroristen Brenton Tarrant, der im März 2019 einen Anschlag auf zwei Moscheen in Christchurch mit mindestens 50 Todesopfern beging, als die Person bezeichnet, die ihn am stärksten radikalisiert habe.[65] Ellis beschreibt sie in *White* hingegen verharmlosend als »young and pretty and compelling black woman, said she became a conservative when she finally understood that ›liberals were actually the racists, liberals were actually the trolls.‹« (W, 253).

---

nicht präsidentenhaft sein, aber zumindest sagt er, was er denkt.« Fukuyama: *Identität*, S. 146.

63 Vgl. Owens, Candace: Tweet vom 20.04.18. Twitter.com: https://twitter.com/RealCandaceO/status/987450257159077888. 17.08.23.

64 Vgl. zusammenfassend zu dieser Einschätzung z.B. Nagle, Angela (2017): The Lost Boys. The young men of the alt-right could define American politics for a generation. Theatlantic.com: https://www.theatlantic.com/magazine/archive/2017/12/brotherhood-of-losers/544158/. 17.08.23 sowie Alcorn, Chauncey (2018): Critics call out Candace Owens' transphobic views and want Kanye West, Caitlyn Jenner to do the same. Mic.com: https://mic.com/articles/189887/critics-call-out-candace-owens-transphobic-views-and-want-kanye-west-caitlyn-jenner-to-do-same. 17.08.23

65 Vgl. Eustachewich, Lia (2019): Conservative Candace Owens ›influenced me above all‹: New Zealand gunman. NYpost.com: https://nypost.com/2019/03/15/conservative-candace-owens-influenced-me-above-all-new-zealand-gunman/. 17.08.23.

Der homosexuelle Yiannopoulos – zum anderen – hat 2016 die Wahlkampfbewegung *Gays for Trump* ins Leben gerufen, positioniert sich in Opposition zu der LGBTQ-Bewegung und vertritt homosexuellen- und transfeindliche Positionen. Mittlerweile bezeichnet sich Yiannopoulos als ›ex-schwul‹, nachdem er sich einer Konversionstherapie der evangelikal geprägten Ex-Gay-Bewegung unterzogen habe[66] – eine Tendenz, die angesichts seiner menschenfeindlichen Diskriminierungen und Pathologisierungen von Homosexualität und Homosexuellen nicht überraschend ist. Trotzdem hat ihn Ellis noch 2019 in *White* schlicht als ›Querulanten‹ bezeichnet, für dessen Meinungsfreiheit er eintrete. (W, 165) Das Nachrichtenportal Breitbart schätzt Ellis als »conservative« ein. (W, 160)

In Owens politischer Fremdwahrnehmung sowie in ihrer Selbstbeschreibung spielt ein spezifisches Erkenntnismoment eine Rolle, das die Hinwendung zum Konservatismus erklärt. Owens sagt über sich, sie sei bis zur Präsidentschaftskandidatur Trumps unpolitisch gewesen; sie habe nicht mal gewählt, sich aber als eher liberal eingeordnet.[67] Im Zuge ihrer Erkenntnis über die ›rassistischen Liberalen‹[68] sei sie »*conservative overnight*« geworden.[69] 2017 gründet sie den Youtube-Kanal »Red Pill Black«, in dem sie in ihrem ersten Video ihre Hinwendung zum Konservatismus wie ein Coming-Out inszeniert (»Mom, Dad….I'm conservative«).[70]

Dieses Erkenntnismoment wird in weiteren Videos explizit mit der Metapher des ›Erweckens‹ bzw. ›Erwachens‹ in Verbindung gebracht, wie sie in insbesondere

66 Vgl. hierzu z.B. Spocchia, Gino (2021): Milo Yiannopoulos declares himself ex-gay and says he's ›demoted‹ husband to housemate in bizarre new interview. Independent.co.uk: https://www.independent.co.uk/news/world/americas/us-politics/milo-yiannopoulos-ex-gay-b1815296.html. 17.08.23.

67 Vgl. hierzu Rossman, Sean (2018): Candace Owens' rapid rise defending two of America's most complicated men: Trump and Kanye. Eu.Usatoday.com: https://eu.usatoday.com/story/news/investigations/2018/10/19/candace-owens-found-her-place-conservative-politics-age-donald-trump-alongside-kanye/1521771002/. 17.08.23.

68 Owens argumentiert, dass die demokratische Partei eine entmündigende ›Opfermentalität‹ unter der afroamerikanischen Bevölkerung der USA befördert habe, indem sie im politischen Diskurs das Erbe der Sklaverei stark thematisiere, aber sich nicht wirklich für eine Verbesserung der Lebensbedingungen Schwarzer Menschen einsetze. Zudem redeten die Demokraten der afroamerikanischen Bevölkerung ein, die Republikaner seien rassistisch, um sich deren Wählerstimmen zu sichern. Vgl. hierzu Proft, Dan/ Jacobson, Amy (2017): Red Pill Black Creator Candace Owens on Her Journey From Left to Right. Chicago's Morning Answer.com: http://morninganswerchicago.com/2017/10/26/red-pill-black-creator-candace-owens-journey-left-right/. 17.08.23 sowie Gallagher, Brandon (2018): Who is Candace Owens, Kanye West's favorite new thinker? Dailydot.com: https://www.dailydot.com/debug/candace-owens/. 17.08.23.

69 Vgl. The Rubin Report (2017): On her journey from left to right. Youtube.com: https://www.youtube.com/watch?v=BSAoitd1BTQ. 17.08.23.

70 Vgl. Owens, Candace (2017): Mom, Dad….I'm a Conservative. Youtube.com: https://www.youtube.com/watch?v=dgKc-2rFcRw&t=3s. 17.08.23.

(rechts-)konservativen bis (neu-)rechten Kreisen beliebt ist,[71] indem Owens mithilfe der *Matrix*-Referenz »Taking the red pill« dazu aufruft, linke Narrative zu hinterfragen und sich von ihnen loszusagen.

Ellis insinuiert ähnlich an mehreren Stellen in *White*, dass die Linken in einer »Bubble«, also in ihrer eigenen Realität lebten und, wie bereits ausgeführt, sich nicht wie mündige Erwachsene verhielten. Auf diese Weise wird das politische Narrativ von einem postdemokratischen oder postpolitischen Liberalismus transportiert. Der zunächst von Colin Crouch und Jacques Rancière verwendete Begriff des Postdemokratischen bzw. Postpolitischen, wie ihn Chantal Mouffe geprägt hat, meint eine Situation, in der das Demokratische nur mehr auf den wirtschaftlichen Liberalismus beschränkt ist und linke und rechte Positionen zu einem Konsens der Mitte verschwimmen. Nach Mouffe bereichere die liberale Tradition die Demokratie, wenn Freiheit und Gleichheit, beständig um ihre Vormachtstellung kämpften. Allerdings sei heute die permanente Dominanz liberaler Prinzipien problematisch geworden, denn der Liberalismus tilge den produktiven Streit und den Wettbewerb unterschiedlicher politischer Ideen in pluralistischen Gesellschaften.[72]

*White* leistet dieser Beobachtung eines postpolitischen Liberalismus Vorschub, insofern der Eindruck erzeugt wird, liberal sei man ›einfach so‹, während man sich für den Konservatismus – und die Konsequenzen, die dieses Bekenntnis mit sich bringt – bewusst entscheiden müsse. Diese Entscheidung wird als mutiger Widerstand deklariert, münzt aber tatsächlich (auch) auf aufmerksamkeitsökonomischen Prämissen: Für Owens wie für Yiannopoulos ist die jeweilige Identität im ambivalenten Verhältnis zu ihrer politischen Positionierung zum Alleinstellungs- und somit strategischen Distinktionsmerkmal geworden, um die Karriere voranzutreiben.[73] Hinzu kommt, dass

---

71 Vgl. hierzu Nagle: The Lost Boys.

72 Vgl. Mouffe, Chantal (2018): *Für einen linken Populismus.* Aus dem Englischen von Richard Barth. Berlin: Suhrkamp, S. 27; Mouffe: *Über das Politische,* S. 17 sowie Oppelt, Martin (2014): Thinking the World Politically: An interview with Chantal Mouffe. In: *ZPTh – Zeitschrift für Politische Theorie,* 5/2, S. 263–277, hier S. 266–268. Zum Begriff des Postpolitischen bzw. Postdemokratischen vgl. auch Rancière, Jacques (1996): Demokratie und Postdemokratie. In: Badiou, Alain/ Rancière, Jacques: *Politik der Wahrheit.* Hg. u. aus dem Französischen übersetzt von Rado Riha. Wien: Passagen-Verlag, S. 119–156; Crouch, Colin (2019): Post-Democracy and Populism. In: *The Political Quarterly,* 90/1, S. 124–137 sowie Jörke, Dirk (2005): Auf dem Weg zur Postdemokratie. In: *Leviathan* 33/4, S. 482–491.

73 Sean Rossman schreibt in diesem Zusammenhang, dass »Owens' story of political conversion [...] part of her pitch« sei. Vgl. Rossman, Sean (2018): Candace Owens' rapid rise defending two of America's most complicated men: Trump and Kanye. Eu.Usatoday.com: https://eu.usatoday.com/story/news/investigations/2018/10/19/candace-owens-found-her-place-conservative-politics-age-donaldtrump-alongside-kanye/1521771002/. 17.08.23. Yiannopoulos wiederum hat eingestanden, wenn er die Wahl hätte, würde er sich für die Heterosexualität entscheiden, auch wenn dies seiner Karriere schaden würde. Vgl. hierzu: Dolan, Eric (2015):

Owens (*1989) und Yiannopoulos (*1984) auch in Bezug auf ihre Generation bewusst Distinktion betreiben: Durch ihre provokanten Profilierungen grenzen sie sich dezidiert von den angeblich ›weinerlichen‹ und ›moralinsauren‹ Millennials ab, nutzen aber zugleich deren digitale Infrastruktur, z.B. Youtube, um eine möglichst große Reichweite sowohl unter den politischen Extremen als auch unter unpolitischen Usern zu erlangen.

Für seine Argumentation, dass die Linksliberalen mittlerweile als »authoritarian moral superiority movement« eher linksreaktionär seien und die Polarisierung bis Radikalisierung der US-Gesellschaft erst provoziert hätten, muss Ellis diesen eigennützigen, marktlogischen Aspekt freilich ›übersehen‹. Hingegen scheint eine Hinwendung zum Konservatismus in seiner Erzählung nur folgerichtig, wenn Konservatismus nun unter umgekehrten Vorzeichen bedeutet, für seine öffentliche Meinungsäußerung nicht ›gecancelt‹ zu werden, selbst wenn das bedeutet, dass rechte Demagogen wie Yiannopoulos Gastvorträge an US-Universitäten halten können, in denen z.B. transfeindliche Aussagen getätigt werden.[74]

Die Grenzen zwischen Liberalismus-Kritik, Konservatismus bis hin zum (neu-) rechten Extremismus werden in dieser Argumentation aber nicht eindeutig genug markiert.

## 5. Fazit: Wie ästhetische und politische Gleichgültigkeit dem Kulturkampf von rechts hilft

Ellis' nonfiktionales Buch *White* ist in seiner mutmaßlichen Intention nicht als Plädoyer für die Wiedererstarkung weißer Vorherrschaft zu begreifen, sondern als Kritik an einer angeblichen Gleichförmigkeit ästhetischer Urteile sowie politischer Positionen,

---

Comedian explodes on ›self-loathing‹ gay conservative who wants to be straight: Face it, ›you are gay as f*ck!‹ Rawstory.com: https://www.rawstory.com/2015/10/comedian-explodes-on-self-loathing-gay-conservative-who-wants-to-be-straight-face-it-you-are-gay-as-fck/. 17.08.23.

74 Vgl. Duffy, Nick (2016): University ignored warnings about far-right speaker, leaving him free to bully trans student on stage. Thepinknews.com: http://www.pinknews.co.uk/2016/12/15/university-ignored-warnings-about-far-right-speaker-leaving-him-free-to-bully-trans-student-on-stage/. 17.08.23. Dazu muss gesagt werden, dass aktuell in den USA zunehmend von konservativer Seite aus angeordnet wird, bestimmte Bücher aus den Bibliotheken und dem Buchhandel zu verbannen, etwa solche, die LGBTQ-Themen thematisieren. Generell seien, so Hochschild, in den USA heute weiße Männer weniger von staatlichen Regulierungen betroffen als Frauen oder schwarze Männer. Vgl. Hochschild: Fremd in ihrem Land, S. 101. Daub meint vor diesem Hintergrund, dass der Kampf gegen Cancel Culture und politische Korrektheit Teil eines konservativen »Backlash« sei, der aber im Gewand eines wehrhaften »Liberalismus« auftrete und somit sowohl (Neo-)Konservative als auch ›former liberals‹ bzw. Libertäre adressiert. Vgl. Daub: *Cancel Culture Transfer*, S. 341.

die Ellis als Postulat einer – mehrheitlich weißen – liberalen Elite zu entlarven glaubt. Problematisch ist dabei aber, dass Ellis' Ideal der »God's-Eye Neutrality«, so wie er sie beschreibt und kontextualisiert, nämlich in Anlehnung an die Kultur des American Empires, eine *weiße* Perspektive impliziert, deren ästhetische Freiheit zur Standortungebundenheit maßgeblich auf der politischen Hegemonialstellung von *Whiteness* beruht(e). Man bekommt somit den Eindruck, dass *White*, obwohl sich der Autor darin über eine Kultur auslässt, die das Ästhetische als Bewertungsmaßstab mehr und mehr ablehne, selbst ein Produkt der von Baßler/ Drügh beobachteten problematischen »Verschmelzung von Ästhetik, Leben und Politik« ist. So will Ellis einerseits die Register des Politischen und Ästhetischen streng geschieden wissen, wenn es um die Beurteilung von Kunst geht (wie am Beispiel von *Moonlight* deutlich wurde), andererseits vermischt er beständig die Ebenen, wenn es um die Verteidigung der Kunstfreiheit auf der einen und die Verteidigung der freien öffentlichen ›Meinungsäußerung‹ auf der anderen Seite geht. Denn inwiefern seine Vorliebe für Ironie und moralische Ambivalenzen in der Kunst (»I loved ambiguity. I wanted to change my mind, about one thing and another, virtually anything. I wanted to get upset and even be damaged by art«, W, 125) mit den Anforderungen an eine politisch korrekte Kunst divergiert, wäre ja ein anderer Diskurs. Ellis aber überträgt das, von einem autonomieästhetischen Standpunkt aus betrachtet, legitime Bedürfnis nach einer ›unsensiblen‹ Kunst undifferenziert auf den politischen Diskurs und ignoriert damit die ästhetischen Eigengesetzlichkeiten, die von den ›Spielregeln‹ demokratischer Partizipation abweichen – abweichen müssen, wenn die von Rancière postulierte »Verschmelzung von Ästhetik und Politik« *nicht* so aussehen soll wie die *cultural performance* des QAnon-Schamanen. Denn diese stehe in ihrem Eklektizismus nach Marcus Stiglegger für eine »durch und durch postmoderne, aus dem virtuellen Raum in die Realität schwappende rechtsextreme Revolte«.[75] Der Erfolg der Alt-Right gründet demnach auf ihrer Fähigkeit, ihren Extremismus hinter der ästhetischen Inszenierung zu verdecken, indem sie Populärkultur und politische Ideologie nahtlos miteinander verbinden.[76] Auf diese Weise werde auf ein unbemerktes »Konvertieren der Mitte«[77] abgezielt, so Andy King.

---

75 Martin Stiglegger schreibt, der ›QAnon-Schamane‹ verbinde in seiner *cultural performance* die Pragmatik des Aufstandes (Handschuhe, Megaphon) mit der kolonialistisch gefärbten indigenen amerikanischen Bildwelt und der nordischen Mythologie, die im Sinne der Neucodierung durch die rechtsextreme Szene gelesen werden könne. Vgl. Stiglegger, Marcus (2021): Neurechter Karneval. Die Ikonographie des ›QAnon-Schamanen‹. Literaturkritik.de: https://literaturkritik.de/die-ikonographie-des-qanon-schamanen,27555.html. 18.08.23.

76 Wie auch Angela Nagle jüngst beschrieben hat. Vgl. Nagle, Angela (2018): *Die digitale Gegenrevolution. Online-Kulturkämpfe der Neuen Rechten von 4chan und Tumblr bis zur Alt-Right und Trump.* Bielefeld: transcript. Vgl. hierzu auch Strick: *Rechte Gefühle.*

77 King, Andy (2021): Kampf um die Normies. Aus dem Englischen von Thomas Zimmermann. Jacobin.de: https://jacobin.de/artikel/kampf-um-die-normies-andy-king-alt-right-andrew-an-

Es handelt sich um eine Bewegung, die im Wesentlichen auf der Beeinflussung der Kultur beruht und die durch mediale und kulturelle Mittel die Grenzen des Sagbaren dauerhaft verschieben will.[78] Dabei geht es gerade nicht um die Stärkung der Demokratie, sondern die metapolitische Einbindung der Zivilgesellschaft gilt nur als Zwischenstufe einer neuen »geistig-kulturellen Führerschaft«[79], die – einmal errichtet – keine weiteren hegemonialen Verschiebungen zulassen wird. Vor diesem Hintergrund muss auch Identitätspolitik von rechts anders bewertet werden als Identitätspolitik von links[80] und anstatt über einen angeblichen Kulturkampf zwischen Linken und Rechten zu debattieren, müssten die Strategien eines »Kulturkrieg[s] von rechts«[81] stärker in die öffentliche Wahrnehmung rücken.

Dieser Beitrag hat den Fokus auf den aktuellen Diskurs um eine Identitätspolitik von rechts gelegt, die oft als Reaktion auf linke Identitätspolitik etikettiert wird. Speziell im US-Kontext werden somit identitätspolitische Debatten für die zunehmende Polarisierung der Gesellschaft (»partyism«) verantwortlich gemacht. Vor diesem Hintergrund hat der Beitrag überwiegend Positionen abgebildet, die eine Transformation des

---

glin-kulturelle-hegemonie-gramsci-alt-right-online-culture-war-meme-incels-doomer. 13.09. 2021.

78 So betont die Neue Rechte die subversive und langfristige kulturpolitische Agitation. Eine »Kulturrevolution von rechts« nach Alain de Benoist soll somit vor allem in einem metapolitischen Paradigmenwechsel bestehen, den der Gründer des neurechten Thule-Seminars, Pierre Krebs wie folgt beschreibt: »Eine politische Revolution bereitet sich immer im Geist vor, durch eine langwierige ideologische Entwicklung innerhalb der zivilen Gesellschaft. Um zu ermöglichen, daß die neue politische Botschaft Fuß faßt (Tätigkeit der Partei), muß man zuerst Einfluß auf die Denk- und Verhaltensweisen nehmen (metapolitische oder kulturelle Tätigkeit). Die politische Mehrheit stützt sich also zuerst auf eine kulturelle, d.h. ideologische Mehrheit.« Krebs, Pierre (1988): Bilanz eines siebenjährigen metapolitischen Kampfes. In: ders. (Hg.): *Mut zur Identität. Alternativen zum Prinzip der Gleichheit.* Struckum: Verlag für ganzheitliche Forschung und Kultur, S. 331–360, S. 352. Vgl. hierzu auch Benoist, Alain de (1985): *Kulturrevolution von rechts. Gramsci und die Nouvelle Droite.* Krefeld: SINUS-Verlag sowie Fedders, Jonas (2019): Kulturrevolution von rechts. Die Diskursstrategien der Neuen Rechten. In: Berendsen, Eva/ Rhein, Katharina/ Uhlig, Tom David (Hgg.): *Extrem unbrauchbar. Über Gleichsetzungen von links und rechts.* Berlin: Verbrecher Verlag, S. 213–225, S. 216–217.

79 Fedders: Kulturrevolution von rechts, S. 219.

80 Vgl. hierzu nochmal Strick, der in aller Deutlichkeit schreibt, ›linke‹ Identitätspolitik kontrolliere im Gegensatz zu einer rechtsidentitären Politik niemanden, sondern mache »Unsichtbares sichtbar und diskutierbar, zum Beispiel die systematische Abwertung, Vernichtung und Stillstellung Schwarzen Lebens in den USA oder in Europa, historisch und aktuell. [...] Niemand ist unfreier durch *Identity Politics, Gender Theory, Queer Politics, Feminismus, Black Lives Matter* und *Rassismuskritik*, nicht mal die Rassistin oder der Chauvinist. Alle – auch die Gegner*innen – gewinnen an Freiheit: Sie bekommen neue Antworten auf ihre Meinungen und einen größeren Resonanzraum, mehr Wissen und Informationen, was Gesellschaft ist und wie sie funktioniert.« Strick: *Rechte Gefühle*, S. 103–104.

81 Strick: *Rechte Gefühle*, S. 49.

Linksliberalismus in einen Linksreaktionismus unter identitätspolitischen Vorzeichen zu erkennen glauben. Die Rede von der Kunstfreiheit wird dabei, wie exemplarisch an *White* gezeigt wurde, ohne empirische Grundlage als Strohmann-Argument herangezogen, um den Linksliberalismus nicht nur politisch, sondern auch ästhetisch zu delegitimieren. Somit popularisiert Ellis das rechte Narrativ, linke Identitätspolitik führe zu einer Einschränkung der Kunst- und Meinungsfreiheit. Dabei wendet sich Ellis nicht ausdrücklich gegen eine Identitätspolitik als politische Strategie marginalisierter Identitäten, aber gegen eine vermeintliche Instrumentalisierung dieser Politik seitens weißer Linksliberaler, was in seinen Augen zwingend eine *andere* weiße Identitätspolitik provoziert hätte – die rechtsidentitäre. Gegen diese rechtsidentitäre Bewegung wendet er sich aber nicht, obwohl deren Strategien von einer undemokratischen Ästhetisierung des Politischen geprägt sind und entschieden im Zeichen eines »Kulturkriegs von rechts« stehen, wie das Beispiel des QAnon-Schamanen gezeigt hat[82]. Im Gegenteil werden neurechte Aktivist*innen von ihm verharmlost bis hofiert. Aus einer privilegierten Politikverdrossenheit heraus normalisiert er die Selbstbeschreibung ›former liberal‹ und verschleiert deren ideologische Nähe zu rechtskonservativen bis rechtsextremen Positionen. Die Gleichgültigkeit gegenüber dieser Grenzüberschreitung markiert dann keine politisch neutrale Geste mehr, sondern eine demokratiegefährdende.

## *Literaturverzeichnis*


Alcorn, Chauncey (2018): Critics call out Candace Owens' transphobic views and want Kanye West, Caitlyn Jenner to do the same. Mic.com: https://mic.com/articles/189887/critics-call-out-candace-owens-transphobic-views-and-want-kanye-west-caitlyn-jenner-to-do-same. 17.08.23.

Amlinger, Carolin/Nachtwey, Oliver (2022): *Gekränkte Freiheit. Aspekte des libertären Autoritarismus.* Berlin: Suhrkamp.

Baßler, Moritz (2021): Der neue Midcult. Vom Wandel populärer Leseschaften als Herausforderung der Kritik. In: *Pop. Kultur und Kritik*, 18, S. 132–149.

Baßler, Moritz (2022): *Populärer Realismus. Vom International Style gegenwärtigen Erzählens.* München: C.H. Beck.

Baßler, Moritz/ Drügh, Heinz (2021): *Gegenwartsästhetik.* Konstanz: Konstanz University Press.

Benoist, Alain de (1985): *Kulturrevolution von rechts. Gramsci und die Nouvelle Droite.* Krefeld: SINUS-Verlag.


82 In diesem Zusammenhang kann auch die Hipster-Ästhetik der rechtsextremen »Proud Boys« als Beispiel angeführt werden, die maßgeblich am Sturm auf das Kapitol beteiligt waren.

Brown, Mark (2018): Gallery removes naked nymphs painting to ›prompt conversation‹. Theguardian.com: https://www.theguardian.com/artanddesign/2018/jan/31/manchester-art-gallery-removes-waterhouse-naked-nymphs-painting-prompt-conversation. 17.08.23.

Cicek, Hüseyin (2023): Der türkische Präsident Erdogan betreibt Identitätspolitik im In- und Ausland als Dauerkampagne – Ziel ist es, den Westen in die Schranken zu weisen. NZZ.ch: https://www.nzz.ch/meinung/erdogan-betreibt-identitaetspolitik-erfolgreich-als-dauer-kampagne-ld.1743279?reduced=true. 17.08.23.

Combahee River Collective (2017 [1977]): The Combahee River Collective Statement. In: Taylor, Keeanga-Yamahtta (Hg.): *How We Get Free. Black Feminism and the* Combahee *River Collective*. Chicago: Haymarket Books, S. 15–27.

Crouch, Colin (2019): Post-Democracy and Populism. In: *The Political Quarterly*, 90/1, S. 124–137.

Daub, Adrian (2022): *Cancel Culture Transfer. Wie eine moralische Panik die Welt erfasst*. Berlin: Suhrkamp.

Decker, Oliver/Kiess, Johannes/Brähler, Elmar (Hgg.): *Die enthemmte Mitte. Autoritäre und rechtsextreme Einstellung in Deutschland. Die Leipziger »Mitte«-Studie 2016*. Gießen: Psychosozial-Verlag.

Dolan, Eric (2015): Comedian explodes on ›self-loathing‹ gay conservative who wants to be straight: Face it, ›you are gay as f*ck!‹ Rawstory.com: https://www.rawstory.com/2015/10/comedian-explodes-on-self-loathing-gay-conservative-who-wants-to-be-straight-face-it-you-are-gay-as-fck/. 17.08.23.

Duffy, Nick (2016): University ignored warnings about far-right speaker, leaving him free to bully trans student on stage. Thepinknews.com: http://www.pinknews.co.uk/2016/12/15/university-ignored-warnings-about-far-right-speaker-leaving-him-free-to-bully-trans-student-on-stage/. 17.08.23.

Edlinger, Thomas (2015): *Der wunde Punkt. Zum Unbehagen an der Kritik*. Berlin: Suhrkamp.

El Ouassil, Samira (2023): Als würde man Nemo verprügeln. Spiegel.de: https://www.spiegel.de/kultur/friedrich-merz-warum-das-gruenenbashing-des-cdu-chefs-auch-empirisch-nichts-bringt-kolumne-a-216c7f07-9d34-415c-93c2-e623b9280879. 17.08.23.

Ellis, Bret Easton (2019): *White*. New York: Knopf.

Eustachewich, Lia (2019): Conservative Candace Owens ›influenced me above all‹: New Zealand gunman. NYpost.com: https://nypost.com/2019/03/15/conservative-candace-owens-influenced-me-above-all-new-zealand-gunman/. 17.08.23.

Fedders, Jonas (2019): Kulturrevolution von rechts. Die Diskursstrategien der Neuen Rechten. In: Berendsen, Eva/Rhein, Katharina/Uhlig, Tom David (Hgg.): *Extrem unbrauchbar. Über Gleichsetzungen von links und rechts*. Berlin: Verbrecher Verlag, S. 213–225.

Flaßpöhler, Svenja (2021): *Sensibel. Über moderne Empfindlichkeit und die Grenzen des Zumutbaren*. Stuttgart: Klett-Cotta.

Fukuyama, Francis (2019): *Identität. Wie der Verlust der Würde unsere Demokratie gefährdet*. Aus dem amerikanischen Englisch von Bernd Rullkötter. Hamburg: Hoffmann und Campe.

Gallagher, Brandon (2018): Who is Candace Owens, Kanye West's favorite new thinker? Dailydot.com: https://www.dailydot.com/debug/candace-owens/. 17.08.23.

Hildebrand, Kathleen (2018): Das lyrische Ich ist unabhängig abwesend. Süddeutsche.de: https://www.sueddeutsche.de/kultur/debatte-um-eugen-gomringer-gedicht-das-lyrische-ich-ist-auffaellig-abwesend-1.3841758. 17.08.23.

Hochschild, Arlie Russell (2016): *Fremd in ihrem Land. Eine Reise ins Herz der amerikanischen Rechten.* Aus dem Englischen von Ulrike Bischoff. Frankfurt/New York: Campus Verlag.

Jörke, Dirk (2005): Auf dem Weg zur Postdemokratie. In: *Leviathan*, 33/4, S. 482–491.

Kilb, Andreas (2018): Sie alle waren Puppen seiner Phantasie. Faz.net: https://www.faz.net/aktuell/feuilleton/kunst-und-architektur/balthus-ausstellung-der-fondation-beyeler-in-riehen-bei-basel-15769786.html. 17.08.23.

King, Andy (2021): Kampf um die Normies. Aus dem Englischen von Thomas Zimmermann. Jacobin.de: https://jacobin.de/artikel/kampf-um-die-normies-andy-king-alt-right-andrew-anglin-kulturelle-hegemonie-gramsci-alt-right-online-culture-war-meme-incels-doomer. 13.09.2021.

Kovic, Marko (2020): Sie wollen Politik, die ihnen schadet: Die masochistischen Trump-Wähler. Watson.de: https://www.watson.ch/international/analyse/956182709-trump-waehler-wollen-politik-die-ihnen-schadet-warum-das-so-ist. 17.08.23.

Krebs, Pierre (1988): Bilanz eines siebenjährigen metapolitischen Kampfes. In: ders. (Hg.): *Mut zur Identität. Alternativen zum Prinzip der Gleichheit.* Struckum: Verlag für ganzheitliche Forschung und Kultur, S. 331–360.

Lefort, Claude (1990): Die Frage der Demokratie. In: Rödel, Ulrich (Hg.): *Autonome Gesellschaft und libertäre Demokratie.* Aus dem Französischen von Kathrina Menke. Frankfurt a.M.: Suhrkamp, S. 281–297.

Lewandowsky, Marcel/Giebler, Heiko/Wagner, Aiko (2016): Rechtspopulismus in Deutschland. Eine empirische Einordnung der Parteien zur Bundestagswahl 2013 unter besonderer Berücksichtigung der AfD. In: *Politische Vierteljahresschrift*, 57/2, S. 247–275.

Lotter, Maria-Sibylla (2022): Sind ›vulnerable Gruppen‹ vor Kritik zu schützen? Die Funktionen der Redefreiheit für die liberale Demokratie und die Ideologisierung der Vulnerabilität. In: *Zeitschrift für Praktische Philosophie*, 9/2, S. 375–398.

Marchart, Oliver (2010): *Die politische Differenz.* Berlin: Suhrkamp.

Maydl, Tobias (2018): Sternzeichen Schneeflocke. Cicero.de: https://www.cicero.de/kultur/generation-y-z-snowflake-millennials-milosz-matuschek-shell-jugendstudie. 17.08.23.

McWhorter, John (2021): *Woke Racism: How a New Religion Has Betrayed Black America.* New York: Portfolio/Penguin.

Mouffe, Chantal (2007): *Über das Politische. Wider die kosmopolitische Illusion.* Aus dem Englischen von Niels Neumeier. Frankfurt a.M.: Suhrkamp.

Mouffe, Chantal (2018): *Für einen linken Populismus.* Aus dem Englischen von Richard Barth. Berlin: Suhrkamp.

Nagle, Angela (2017): The Lost Boys. The young men of the alt-right could define American politics for a generation. Theatlantic.com: https://www.theatlantic.com/magazine/archive/2017/12/brotherhood-of-losers/544158/. 17.08.23.

Nagle, Angela (2018): *Die digitale Gegenrevolution. Online-Kulturkämpfe der Neuen Rechten von 4chan und Tumblr bis zur Alt-Right und Trump.* Bielefeld: transcript.

Nassehi, Armin (2021): *Unbehagen. Theorie der überforderten Gesellschaft.* C.H. Beck: München.

Norris, Pippa/Inglehart, Ronald (2019): *Cultural backlash. Trump, Brexit, and authoritarian populism.* Cambridge/New York: Cambridge University Press.

Oppelt, Martin (2014): Thinking the World Politically: An interview with Chantal Mouffe. In: *ZPTh – Zeitschrift für Politische Theorie*, 5/2, S. 263–277.

Owens, Candace (2017): Mom, Dad....I'm a Conservative. Youtube.com: https://www.youtube.com/watch?v=dgKc-2rFcRw&t=3s. 17.08.23.

Owens, Candace: Tweet vom 20.04.18. Twitter.com: https://twitter.com/RealCandaceO/status/987450257159077888. 17.08.23.

Proft, Dan/Jacobson, Amy (2017): Red Pill Black Creator Candace Owens on Her Journey From Left to Right. Chicago's Morning Answer.com: http://morninganswerchicago.com/2017/10/26/red-pill-black-creator-candace-owens-journey-left-right/. 17.08.23.

Rabinowitz, Hannah/Lybrand, Holmes (2022): Pro-Trump influencer sentenced to three years of probation for his participation in the Capitol riot. Edition.CNN.com: https://edition.cnn.com/2022/01/24/politics/brandon-straka-capitol-riot/index.html. 17.08.23.

Rancière, Jacques (1996): Demokratie und Postdemokratie. In: Badiou, Alain/Rancière, Jacques: *Politik der Wahrheit.* Hg. u. aus dem Französischen übersetzt von Rado Riha. Wien: Passagen-Verlag, S. 119–156.

Rancière, Jacques (2008): Die Politik der Kunst und ihre Paradoxien. In: Maria Muhle (Hg.): *Die Aufteilung des Sinnlichen. Die Politik der Kunst und ihre Paradoxien.* Aus dem Französischen von Maria Muhle. Berlin: b_books, S. 75–100.

Rosanvallo, Pierre (2017): *Die Gegen-Demokratie. Politik im Zeitalter des Misstrauens.* Aus dem Französischen von Michael Halfbrodt. Hamburg: Hamburger Edition.

Rossman, Sean (2018): Candace Owens' rapid rise defending two of America's most complicated men: Trump and Kanye. Eu.Usatoday.com: https://eu.usatoday.com/story/news/investigations/2018/10/19/candace-owens-found-her-place-conservative-politics-age-donald-trump-alongside-kanye/1521771002/. 17.08.23.

The Rubin Report (2017): On her journey from left to right. Youtube.com: https://www.youtube.com/watch?v=BSAoitd1BTQ. 17.08.23.

Seeling, Luisa (2023): Erdoğan bietet seinen Wählern Identität. Süddeutsche.de: https://www.sueddeutsche.de/politik/wahlen-in-der-tuerkei-erdogan-bietet-seinen-waehlern-identitaet-1.4028776. 17.08.23.

Spocchia, Gino (2021): Milo Yiannopoulos declares himself ex-gay and says he's ›demoted‹ husband to housemate in bizarre new interview. Independent.co.uk: https://www.independent.co.uk/news/world/americas/us-politics/milo-yiannopoulos-ex-gay-b1815296.html. 17.08.23.

Stegemann, Bernd (2017): Der liberale Populismus und seine Feinde. In: *Blätter für deutsche und internationale Politik*, 4, S. 81–94

Stiglegger, Marcus (2021): *Neurechter Karneval. Die Ikonographie des ›QAnon-Schamanen‹.* Literaturkritik.de: https://literaturkritik.de/die-ikonographie-des-qanon-schamanen,27555.html. 18.08.23.

Strick, Simon (2021): *Rechte Gefühle. Affekte und Strategien des digitalen Faschismus.* Bielefeld: transcript.

Trepanier, Lee/ Havers, Grant (Hgg.) (2019): *Walk Away. When the Political Left Turns Right.* Lanham: Lexington Books.

Ullrich, Wolfgang (2019): Auf dunkler Scholle. Zeit.de: https://www.zeit.de/2019/21/kunstfreiheit-linke-intellektuelle-globalisierung-rechte-vereinnahmung. 04.09.2023.

Van Dyk, Silke (2019): Identitätspolitik gegen ihre Kritik gelesen. Für einen rebellischen Universalismus. In: *Aus Politik und Zeitgeschichte*, 9–11, S. 25–32: https://www.bpb.de/shop/zeitschriften/apuz/286508/identitaetspolitik-gegen-ihre-kritik-gelesen/. 31.08.2023.

Verein Deutsche Sprache (2019): Schluss mit Gender-Unfug! Der Aufruf und seine Erstunterzeichner. Vds-ev.de: https://vds-ev.de/aktionen/aufrufe/schluss-mit-gender-unfug/. 17.08.23.

*Felix Schilk*

# Von der »Utopie« zur »Wirklichkeit«

## Biografische und gesellschaftliche Konversionsnarrative rechter Renegaten

ABSTRACT: Right-wing renegades usually base their political lives on a conversion experience. In this article, I take a dual perspective on such conversions. On the one hand, I show how political conversions from ›left‹ to ›right‹ are narratively constructed in biographical retrospect and argue that an apocalyptic structure of the conversion narrative enables the political change of side. On the other hand, I analyse time-diagnostic narratives formulated by right-wing renegades and argue that the worldviews of renegades often feature dichotomously structured narratives of diremption and decadence that have stood the political change of sides. Identifying these narratives can prove to be a heuristic for testing the ideology of political movements for their susceptibility to conversion narratives and a potential drift to the political right.

KEYWORDS: political conversion, political ideologies, anti-liberalism, narratives, apocalypticism, conservatism, diagnosis of time

Geschichten von politischen Überläufern stoßen in der Öffentlichkeit immer wieder auf große Resonanz, weil ihre Konversion nach biografisch verbürgten Erklärungen verlangt und häufig auch eine Neubewertung historischer Kontexte nach sich zieht. Mit Blick auf die kulturelle Liberalisierung der westdeutschen Bundesrepublik konstatierte Martin Greiffenhagen etwa in den 1970er Jahren, dass »die Reihe jener ursprünglich liberalen Intellektuellen [immer länger werde], welche ihre Bekehrung zum Konservatismus vor aller Welt verkünden, öffentlich für ihre linken Ideen Abbitte tun und mit dieser spektakulären Wende breite Publizität finden«.[1] Die Liste derartiger Renegatenbiografien ist lang und es ließen sich wohl für jede Epoche, für jede Generation und für fast jeden kulturellen Kontext exemplarische Beispiele finden.[2]

1 Greiffenhagen, Martin (1974): Neokonservatismus in der Bundesrepublik. In: Greiffenhagen, Martin (Hg.): *Der Neue Konservatismus der siebziger Jahre.* Reinbek bei Hamburg: Rowohlt, S. 7–22, S. 7.

2 Entsprechend lang ist auch die Liste kritischer Abrechnungen mit ebenjenen Renegaten, vgl. dazu exemplarisch Benda, Julien (1927): *La trahison des clercs.* Paris: Grasset; Lindenberg, Daniel (2002): *Le rappel à l'ordre. Enquête sur les nouveaux réactionnaires.* Paris: Seuil; Audier, Serge (2009): *La pensée anti-68. Essai sur les origines d'une restauration intellectuelle.* Paris: La Découverte; Carini, Marco (2012): *Die Achse der Abtrünnigen: Über den Bruch mit der Linken.* Berlin: Rotbuch.

Ursprünglich stammt die Figur des Renegaten aus der Zeit der Reconquista und bezeichnete zum Islam übergetretene Christen. Mit der Entstehung moderner politischer Ideologien wurde sie auch auf politische Glaubenssysteme übertragen. Bei den öffentlichkeitswirksamsten Seitenwechseln handelt es sich fast ausschließlich um konservativ oder rechtsextrem gewordene ehemalige Linke. Die Gründe dafür liegen, wie ich im Folgenden zeigen werde, in der Struktur der politischen Ideologien und der semantischen Aufladung der Figur des Renegaten. Die machtaffine und antiegalitäre rechte Ideologie ist skrupelloser als die machtkritische und egalitäre linke Ideologie, wodurch die Konversion nach ›rechts‹ eher als Befreiung von moralischen Zwängen erfahren und entsprechend ostentativ kommuniziert werden kann. Der Ausstieg aus dem rechten Denken verlangt hingegen emotionale Arbeit, die gewöhnlich mit Phasen der Demut und des Rückzugs aus der Öffentlichkeit einhergeht.[3] Es ist insofern wenig überraschend, dass ex-linke Renegaten wie der RAF-Anwalt Horst Mahler, das SDS-Mitglied Bernd Rabehl oder der Publizist Jürgen Elsässer, der bis Ende der 1990er Jahre für eine Vielzahl linker Zeitungen und Zeitschriften gearbeitet hat, ihre neue Rolle als rechtsextremer Bürgerschreck sichtlich genießen und publizistisch kapitalisieren.[4] Vergleichbare Selbstinszenierungen rechter Aussteiger:innen gibt es dagegen kaum.[5]

Die Inszenierung als Renegat ist ambivalent. Häufig rechtfertigen die ex-linken Renegaten ihren Seitenwechsel durch eine invertierte Konversionsgeschichte: Sie selbst seien sich treu geblieben, während sich das gesamtgesellschaftliche politische Koordinatensystem verschoben habe. Diese Erzählung entlastet von der eigenen biografischen Vergangenheit und ist zudem mit einer spezifischen Inszenierung einer heroischen Männlichkeit verbunden, die sich als habituelle Kontinuität durch viele Renegatenbiografien zieht. Konversionserzählungen sind somit durch zwei gegensätzliche und sich verstärkende Motive geprägt: Einmal folgt die Behauptung einer biografischen Konversion der Logik eines fortschreitenden Erfahrungs- und Erkenntnisprozesses. Ein andermal wird eine Konversion der gesellschaftlichen Umwelt als Verfallsprozess geschildert.

Folgt man Jasmin Siri, dann lassen sich Renegatenbiografien als Beispiele der »neuen Bastelbiografien des 21. Jahrhunderts begreifen«, die so gut funktionieren, weil sie »psychologische Entlastung« bieten. Durch die Abgrenzung der eigenen Identitätserzählung von diversen Bedrohungsszenarien, bleibe »die konkrete Lebensführung

3 Vgl. Schilk, Felix (2023): Inszenierung und Narrativ. In: *der rechte rand*, 201, S. 14–15.

4 Vgl. Elsässer, Jürgen (2022): *Ich bin Deutscher. Wie ein Linker zum Patrioten wurde.* Berlin: dtw.

5 Sogenannte »Ausstiege« aus der rechten und rechtsextremen Szene verlaufen in der Regel unter dem Radar der Aufmerksamkeit. Zu den wenigen Fällen öffentlicher Seitenwechsel von ›rechts‹ nach ›links‹ gehören Henning Eichberg, eine der Gründungsfiguren der Neuen Rechten in der BRD, und die Youtuberin Lisa Licentia, die im Umfeld der »Identitären Bewegung« aktiv gewesen ist.

doch unbelastet vom konkreten konservativen Leben«.[6] Laut Corey Robin ist der moderne Konservatismus darüber hinaus besonders anschlussfähig für Konversionserzählungen, weil er

> stets eine nach vorne gerichtete Bewegung des unablässigen Wandels, der Risikobereitschaft und des ideologischen Abenteurertums [war], in der Haltung kämpferisch und im Auftreten populistisch, offen für Parvenus und Rebellen, für Außenseiter und Quereinsteiger.[7]

Im Folgenden möchte ich Gründe für das Phänomen der Renegaten diskutieren und dabei eine doppelte Perspektive auf Konversionsnarrative einnehmen. Einerseits betrachte ich, wie die Konversion in der biografischen Rückschau selbst als Narrativ konstruiert wird, mit dem dann eine politische Positionierung begründet wird. Andererseits rekonstruiere ich zeitdiagnostische Narrative über den gesellschaftlichen Wandel, die in diese politischen Positionierungen eingeschrieben sind. Meine These ist, dass die Weltanschauungen der Renegaten in der Regel von dichotom strukturierten Gesellschaftserzählungen geformt worden sind, die bei einem politischen Seitenwechsel problemlos übernommen werden können. Während die Selbst- und Fremdpositionierung in einem politischen Koordinatensystem also einen inhaltlichen Bruch vermuten lässt, gehe ich von Kontinuitäten auf der strukturellen Ebene der Narrative aus, mit denen die Renegaten sowohl die Gesellschaft als auch den eigenen Werdegang beschreiben.

Um diese These zu illustrieren, kläre ich im ersten Teil zentrale Begriffe und benenne Kriterien, um ›rechtes‹ und ›linkes‹ Denken trennscharf voneinander abzugrenzen. Zugleich zeige ich aber auch, dass sich beide Ideologien inhaltlich in der Kritik am bürgerlichen Liberalismus und semantisch in einer apokalyptischen Struktur überlappen. Im zweiten Teil diskutiere ich anhand von Textfragmenten bekannter Renegaten, inwiefern auch das Konversionsnarrativ strukturell apokalyptisch ist und argumentiere, dass sich Motive der biografischen Konversion mit zentralen Aspekten des konservativen Denkens überschneiden. In einem dritten Schritt rekonstruiere ich aus verschiedenen Diskurssträngen der Renegatenliteratur zwei zeitdiagnostische Gesellschaftserzählungen, in denen gesellschaftskritische Analysen in kulturkritische Narrative gekippt sind. Es handelt sich dabei einerseits um Narrative einer grundlegenden Entzweiung in der Moderne, die nicht nur kritisch-dialektisch, sondern auch in der

---

6 Siri, Jasmin (2017): Zur Aktualität von Karl Mannheims Analyse des politischen Konservatismus. In: Endreß, Martin/ Lichtblau, Klaus/ Moebius, Stephan (Hgg.): *Zyklos 3: Jahrbuch für Theorie und Geschichte der Soziologie.* Wiesbaden: Springer, S. 91–111, S. 106.

7 Robin, Corey (2018): *Der reaktionäre Geist. Von den Anfängen bis Donald Trump.* Berlin: Ch. Links Verlag, S. 57.

Perspektive eines konservativen Ressentiments gegen Liberalismus und Rationalismus gelesen werden können, und andererseits um kulturkritische Dekadenznarrative, in denen häufig eine elitäre Verachtung der Populärkultur angelegt ist. Die Kenntnis dieser Narrative, so mein Argument, kann als Heuristik fungieren, um die Gesellschaftsbeschreibungen politischer Bewegungen auf ihre Anschlussfähigkeit für Konversionserzählungen und eine potentielle Rechtsdrift abzuklopfen.

## 1. Linke und rechte Ideologien

In diesem Beitrag orientiere ich mich am Ideologiebegriff Karl Mannheims, der unter Ideologie einen spezifischen Denkstil von sozialen Gruppen versteht, der aus ihrer sozialen Lage bedingt ist. Laut Mannheim kann die soziale Genese dieser Ideologien durch eine soziologische Aspektanalyse rekonstruiert werden, die danach fragt, »wann und wo in Aussagestrukturen historisch-soziale Strukturen hineinragen, und in welchem Sinne die letzteren die ersteren in concreto bestimmen können«.[8] Folgt man Mannheim, dann ist jede Form des politischen Denkens ideologisch, weil sich stets sozio-historische Strukturen in die Kategorien des Denkens einschreiben. So ist etwa das spezifische Raumverständnis der konservativen Ideologie des 19. Jahrhunderts durch das landwirtschaftliche Grundeigentum der feudalen Stände geprägt. Das progressive Zeitverständnis der bürgerlichen Ideologie ist wiederum auch durch die auf zukünftigen Profit orientierte kapitalistische Produktionsweise bedingt.[9]

Überträgt man dieses Ideologieverständnis auf die klassischen Kategorien des politischen Koordinatensystems, dann lassen sich ›rechten‹ und ›linken‹ Ideologien ebenfalls soziale Träger und spezifische Paradigmen zuordnen. Historisch geht die Unterscheidung auf eine Abstimmung in der französischen Nationalversammlung vom 8. Mai 1789 zurück, bei der sich die Anhänger zweier gegensätzlicher Vorschläge im Raum positioniert haben.[10] Als ›rechts‹ gelten seitdem die Interessen sozial privilegierter Gruppen, die die Ausweitung von Partizipationsmöglichkeiten auf andere Gruppen verhindern wollen und sich tendenziell für soziale Schließung aussprechen. ›Links‹ sind hingegen die Interessen aufstiegsorientierter Gruppen, die die Abschaffung von Privilegien und eine damit verbundene soziale Öffnung befürworten. Diese gegensätzlichen Interessen von sozialen Gruppen haben historisch zu unterschiedlichen inhaltlichen Positionierungen geführt, in deren Zentrum der Begriff der Gleichheit steht. Wer Statuspositionen verteidigt, muss soziale Ungleichheit argumentativ

8 Mannheim, Karl (1985): *Ideologie und Utopie.* Frankfurt a.M.: Klostermann, S. 229.

9 Vgl. Mannheim, Karl (1984): *Konservatismus. Ein Beitrag zur Soziologie des Wissens.* Frankfurt a.M.: Suhrkamp, S. 81ff. und 111ff.

10 Vgl. Gauchet, Marcel (2021): *La droite et la gauche. Histoire et destin.* Paris: Gallimard, S. 20.

rechtfertigen. Wer die Ausweitung von Partizipationsmöglichkeiten einfordert, kann sich auf einen affirmativen Gleichheitsbegriff berufen, um etablierte Machtstrukturen moralisch zu delegitimieren. Entsprechend nutzt auch Norberto Bobbio in seiner weit verbreiteten Definition von ›links‹ und ›rechts‹ die Kategorie der Gleichheit als Unterscheidungskriterium: »there is a very clear distinction between the right and the left, for which the ideal of equality has always been the pole star that guides it«.[11]

Ein Problem dieses binären Koordinatensystems liegt jedoch darin, dass es relativ blind für gesellschaftliche Transformationsprozesse ist. Fügt man eine zeitliche Dimension hinzu, dann zeigt sich, dass einst ausgeschlossene soziale Gruppen irgendwann selbst auf gesellschaftliche Elitepositionen drängen und ein neues Interesse an der Verteidigung ihrer gewonnenen Privilegien entwickeln können. Niklas Luhmann zufolge hat sich in der politischen Semantik der Neuzeit daher auch ein binär codierter zeitlicher Schematismus durchgesetzt, wobei ›konservativ‹ das Interesse an der Schließung und ›progressiv‹ das Interesse an der Öffnung von sozialen Aufstiegskanälen beschreibt: »Wer für irgend etwas ist, was als Herrschaft oder herrschend bezeichnet werden kann, ist konservativ. Wer emanzipieren möchte, ist – auch und gerade wenn er dies anderen antun will – progressiv.«[12] Im Alltagsverständnis werden ›links‹ und ›rechts‹ daher häufig mit ›konservativ‹ und ›progressiv‹ gleichgesetzt.

Diese alltagssprachliche Gleichsetzung macht die Renegatenbehauptung einer gesellschaftlichen Werteverschiebung überhaupt erst plausibel, denn so können die an egalitären Wertevorstellungen orientierten Projekte vermeintlich ›kosmopolitischer‹ oder ›woker‹ Eliten als Aspekte zeitgenössischer Herrschaft denunziert werden. Die häufig ressentimentgeladene Kritik an kulturellen Eliten verkennt jedoch, dass in der Debatte zwei Dimensionen des politischen Koordinatensystems durcheinandergeraten, nämlich die soziale Statusposition und die inhaltliche Positionierung der Träger. Erstere ist auch anschlussfähig für populistische Aufladungen, die inhaltlich unbestimmt sind und ebenfalls von abstiegsbedrohten oder konkurrierenden Eliten aufgegriffen werden können. Wie ich im Folgenden zeigen werde, war das Verdikt gegen neue Eliten historisch ein Bindeglied für transversale politische Allianzen, in denen eine tendenziell progressive Kritik an Statuspositionen mit der restaurativen Kritik an liberalen Denkinhalten verkoppelt wurde.

11 Bobbio, Norberto (1996): *Left and Right. The Significance of a Political Distinction*. Chicago: University of Chicago Press, S. 82.

12 Luhmann, Niklas (1974): Der politische Code »konservativ« und »progressiv« in systemtheoretischer Sicht. In: *Zeitschrift für Politik*, 21/3, S. 253–271, S. 253.

### *1.1 Antiliberalismus als ideologisches Bindeglied*

Karl Mannheim greift in seiner Analyse der politischen Ideologien nicht auf die Unterscheidung zwischen ›links‹ und ›rechts‹ zurück, sondern unterscheidet etwas schematisch zwischen Konservatismus, Liberalismus und Sozialismus.[13] Mit Blick auf das 19. Jahrhundert fügt er den Faschismus als vierte politische Ideologie hinzu, dessen soziale Basis jedoch wesentlich unbeständiger ist, was sich wiederum in einer geringeren weltanschaulichen Systematik niederschlägt. In seiner Wissenssoziologie spielen zudem die Intellektuellen eine besondere Rolle, die als »in den Zwischenräumen gelegene Schicht«[14] soziale Mobilität besonders intensiv erlebten, deshalb kaum feste soziale Identitäten ausbilden könnten und ideologisch wechselhafter seien als andere soziale Klassen. Das Phänomen der Renegaten ist innerhalb der sozialen Gruppe der Intelligenz lokalisiert.

Laut Mannheim sind es die Intellektuellen, die neue »Ideen und Ideologien hervorbringen« und als »wichtigste Verbindungsglieder zwischen gesellschaftlicher Dynamik und der Ideenbildung« fungieren.[15] Er entwickelt verschiedene Typen der Intelligenz, die aus Aufsteigenden, Vertriebenen und Blockierten gebildet werden,[16] und führt Kontextfaktoren auf, die die soziale Situation von Intellektuellen beeinflussen und zu einer reaktionären Ausprägung ihres Denkens führen können:

> der soziale Hintergrund des Individuums; die besondere Phase seiner Karrierekurve – ob er sich im Aufstieg befindet; ob er individuell oder als Mitglied einer Gruppe aufsteigt; ob er in seinem Aufstieg blockiert oder auf seine Ausgangssituation zurückgeworfen wird; die Phase der sozialen Bewegung, an der er teilnimmt – die Anfangs-, Mittel- oder Endform; die Position seiner Generation im Verhältnis zu anderen Generationen, sein sozialer Lebensraum und schließlich die Art der Gruppen, in denen er auftritt.[17]

Anknüpfend an diese Überlegungen und Mannheims wissenssoziologischen Ansatz lässt sich erklären, wieso der Antiliberalismus ein Bindeglied zwischen ›linken‹ und ›rechten‹ Positionen darstellt und warum er häufig am Beginn einer inhaltlichen Rechtsdrift steht.

---

13 Vgl. Mannheim: Ideologie und Utopie.

14 Mannheim, Karl (2022): *Soziologie der Intellektuellen. Schriften zur Kultursoziologie.* Berlin: Suhrkamp, S. 22.

15 Mannheim: *Soziologie der Intellektuellen*, S. 41–42.

16 Mannheim: *Soziologie der Intellektuellen*, S. 66ff.

17 Mannheim: *Soziologie der Intellektuellen*, S. 83.

Kritik am Liberalismus lässt sich aus verschiedenen Richtungen formulieren. Die historisch konservative Kritik stammt aus der Perspektive der verdrängten ehemaligen Eliten, also der feudalen Stände. Sie kritisierten das bürgerliche Gleichheitspostulat und die rationalistische Apotheose der Vernunft als Herrschaftsdenken, weil sie die ständische Ordnung zersetzt habe. Die sozialistische Kritik am Liberalismus monierte hingegen, dass diese Gleichheitsforderungen nicht für alle, sondern lediglich für die bürgerlichen Klassen verwirklicht worden waren. Sie zielte in der Regel nicht direkt auf die Inhalte der liberalen Gleichheitsideale, sondern vor allem auf die bürgerliche »Illusion der Chancengleichheit«;[18] also auf die ideologische Vorstellung, dass der liberale Anspruch in der bürgerlichen Gesellschaft bereits verwirklicht worden sei. Die Kategorie der Gleichheit erweist sich hier als relativ robustes Kriterium, um restaurative und emanzipative Kritiken am Liberalismus idealtypisch zu unterscheiden.

Im unmittelbaren Handgemenge sozialer Auseinandersetzungen ermöglichte die triadische Struktur der politischen Ideologien des 19. Jahrhunderts allerdings auch transversale Allianzen zwischen konservativen und sozialistischen Ideologien, die im bürgerlichen Liberalismus ein gemeinsames Feindbild gefunden hatten. Während sich der Konservatismus dabei zunehmend an die neuen Gegebenheiten der Massengesellschaft anpasste und etwa die ursprünglich progressiven nationalistischen und populistischen Positionen in sein Programm integrieren konnte, übernahmen einige sozialistische und anarchistische Bewegungen inhaltliche Elemente der konservativen Kritik an der durch Liberalismus und Aufklärung hervorgerufenen Abstraktion, Entfremdung und Entzauberung der Welt. Zeev Sternhell hat in seinen Studien zu Charles Maurras, Maurice Barrès, Pierre-Joseph Proudhon und George Sorel nachgezeichnet, dass es sich bei dieser Synthese vor allem um eine Revision des »humanistischen, rationalistischen und optimistischen Erbes der Aufklärung«[19] handelte, aus der sich später auch die faschistische Ideologie nährte.

Diese historische Synthese aus nationalistischem Konservatismus und antiliberalem Sozialismus steht seither immer wieder Pate für die in der Regel von ›rechten‹ und reaktionären Intellektuellen initiierten Querfrontprojekte. So bemühte sich die sogenannte Neue Rechte in der westdeutschen Bundesrepublik stets auch um die Integration jener Spielarten der politischen Linken, die für konservative Menschen- und Gesellschaftsbilder empfänglich waren.[20] So schreibt etwa Armin Mohler, der neurechte

18 Vgl. Bourdieu, Pierre/ Passeron, Jean-Claude (1971): *Die Illusion der Chancengleichheit.* Stuttgart: Klett.

19 Sternhell, Zeev (2023): Von der Aufklärung zum Faschismus und Nazismus. Reflektionen über das Schicksal von Ideen in der Geschichte des zwanzigsten Jahrhunderts. In: Botsch, Gideon/ Burschel, Friedrich/ Kopke, Christoph et al. (Hgg.): *Rechte Ränder. Faschismus, Gesellschaft und Staat.* Berlin: Verbrecher Verlag, S. 25–69, S. 30; vgl. dazu auch Sternhell, Zeev (1997): *La droite révolutionnaire: 1885–1914. Les origines françaises du fascisme.* Paris: Gallimard.

20 Vgl. Pfahl-Traughber, Armin (2023): Gibt es eine aus Links- und Rechtsextremisten bestehende

Nestor und Erfinder der »Konservativen Revolution«,[21] über den Unterschied ›linker‹ und ›liberaler‹ Renegaten:

> Aber Renegat ist nicht gleich Renegat: ich bin der Überzeugung, daß die Konservativen den von der Linken kommenden Renegaten das Tor weit öffnen, vor den liberalen Renegaten es jedoch versperren sollten. Warum? Der Linke hat sich die Finger verbrannt; er weiß, worum es geht. Der Liberale jedoch weiß nicht, daß er selber derjenige ist, der das Feuer gelegt hat (wüßte er es, so wäre er ja ein Linker geworden). Der Linke bringt Methoden und Härte mit, die wir brauchen können. Der Liberale schleppt Bazillen und seine Unbelehrbarkeit mit ein.[22]

Die politische Konversion wird durch derartige ideologische Überschneidungen und die Empfangsbereitschaft der Neuen Rechten begünstigt. Daneben gibt es aber auch eine Anschlussfähigkeit ›rechter‹ und ›linker‹ Deutungsmuster auf einer semantischen Tiefenebene, die in einem apokalyptischen Denkstil begründet liegt.

### *1.2 Apokalyptik als semantisches Bindeglied*

Die Apokalypse ist ursprünglich ein Motiv aus religiösen Texten wie etwa der *Offenbarung des Johannes*, in denen die Vernichtung einer alten Welt und der Beginn einer neuen Welt geschildert werden.[23] Apokalyptisch ist die mit beiden Welten verbundene dualistische Struktur, eine zeichenhafte Sprache und die Vorstellung des Erwachens und Erkennens, die seitdem Eingang in das kulturelle Deutungsrepertoire vieler Gesellschaften gefunden sowie einen Säkularisierungsprozess durchlaufen hat. Heute ist die Apokalypse vor allem ein Deutungsmuster für innerweltliche Krisen, mit dem diese in einen größeren Sinnzusammenhang eingeordnet werden:

---

»Querfront«? In: Bundeszentrale für politische Bildung: https://www.bpb.de/themen/linksextremismus/dossier-linksextremismus/522435/gibt-es-eine-aus-links-und-rechtsextremisten-bestehende-querfront. 31.07.2023.

21 Vgl. Weiß, Volker (2017): *Die autoritäre Revolte. Die Neue Rechte und der Untergang des Abendlandes.* Stuttgart: Klett-Cotta.

22 Mohler, Armin (1974): Die Kerenskis der Kulturrevolution. Zur Invasion APO-geschädigter Liberaler ins konservative Lager. In: *Criticón*, 21, S. 23–25, S. 25.

23 Vgl. Schipper, Bernd U. (2008): Apokalyptik und Apokalypse. Ein religionsgeschichtlicher Überblick. In: Nagel, Alexander-Kenneth/ Schipper, Bernd U./ Weymann, Ansgar (Hgg.): *Apokalypse. Zur Soziologie und Geschichte religiöser Krisenrhetorik.* Frankfurt a.M.: Campus, S. 73–98.

> Die Apokalypse fällt ein Urteil über die geschichtliche Welt, gerade auch über aktuelle politische und gesellschaftliche Verhältnisse, sie faßt jedoch dieses Urteil in ahistorische, mythische, naturhafte Bilder, um die unbedingte, allumfassende Bedeutung des Urteils zum Ausdruck zu bringen.[24]

Der hier zitierte Klaus Vondung versteht die Apokalypse als eine »Symbolik der Erfahrungsauslegung«, die durch eine »Existenzspannung zwischen Defizienz und Fülle«[25] charakterisiert ist. Laut Vondung hat die klassische apokalyptische Erzählung eine eschatologische Struktur, da sie die Gegenwart in den Registern des Mangels und die nahende Zukunft mit Bildern des Überflusses zeichnet. Der Literaturwissenschaftler Jürgen Brokoff spricht von einer strukturbildenden Unterscheidung von Immanenz und Transzendenz.[26] Das Apokalyptische äußert sich sowohl in den dabei verwendeten Bildern als auch in einem bestimmten Stil sowie einer spezifischen Rhetorik.[27]

Die Charakterisierung der Apokalypse als Stil ähnelt der Analyse der politischen Denkstile durch Karl Mannheim, auf den sich Vondung auch explizit bezieht. Auf eine Wahlverwandtschaft von apokalyptischen Deutungsmustern und politischen Ideologien weist implizit auch Ansgar Weymann hin, wenn er die Apokalypse als »traditions- und folgenreiche Auslegung von Kontingenz und Krise«[28] bestimmt, die auf den geöffneten Erwartungshorizont der Neuzeit übertragen werden kann. Die politischen Ideologien lassen sich ebenfalls als Deutungsmuster verstehen, die auf jeweils eigene Weise auf die moderne Kontingenzerfahrung reagieren.[29] Im Gegensatz zu den politischen Ideologien ist das apokalyptische Denken jedoch nicht an konkrete Trägergruppen gebunden, sondern kann im Rahmen ganz unterschiedlicher Ideologien mobilisiert werden. Brokoff bezeichnet apokalyptische Texte daher als »*diskursives Regime*«,[30] das die Funktion habe, gegnerische Sprechorte zu delegitimieren.

Der eschatologische Charakter der religiösen Apokalypse macht sie besonders anschlussfähig für die politischen Utopien der Neuzeit. Dies hat Jacques Derrida zu der Einschätzung veranlasst, dass nichts »weniger konservativ [sei] als die apokalyptische Gattung«.[31] In der durch permanente Krisenerfahrungen geprägten Neuzeit sind neben

---

24 Vondung, Klaus (1988): *Die Apokalypse in Deutschland.* München: Deutscher Taschenbuch Verlag, S. 267.

25 Vondung: *Die Apokalypse in Deutschland*, S. 65.

26 Brokoff, Jürgen (2001): *Die Apokalypse in der Weimarer Republik.* München: W. Fink, S. 10.

27 Vgl. Vondung: *Die Apokalypse in Deutschland*, S. 265.

28 Weymann, Ansgar (2008): Gesellschaft und Apokalypse. In: Nagel/ Schipper/ Weymann (Hgg.): *Apokalypse*, S. 13–48, S. 14.

29 Vgl. dazu Makropoulos, Michael (1997): *Modernität und Kontingenz.* München: Fink.

30 Brokoff: *Die Apokalypse in der Weimarer Republik*, S. 28.

31 Derrida, Jacques (1985): *Apokalypse. Von einem neuerdings erhobenen apokalyptischen Ton in der Philosophie.* Wien: Passagen, S. 75.

die eschatologischen Apokalypsen jedoch auch Formen sogenannter »inverser«[32] oder »kupierter«[33] Apokalypsen getreten, in denen das Verhältnis von Defizienz und Fülle umgekehrt oder die Zukunftsperspektive um die Heilserwartung beschnitten wird.

Eine besondere Spielart dieser dezidiert anti-utopischen Apokalypsen ist die katechontische Form, die vor allem in konservativen Schriften rezipiert wird.[34] Der griechische Begriff »Katechon« ist aus dem zweiten Brief des Paulus an die Thessalonicher im Neuen Testament entnommen und beschreibt eine Entität, die die Ankunft des Antichristen aufhält oder verzögert. Dieses Motiv kann in der Moderne auch politisch ausgedeutet werden, indem es auf eine epistemische Avantgarde oder eine soziale oder politische Bewegung übertragen wird, die einen vermeintlichen Weltuntergang erkennt und zu verhindern trachtet. Mit der »katechontischen Geschichtstheologie« liegt laut Alexander-Kenneth Nagel »ein konservativer Diskursstrang vor, der sich zur klassischen Apokalypse komplementär bzw. parasitär verhält«.[35]

Im Kontext politischer Konversionen von ›links‹ nach ›rechts‹ ermöglicht ein apokalyptischer Denkstil die konservative Umcodierung von progressiven Gesellschafts- und Zukunftsentwürfen. Die dualistische Struktur der Weltdeutungen muss nicht aufgegeben oder ausdifferenziert, sondern lediglich invertiert werden. An die Stelle der Überwindung der bürgerlichen Gesellschaft in einer eschatologischen Utopie rückt der katechontische Auftrag, die Globalisierung des Liberalismus zu bekämpfen. Grundlegende apokalyptische Motive und Semantiken können dabei ebenso beibehalten werden wie eine avantgardistische Selbstpositionierung als Lebensstil- und Deutungselite.

Mein daran anschließendes Argument lautet, dass viele politische Konversionen auf der inhaltlichen Ebene zwar als Bruch erscheinen, in der Tiefenebene der politischen Semantik jedoch durch eine Kontinuität gekennzeichnet sind, die als apokalyptischer Stil rekonstruiert werden kann. Dieser Gedanke lässt sich durch zwei im Folgenden näher ausgeführte Beobachtungen erhärten: So weisen die biografischen Konversionsnarrative zahlreicher politischer Renegaten eine klassische apokalyptische Struktur auf, die einer progressiven Entwicklungslogik folgt. Ihre politischen Einstellungen begründen die hier untersuchten Renegaten dagegen häufig mit Zeitdiagnosen, in denen der Zustand der Gegenwartsgesellschaft als andauernder Verfallsprozess be-

32 Gerhards, Claudia (1999): *Apokalypse und Moderne. Alfred Kubins »Die andere Seite« und Ernst Jüngers Frühwerk.* Würzburg: Königshausen & Neumann, S. 37.

33 Vondung: *Die Apokalypse in Deutschland*, S. 106.

34 Zum Verhältnis von Konservatismus und Apokalyptik vgl. Schilk, Felix (2021): »Heroismus als Weg zur Transzendenz«. Metadiskursive Religionsbezüge und apokalyptische Diskurspraxis der Neuen Rechten. In: *Zeitschrift für Religion, Gesellschaft und Politik*, 5/2, S. 445–469.

35 Nagel, Alexander-Kenneth (2008): Europa wider den Antichrist. Politische Apokalyptik zwischen Innovation und Institutionalisierung. In: *Zeitschrift für Religionswissenschaft*, 16/2, S. 133–156, S. 156.

schrieben wird. Der apokalyptische Denkstil, so mein Argument, vermittelt den biografischen und den zeitdiagnostischen Erzählstrang.

## 2. Die biografische Konversion

Sowohl die Konversion als auch die Apokalypse handelt von Übergängen und Kipppunkten, die in einem neuen Selbst- oder Weltentwurf münden. Weil die temporale Struktur von ›vorher‹ und ›nachher‹ eine argumentative Verknüpfung erfordert, sind die Konversion und die Apokalypse idealtypische Narrative, also »eine symbolische Konstruktionsform mit einer zeitlichen, durch Anfang und Ende begrenzten Abfolge mit Handlungscharakter«.[36] Die Apokalypse beschreibt gewissermaßen einen auf die gesellschaftliche Makroebene skalierten Konversionsprozess, die Konversionserzählung eine erfolgreich überstandene biografische Apokalypse im retrospektiven Blick. Es ist daher kein Zufall, dass Konversionserzählungen häufig auf die semantischen Register der im kulturellen Wissensrepertoire verbreiteten Apokalypse zurückgreifen und die Konversion als Prozess der »Offenbarung« oder des »Erwachens« schildern.[37] Wie Astrid Séville bemerkt, verdichtet sich das Renegatentum dabei »zu einem spezifischen Narrativ, zu einer Schablone politischer Selbsterzählungen«.[38]

In kritischen Auseinandersetzungen mit Renegatenbiografien wird neben der ideologischen Kohärenz von dichotomen Denksystemen, die der Konversion zugrunde liegen, auch auf individuelle und strukturelle Kontextfaktoren hingewiesen. In einem luziden Essay führen Georg Seeßlen und Markus Metz unter anderem den Wunsch nach der »Wiedergewinnung des Heroischen in der Politik«, die »Fetischisierung der Macht«, »Umwege, spiritueller, religiöser oder ästhetischer Art« sowie die »politische Ökonomie der Aufmerksamkeit« als Gründe für die »Wanderung von Intellektuellen aus dem linken ins rechte Lager« an.[39] Das Programm der Konvertiten bestehe häufig aus »einer extremen Form der Komplexitätsreduzierung. Abstraktion und Symbolik

36 Müller-Funk, Wolfgang (2006): *Kulturtheorie. Einführung in Schlüsseltexte der Kulturwissenschaften.* Tübingen/ Basel: A. Francke Verlag, S. 290.

37 Die apokalyptische Struktur der Konversionserzählung lässt sich ebenfalls gut an die antagonistische Struktur populistischer Gesellschaftsbilder andocken. Vgl. dazu Priester, Karin (2019): Umrisse des populistischen Narrativs als Identitätspolitik. In: Müller, Michael/ Precht, Jørn (Hgg.): *Narrative des Populismus. Erzählmuster und -strukturen populistischer Politik.* Wiesbaden: Springer VS, S. 11–25.

38 Séville, Astrid (2023): Renegatentum als politische Pose im Rechtspopulismus. In: *Mittelweg*, 36/ 1, S. 79–99, S. 79.

39 Metz, Markus/ Seeßlen, Georg (2018): Renegaten, Dissidenten, Konvertiten, Überläufer, Verräter oder Überzeugungstäter. Die Wanderung von Intellektuellen aus dem linken ins rechte Lager. In: Metz, Markus/ Seeßlen, Georg (Hgg.): *Der Rechtsruck. Skizzen zu einer Theorie des politischen Kulturwandels.* Berlin: Bertz + Fischer, S. 37–51.

machen eine ›politische Sprache‹ möglich, in der Motive und Probleme nicht mehr Gegenstand von Erkenntnis und Debatte sind, sondern semantische Geiseln im hegemonialen Kampf um ›Besetzungen‹.«[40] Letzteres trifft auch für die »Diskursmacht«[41] der Apokalypse zu, die durch eine binäre Semantik sowohl klare Freund- und Feindpositionierungen als auch trennscharfe temporale Schnitte ermöglicht.

Laut Tamir Bar-On spiegelt die Konversionserzählung häufig religiöse Motive auf synkretistische Weise.[42] Die politische Konversion rekurriert also auf Formen religiöser Erfahrungen, die in apokalyptischer Form kommuniziert werden. Bereits Richard Hofstadter hat in seinem epochalen Essay über den US-amerikanischen Antikommunismus, den er als *Paranoid Style* bezeichnet, auf die eschatologische Struktur der Renegatenrhetorik hingewiesen, die den eigenen Weg als »Erlösung« in einem manichäischen Kampf deutet:

> I think there is a deeper eschatological significance attached to the person of the renegade: in the spiritual wrestling match between good and evil which is the paranoid's archetypal model of the world struggle, the renegade is living proof that all the conversions are not made by the wrong side. He brings with him the promise of redemption and victory. In contemporary right-wing movements a particularly important part has been played by ex-Communists who have moved rapidly, though not without anguish, from the paranoid left to the paranoid right, clinging all the while to the fundamentally Manichean psychology that underlies both.[43]

Eine analoge Struktur hat der französische Philosoph Serge Audier in einer umfangreichen Studie zum französischen *pensée anti-68* beobachtet, das laut Audier die Einschätzung zahlreicher abtrünniger Linker wie Emmanuel Todd, Éric Conan oder Jean-Claude Michéa über den Pariser Mai 1968 dominiert. Anders als Hofstadter beschreibt er dieses Phänomen jedoch nicht als psychologische Struktur, sondern als dichotom strukturierten Denkstil, der sich als Polemik, Nostalgie und Provokationslust äußert:

> Il y a là, curieusement, chez ces anciens gauchistes, le maintien d'un *style* souvent enflammé et polémique qui relève de la radicalité, du goût de la provocation, mais aussi

40 Metz/Seeßlen: Renegaten, Dissidenten, Konvertiten, Überläufer, Verräter oder Überzeugungstäter, S. 50–51.

41 Nagel, Alexander-Kenneth/ Schipper, Bernd U./ Weymann, Ansgar (2008): Apokalypse – Zur religiösen Konstruktion gesellschaftlicher Krise. In: Nagel/ Schipper/ Weymann (Hgg.): *Apokalypse*, S. 303–309, S. 308.

42 Vgl. Bar-On, Tamir (2009): Understanding Political Conversion and Mimetic Rivalry. In: *Totalitarian movements and political religions*, 10/3–4, S. 241–264, S. 244.

43 Hofstadter, Richard (1996): The Paranoid Style in American Politics. In: *The Paranoid Style in American Politics and Other Essays*. Cambridge: Harvard University Press, S. 3–40, S. 35.

de la nostalgie d'une grande politique qui dépasserait la médiocrité des compromis. À cet égard, leur jugement souvent ravageur sur le legs de mai 1968 témoigne de la difficulté à échapper au cadre mental d'une pensée binaire, et de leur goût persistant pour les postures radicales.[44]

[Seltsamerweise wird bei diesen ehemaligen Linken ein oft hitziger und polemischer *Stil* beibehalten, der von Radikalität, Lust an der Provokation, aber auch von der Sehnsucht nach einer großen Politik, die über mediokre Kompromisse hinausgeht, geprägt ist. In dieser Hinsicht zeugt ihr oft vernichtendes Urteil über das Vermächtnis des Mai 1968 von der Schwierigkeit, dem geistigen Rahmen eines binären Denkens zu entkommen, und von ihrer anhaltenden Vorliebe für radikale Haltungen.]

Auch am aktuellen Beispiel rechter Influencer:innen lässt sich eine vergleichbare Tiefenstruktur herausarbeiten. So konstatiert Rebecca Lewis in einer Studie, dass die Influencer:innen politische Fragen häufig in »terms of personal stories« schildern, die als »ideological testimonials«[45] fungieren. Verbreitete Tropen, mit denen die Transformation von ›links‹ nach ›rechts‹ erzählt werde, seien »specific moments of change« wie etwa das »political awakening«. Die Influencer:innen erkannten dabei plötzlich die »›fallacies‹ of ›the left‹« und sahen »a better path forward«.[46] Wie derartige Testimonials konkret aussehen, möchte ich nun am Beispiel von zwei deutschen Publizist:innen illustrieren.

Ein exemplarisches Beispiel für eine religiöse Konversionserfahrung ist die Philosophin Carolin Sommerfeld, die über Kants moralistische Ethik promoviert hat und mit dem linken Kulturwissenschaftler Helmut Lethen verheiratet ist.[47] Seit 2016 schreibt Sommerfeld für die neurechte Zeitschrift *Sezession* und hat Kontakte zur rechtsextremen »Identitären Bewegung«. In ihren Artikeln verbindet sie häufig abstrakte philosophische Gedankenspiele mit apokalyptischen Enthüllungsbehauptungen. So schreibt sie etwa im Essay *Das unsichtbare Böse* über die »Neue Weltordnung« und den Mythos vom »Großen Tier«:

In Platons *Staat* erzählt Sokrates den Mythos vom ›Großen Tier‹: Man stelle sich vor, jemand hielte sich eine große und gewaltige Bestie, und spürte ihrem Verhalten nach

44 Audier: *La pensée anti-68*, S. 349.

45 Lewis, Rebecca (2018): Alternative Influence: Broadcasting the Reactionary Right on YouTube. In: *Data&Society:* https://datasociety.net/wp-content/uploads/2018/09/DS_Alternative_Influence.pdf, S. 25.

46 Lewis: Alternative Influence, S. 26.

47 Vgl. dazu Geyer, Christian (2018): Lethen und Sommerfeld: Wären nicht die Germanen im Ehebett. In: *FAZ* vom 9.6.2018: https://www.faz.net/aktuell/feuilleton/debatten/new-york-times-homestory-ueberlethen-und-sommerfeld-15626492.html. 09.06.2018.

und nach ab, wie sie zu behandeln sei. Dies zu tun hieße denken und handeln in Übereinstimmung mit den Vorurteilen und Reflexen der Masse, zum Nachteil jedes persönlichen Forschens nach der Wahrheit und dem Guten. Wie kann nun unsereiner überhaupt auf die Idee kommen, daß die Neue Weltordnung, definiert als freie weltweite Bewegung von Waren, Kapital, Dienstleistungen und Menschen eine Verkörperung des Großen Tieres wäre?[48]

Zwar charakterisiert Sommerfeld das apokalyptische Narrativ des »Großen Tiers« zunächst als Mythos. Wenige Absätze später macht sie sich dessen Aussagestruktur jedoch zu eigen:

Diesen Zusammenhang nicht nur *nicht zu bemerken*, sondern sich in seinen Dienst zu stellen, ist genau das, was das große Tier einfordert. Der französische Philosoph Renaud Camus bildete das Kunstwort ›le fauxel‹, das er von ›faux‹ = ›falsch‹ abgeleitet hat, und analog zu ›réel‹ = ›richtig, real‹, gebildet hat: falsche Realität, eingebildete Wirklichkeit, das Manipulative. *Le fauxel* wirkt auf das moralische Urteilsvermögen der Leute. Es dressiert sie dazu, kollektiv dem großen Tier gehorsam zu sein, statt dessen Vitalfunktionen zu erkennen. Das Grauen vor der Bestie ist beseitigt bei denjenigen, die das Tier pflegen. Sie glauben aufrichtig, die Neue Weltordnung bringe doch den ewigen Frieden ohne Grenzen für alle Menschen. Ihnen erscheint nichts als ›böse‹, außer denjenigen, die sich gegen das Tier wehren: Diese werden dann im ›Kampf gegen Rechts‹ und gegen ›Populismus‹ als ›Nazis‹ oder ›Verschwörungstheoretiker‹ mit dem Bösen gleichgesetzt.[49]

Sommerfeld schreibt nicht nur für die *Sezession*, sondern betreibt seit 2015 auch ein Weblog unter dem Titel *fauxelle. Blicke unter den Verblendungszusammenhang*.[50] Aus diesem Kontext wird ersichtlich, dass Sommerfeld hier ihre eigene Konversionserfahrung beschreibt. Sie selbst grenzt sich von »denjenigen« ab, »die das Tier pflegen«, und nimmt für sich in Anspruch, die »falsche Realität« durchdrungen zu haben. Damit positioniert sie sich als elitärer Solitär gegen die durch Vorurteile und Reflexe bestimmte Masse. In einem anderen Blogbeitrag auf *Sezession im Netz* beansprucht sie eine Rolle als epistemische Avantgarde, indem sie sich ganz unironisch als Teil einer »Wahrnehmungselite«[51] beschreibt. Das identische Deutungsmuster findet sich auch

48 Sommerfeld, Caroline (2019): Das unsichtbare Böse. In: *Sezession*, 92, S. 33–39, S. 38.

49 Sommerfeld: Das unsichtbare Böse, S. 38.

50 Auf dem Blog finden sich zahlreiche Artikel, in denen Sommerfelds politische Konversion nach ›rechts‹ dokumentiert ist. Der letzte Beitrag datiert auf Dezember 2018: https://fauxelle.wordpress.com/.

51 Sommerfeld, Carolin (2021): »Verschwörungstheoretiker« und wir. In: *Sezession im Netz:* https://sezession.de/64361/verschwoerungstheoretiker-und-wir. 19.06.2021.

in einem Beitrag über die Demonstrationen gegen die Coronapolitik, die von Sommerfeld als ein religiöses Erweckungserlebnis gedeutet werden. Laut Sommerfeld fanden sich auf den Demonstrationen »lauter Solitäre, Käuze, ›dionysische Individuen‹ (Rolf Peter Sieferle)«,[52] die die »Herrschaft unter dem Zeichen des globalistischen Virus«[53] erkannt hätten:

> Die sogenannten Coronademos hatten von Anfang an eine spirituelle Dimension. Das hängt damit zusammen, daß das ›Erwachen‹ nicht bloß ein politisches oder soziales Erkennen von kritikwürdigen Maßnahmen und Machtverhältnissen war, sondern in der ›Wahrheitsbewegung‹ (*a conto* derer diese Veranstaltungen im wesentlichen [sic!] gehen, auch wenn das viele Rechte schlecht verknusen können) die politmediale Herrschaft der Lügen stets zusammengedacht wird mit dem täuschenden Urheber der Lügen: Der täuschende Urheber der Lüge ist der ›altböse Feind‹ (Martin Luther). Nicht wenige Demo-Reden, Plakate, Songs und in den alternativen Medien kolportierte Hintergründe bezogen sich auf theologische Topoi: die Apokalypse, das große Tier, Licht und Finsternis, Michael und Satan.[54]

Das eigentümliche Schwanken zwischen Objekt- und Metasprache, das hier zu beobachten ist, gehört zu den typischen Merkmalen apokalyptischer Texte. Auf den ersten Blick scheint es, als würde Sommerfeld lediglich das Selbstverständnis der vermeintlichen »Wahrheitsbewegung« rekonstruieren. Im weiteren Verlauf des Textes zeigt sich jedoch, dass die distanzierte Sprache nicht auf inhaltliche Skepsis zurückzuführen ist, sondern auf eine habituelle Distinktion vom Massencharakter der Proteste. Zwar seien die Demonstrierenden bereits »aus der Schlinge der PsyOp geschlüpft«,[55] womit Sommerfeld die psychologische Abrichtung der Subjekte durch subtile Propagandatechniken meint, es gehe aber nicht einfach um einen politischen Seitenwechsel, sondern um eine kontinuierliche Bewährungsprobe: »Das Solitärsein ist eine wesentlich schwerere Aufgabe als das Kippen, als das politische Seitenwechseln, weil es eine dauerhafte, lebenslängliche Aufgabe ist.«[56]

Mit der semantisch ganz ähnlich gelagerten Metapher einer Abkehr vom Holzweg beschreibt der ebenfalls in der *Sezession* publizierende Manfred Kleine-Hartlage in der autobiografisch anmutenden Schrift *Warum ich kein Linker mehr bin* seine eigene Konversion, die es ihm erlaubte, das utopische Denken aufzugeben und den ›linken‹ Wunsch durch die ›rechte‹ Wirklichkeit zu ersetzen:

---

52 Sommerfeld, Carolin (2022): Solitäre, Kippfiguren, Masse. In: *Sezession*, 106, S. 14–17, S. 13.
53 Sommerfeld: Solitäre, Kippfiguren, Masse, S. 14.
54 Sommerfeld: Solitäre, Kippfiguren, Masse, S. 14–15.
55 Sommerfeld: Solitäre, Kippfiguren, Masse, S. 16.
56 Sommerfeld: Solitäre, Kippfiguren, Masse, S. 17.

> Ich bin als Teenager auf den Holzweg geraten, und es liegt in der Natur der Sache, daß gerade Teenager zum utopischen, das heißt linken Denken neigen, einfach deshalb, weil es ziemlich langwierig und anstrengend ist, auch nur bruchstückhaft zu erkennen, wie die Welt tatsächlich *ist*, aber ziemlich leicht, sich auszudenken, wie sie sein *soll*.[57]

Wie die von Lewis analysierten rechten Influencer:innen schildert Kleine-Hartlage seinen Lebensweg als Abkehr von vermeintlich linken Irrtümern. In seiner Erzählung setzt der Erwachungsprozess, ähnlich wie bei Sommerfeld, jedoch nicht plötzlich ein. Er ist vielmehr ein langwieriger Prozess, der große Anstrengungen sowie Ausdauer erforderte.

In den Beispielen zeigt sich, dass die eschatologische Struktur der klassischen Apokalypse auf rechte Selbsterzählungen übertragen werden kann, indem die Defizienz der Vergangenheit als »fallacy« und die Fülle der Zukunft als »better path forward« codiert wird. In den Gesellschaftsbeschreibungen der Renegaten findet sich die Codierung hingegen in inverser Form. Während das linke Weltbild mit den Attributen der Fülle und der Transzendenz gekennzeichnet wird, erscheint die Welt, wie sie nach der ›rechten‹ Konversion als »tatsächlich« *seiende* erkannt wird, als defizitär und immanent.

In beiden Fällen besteht das Grundmuster der apokalyptischen Konversion in der Gegenüberstellung von Utopie und Wirklichkeit. Diese Gegenüberstellung entspricht ebenfalls der klassisch konservativen Gegenüberstellung von linker beziehungsweise liberaler Ideologie und rechter Realpolitik.[58] Auch die soziale Positionierung des sich im Laufe einer anstrengenden Auseinandersetzung von einer wahlweise trägen oder korrupten Masse absetzenden Renegaten ist dezidiert konservativ, da sie mit einer elitären Selbstwahrnehmung einhergeht. Meine These ist, dass derartige Konversionserzählungen in der Öffentlichkeit auf besondere Resonanz stoßen, weil sie an eingeübte und kulturell tradierte apokalyptische Rezeptionsmuster anschließen. Aufgrund der Codierung der politischen Ideologien können jedoch nur Konversionen von ›links‹ nach ›rechts‹ in einer derartigen apokalyptischen Struktur erzählt werden. Die Geschichte des Erwachens aus jugendlich-utopischer Verblendung und die Ankunft in der harten Wirklichkeit der Erwachsenenwelt ist eine Trope, die aus konservativer Perspektive plausibel ist, von einem konservativen Umfeld goutiert wird und problemlos mit konservativen Menschen- und Gesellschaftsbildern verschränkt werden kann. Wie ich im Folgenden zeigen werde, sind die darin angelegte Skepsis gegenüber Utopien und das Ressentiment gegen die Masse Positionen, in denen eine programmatische Rechtsdrift angelegt ist.

---

57 Kleine-Hartlage, Manfred (2013): *Warum ich kein Linker mehr bin.* Schnellroda: Antaios, S. 11.

58 Vgl. Lenk, Kurt (1989): *Deutscher Konservatismus.* Frankfurt a.M.: Campus, S. 58–59.

## 3. Die gesellschaftliche Konversion

Neben individuellen Einstellungssyndromen, die sich zum Beispiel mit dem Konzept eines sozialisatorisch erworbenen Autoritarismus beschreiben lassen,[59] haben auch verfestigte Gesellschaftsbilder einen maßgeblichen Einfluss auf die Ausprägung politischer Identitäten. Mit Gesellschaftsbildern meine ich Narrative über den Zustand unserer Gegenwart, ihres historischen Werdens sowie in die Zukunft projizierte Entwicklungstendenzen. Derartige Gesellschaftsbilder sind nicht nur das Ergebnis bewusster Aneignungs- und Lernprozesse, sondern speisen sich zu einem Großteil aus einem latenten Wissensrepertoire, das kulturell tradiert wird.[60] So stellt die Apokalypse auch semantische Ressourcen zur Verfügung, um soziale Veränderungen zu beschreiben und sinnhaft zu deuten. In diesem Kapitel möchte ich eine spezifische Ausprägung apokalyptischer Deutungsmuster skizzieren, die sich in den Gesellschaftsbeschreibungen vieler Renegaten findet. Es handelt sich dabei um nostalgische Zeitdiagnosen, in denen ein gesellschaftlicher Epochenwandel behauptet wird und ein früherer Zustand vollständig zu verschwinden droht.

In der deutschsprachigen Soziologie werden Zeitdiagnosen von genuinen Gesellschaftstheorien abgegrenzt und als ein Genre bezeichnet, das eine spezifische Funktion in der Wissenschaftskommunikation erfüllt. Laut Fran Osrecki zeichnen sie sich durch binäre Kontrastierungen aus, die in der Behauptung von Epochenbrüchen kulminieren und dabei »empirisches Material, wenn überhaupt, lediglich zu Anschauungszwecken benutzten«.[61] In dem für Zeitdiagnosen typischen essayistischen Stil[62] verbindet sich »sozialwissenschaftliche Diagnose mit Prognose und reformorientierter Therapie«, was diesen Texten »ein höheres Maß an Spekulation« erlaubt«.[63] Osrecki führt zudem spezifische argumentative Merkmale von Zeitdiagnosen an: Sie lokalisieren epochale Zäsuren in der Gegenwart und beschreiben diese Transformation nicht als Umbrüche, sondern als »*Inversion oder Ersetzung alter Ordnungen*«.[64] Der Blick auf die Vergan-

59 Vgl. dazu Decker, Oliver/ Kiess, Johannes/ Heller, Ayline et al. (2022): *Autoritäre Dynamiken in unsicheren Zeiten: Neue Herausforderungen – alte Reaktionen?* Gießen: Psychosozial-Verlag sowie Amlinger, Carolin/ Nachtwey, Oliver (2022): *Gekränkte Freiheit. Aspekte des libertären Autoritarismus.* Berlin: Suhrkamp.

60 Vgl. Müller-Funk, Wolfgang (2002): *Die Kultur und ihre Narrative. Eine Einführung.* Wien: Springer.

61 Osrecki, Fran (2011): *Die Diagnosegesellschaft. Zeitdiagnostik zwischen Soziologie und medialer Popularität.* Bielefeld: transcript, S. 76.

62 Vgl. Reese-Schäfer, Walter (2019): Zeitdiagnose als wissenschaftliche Aufgabe. In: *Deutungen der Gegenwart. Zur Kritik wissenschaftlicher Zeitdiagnostik.* Berlin: J.B. Metzler, S. 15–32, S. 19.

63 Osrecki, Fran (2018): Die Geschichte der Gegenwartsdiagnostik in der deutschsprachigen Soziologie. In: Moebius, Stephan/ Ploder, Andrea (Hgg.): *Handbuch Geschichte der deutschsprachigen Soziologie.* Wiesbaden: Springer Fachmedien Wiesbaden, S. 453–475, S. 455.

64 Osrecki: Die Geschichte der Gegenwartsdiagnostik, S. 457–458.

genheit sei zudem durch einen »retrospektiven Realismus« gekennzeichnet, bei dem »die Vergangenheit auf einen Typus oder ein Set von Typen reduziert wird, die das perfekte Gegenstück zu gegenwärtigen Trends bilden«.[65]

Zeitdiagnosen sind eine legitime und häufig intellektuell anregende soziologische Wissensform. Weil sie soziale Komplexität auf binäre Modelle reduzieren und thesenhaft zuspitzen, sind sie jedoch auch in hohem Maße anfällig für populistische Lesarten. Aufgrund ihrer Funktion als »hybride soziologische Wissensform«[66], in der sich laut Osrecki ein akademischer und ein öffentlich-massenmedialer Duktus verbinden,[67] sind Zeitdiagnosen darüber hinaus im Umfeld von sozialen und politischen Bewegungen, im Feuilleton sowie in der politischen Publizistik von »Medienintellektuellen«[68] besonders anschlussfähig. Mein Argument ist nun, dass es kein Zufall ist, dass sich die meisten der im Folgenden zitierten politischen Renegaten in diesen Feldern bewegt haben. Die Neigung, Gesellschaftsanalyse primär in Form von zugespitzten Zeitdiagnosen zu betreiben beziehungsweise zu rezipieren, bietet eine argumentative Basis für biografische Renegatenerzählungen, da beide mit Figuren des Bruchs und der Inversion operieren.

Wie Ansgar Nünning hervorhebt, sind derartige Erzählweisen zudem »nicht bloß erzähltechnische oder strukturelle Merkmale von Texten, sondern hochgradig semantisierte narrative Modi, die aktiv an der Konstruktion von kollektiven Identitäten und Normen beteiligt sind«.[69] Wie die Apokalypse ist also auch die Zeitdiagnose eine auf die gesellschaftliche Ebene skalierte Komplementärerzählung zur eigenen biografischen Konversion. Diese These möchte ich im Folgenden an zwei Narrativen des gesellschaftlichen Niedergangs illustrieren, die in vielen Zeitdiagnosen zu finden sind und der Logik der inversen Apokalypse folgen.[70]

---

65 Osrecki: Die Geschichte der Gegenwartsdiagnostik, S. 458.

66 Volkmann, Ute (2015): Soziologische Zeitdiagnostik. Eine wissenssoziologische Ortsbestimmung. In: *Soziologie*, 44/2, S. 139–152, S. 142.

67 Vgl. Osrecki: Die Geschichte der Gegenwartsdiagnostik, S. 456.

68 Sapiro, Gisèle (2020): Transformationen des intellektuellen Feldes in Frankreich seit den 1970er-Jahren und der Bedeutungsgewinn von Rechtsintellektuellen. In: Gilcher-Holtey, Ingrid/ Oberloskamp, Eva (Hgg.): *Warten auf Godot?* München: De Gruyter Oldenbourg, S. 161–174, S. 165.

69 Nünning, Ansgar (2013): Wie Erzählungen Kulturen erzeugen. Prämissen, Konzepte und Perspektiven für eine kulturwissenschaftliche Narratologie. In: Strohmeier, Alexandra (Hg.): *Kultur – Wissen – Narration. Perspektiven transdisziplinärer Erzählforschung für die Kulturwissenschaften.* Bielefeld: transcript, S. 15–53, S. 29.

70 Die beiden Narrative habe ich in meiner Dissertation am Beispiel von neurechten Zeitschriften ausführlich rekonstruiert, vgl. Schilk, Felix (2023): *Die neurechte Erzählgemeinschaft. Eine Soziologie konservativer Krisennarrative* [unv. Diss.]. Technische Universität Dresden.

### *3.1 Das Entzweiungsnarrativ*

Viele Zeitdiagnosen nutzen ein Entzweiungsnarrativ, um zwei Gesellschaftszustände voneinander abzugrenzen. Das antimoderne Entzweiungsnarrativ, das hier betrachtet wird, zeichnet eine integrierte und konfliktarme Welt der Vergangenheit, die in der Gegenwart auseinanderzufallen droht. Es beschreibt diesen Prozess als Desintegration, der von bürokratischer und institutioneller Gewalt, Kolonisierung und Homogenisierung begleitet wird. Die Gegenwartsgesellschaft wird dabei als totalitär, technokratisch oder gouvernemental charakterisiert.

Es geht mir an dieser Stelle nicht darum, eine Aussage über den empirischen Gehalt dieser Diagnose zu treffen. Sie findet sich in deutlich elaborierterer und an konkreten Beobachtungen entwickelter Form auch in vielen Ansätzen linker, marxistischer und poststrukturalistischer Gesellschaftskritiken, etwa als »verwaltete Welt« (Adorno), als »eindimensionale Gesellschaft« (Marcuse), als »Welt der Trennungen« (Debord) oder als »Biopolitik« (Foucault). Entscheidend scheint mir aber, dass die Form des Entzweiungsnarrativs lediglich eine Darstellungsweise ist, an die sich politisch unterschiedlich andocken lässt. Der Übergang eines dezidiert ›linken‹ Entzweiungsnarrativs, das Macht und Herrschaft dafür kritisiert, dass sie eine Gesellschaftsordnung stützen, die systematisch Ungleichheit produziert, zu einem ›rechten‹ Entzweiungsnarrativ lässt sich unter anderem an der deutschen Rezeption des französischen Poststrukturalismus nachvollziehen, wie er im Umfeld der Zeitschrift *Tumult. Schriften zur Verkehrswissenschaft* praktiziert und durch die Übersetzer von Michel Foucault und Georges Bataille – Walter Seitter und Gerd Bergfleth – nahegelegt wurde.

Exemplarisch für diese Entwicklung ist der 1978 im Westberliner Merve-Verlag erschienene Sammelband *Das Schillern der Revolte*,[71] der sich laut Diedrich Diederichsen um ein »undogmatisch-linksradikales ›Andocken‹ an vernunftkritische Motive bei vor allem Foucault bemühte«.[72] In dem Band proklamierte Dietmar Kamper bereits zu »querdenken« und sah neue politische Konfliktlinien und Allianzen, »wo eine ›theorielose‹ Macht‹ eine ›machtlose‹ Theorie ihrer bürokratischen Rationalität der Steuerung unterwirft«.[73] Frank Böckelmann konstatierte eine neue, »postindustrielle organisierte Kapitalgesellschaft«, die »ständig neue Abgrenzungen, Frontstellungen, Ausgliederungen, Diskriminierungen, Hierarchien und Verbote« erzeugt. Für die Neue

71 Vgl. Böckelmann, Frank/ Kamper, Dietmar/ Künzel, Ellen et al. (Hgg.) (1978): *Das Schillern der Revolte.* Berlin/BRD: Merve.

72 Diederichsen, Diedrich (1995): Der Anarch, der Solitär und die Revolte. Rechte Poststrukturalismus–Rezeption in der BRD. In: Faber, Richard/ Funke, Hajo/ Schoenberner, Gerhard (Hgg.): *Rechtsextremismus. Ideologie und Gewalt.* Berlin: Edition Hentrich, S. 241–258, S. 243.

73 Kamper, Dietmar (1978): Eingebrochene Hochschulpolitik. Von der eindeutigen Programmatik zur polyvalenten Pragmatik. In: Böckelmann/ Kamper/ Künzel et al. (Hgg.): *Das Schillern der Revolte*, S. 94–103, S. 96.

Linke gelte es nun, »die Energetik dieser sich überlagernden und durchdringenden gegenläufigen Bewegungen von Deterritorialisierung und Reterritorialisierung zu erkennen«.[74] In beiden Texten zeigt sich der Übergang einer begrifflichen Analyse der kapitalistischen Gesellschaft hin zu einer libertären Herrschaftskritik, die sämtliche Formen gesellschaftlicher Planung und Steuerung denunziert. Dieses Entzweiungsnarrativ wird auch in der Einleitung am Beispiel des sozial disziplinierten Körpers entfaltet:

> Die Sichtweise, die hier deutlich wird, ist eine, die aus der Perspektive des in Beschlag genommenen Körpers zunächst dessen ›Anarchie‹ freilegt, damit aber von der Perspektive der Revolte aus (und das meint genau nicht Klassenkampf) die Praktiken – und das sind zum großen Teil die Diskurse selber – der Macht und der Beschlagnahme der Anarchie des Körpers angeht, mithin die potentielle und verschüttete Revolte, Fluchtbewegung, Entziehung aus der Territorialität und Deterritorialisierung in den Vordergrund stellt und sie eben – so begreift, wie sie ist: chaotisch.[75]

Ein Jahr später gründeten Kamper, Seitter und Böckelmann die Zeitschrift *Tumult. Schriften zur Verkehrswissenschaft*, in der der französische Poststrukturalismus mit einer kulturkritischen Schlagseite rezipiert wurde, die Seitter einmal lakonisch als »rechten Gebrauch der Franzosen«[76] bezeichnete. Im Laufe der Jahre lässt sich in den Artikeln in *Tumult* eine immer stärkere Rechtsdrift beobachten, die sich auch in einer konservativen Lesart der Kritischen Theorie niederschlug, die auf eine Kritik an der Massenkultur verkürzt wurde.[77] Seitter instrumentalisierte das Denken Foucaults zudem für einen völkischen Kulturbegriff und deutete dessen Forderung nach einer »Ethnologie der eigenen Kultur« als Aufruf zu einem »closed reading des Niebelungenlieds«.[78] Dieser Ansatz ähnelt in mancherlei Hinsicht der neurechten Konzeptualisierung des »Ethnopluralismus« durch Henning Eichberg, der sich für seine Entfremdungskritik an der Industriegesellschaft ebenfalls auf Foucaults *Ordnung der Dinge* bezogen hatte.[79] 2013 gründete Böckelmann schließlich die Zeitschrift *Tumult. Vierteljahresschrift für Konsensstörung*, die heute der Neuen Rechten zugeordnet wird.[80]

---

74 Böckelmann, Frank (1978): Vorübungen für die Schrift »Lieferungen für eine Revolutionsmaschine«. In: Böckelmann/ Kamper/ Künzel et al. (Hgg.): *Das Schillern der Revolte*, S. 35–61, S. 50.

75 Makropoulos, Michael/ Müller, Robert (1978): Das Schillern der Revolte. In: Böckelmann/ Kamper/ Künzel et al. (Hgg.): *Das Schillern der Revolte*, S. 7–34, S. 29.

76 Seitter, Walter (1991): Vom rechten Gebrauch der Franzosen. In: *Tumult*, 15, S. 5–14.

77 Vgl. Diederichsen: Der Anarch, der Solitär und die Revolte, S. 250.

78 Diederichsen: Der Anarch, der Solitär und die Revolte, S. 253.

79 Vgl. Eichberg, Henning (1978): *Nationale Identität. Entfremdung und nationale Frage in der Industriegesellschaft.* München/ Wien: Langen-Müller, S. 34.

80 Wölk, Volkmar (2016): »Das Schillern der Revolte« im »Tumult«. In: *der rechte rand*, 162:

Ein anderes Beispiel für eine rechte Entzweiungskritik findet sich in der Bataille-Rezeption von Gerd Bergfleth, der schon früh »das liberale und linke Gejammer«[81] beklagte. Gestützt auf Bataille, Nietzsche und Heidegger blies Bergfleth in dem 1984 erschienenen Sammelband *Zur Kritik der palavernden Aufklärung* zum Generalangriff auf die philosophische Tradition der Aufklärung und forderte die »Vernichtung der Herrschaftsvernunft der Technokratie auf allen Ebenen«.[82] Im seinem Beitrag *Die zynische Aufklärung* setzte er das Judentum unumwunden mit Moderne, Weltbürgertum und Aufklärung gleich und beklagte, dass es »in der Regel keinen besonderen Sinn für das besitzt, was deutsche Eigenart ist«.[83] Die neue Aufklärung züchte einen

> Unmenschen, der sich im Übergang zur Menschheit befindet – einen Deutschen, der Europäer, Amerikaner, Jude oder was auch immer sein darf, nur nicht er selbst. Er ist dank der linken Reeducation, die seine Kriegsniederlage erst vollständig macht, zum Gastarbeiter im eigenen Land geworden [...], der das Gnadenbrot seiner Kultivierung von den linken Herrenzynikern der Aufklärungsmafia empfängt.[84]

Der Beitrag war ein frühes Plädoyer für einen linken Populismus, der – ähnlich wie heute Wolfgang Streeck oder Sahra Wagenknecht[85] – die »Weltbürgerlichkeit« der Linken angriff und durch einen »gesunden Patriotismus«[86] ersetzen wollte. Bergfleth reagierte damit auf das Scheitern der Studentenbewegung, die aus seiner Sicht seit 1968 nur noch »palavern« könne und an der »Herrschaft der Vernunft« zugrunde gegangen sei. Gegen die Theoriebezogenheit der Linken betonte Bergfleth in Anlehnung an Bataille die irrationalen Momente der »Bewegung der Leidenschaft« einer anarchischen Revolte und die mit ihr verbundene »phantastische und enthusiastische Selbstverschwendung der menschlichen Natur«.[87] In der Gleichheitsforderung der Französischen Revolution sah er die Wurzel eines modernen Totalitarismus: »Mit dem Insistieren auf Gleichheit tritt die Aufklärung in den Dienst der *Technokratie*, denn was diese Gleichheit von der technokratischen *Gleichschaltung* unterscheidet, läßt sich

---

https://www.der-rechte-rand.de/archive/1609/das-schillern-der-revolte-im-tumult/.

81 Bergfleth, Gerd (1984a): Zehn Thesen zur Vernunftkritik. In: ders. (Hg.): *Zur Kritik der palavernden Aufklärung.* München: Matthes & Seitz, S. 7–13, S. 7.

82 Bergfleth: Zehn Thesen zur Vernunftkritik, S. 13.

83 Bergfleth, Gerd (1984b): Die zynische Aufklärung. In: ders. (Hg.): *Zur Kritik der palavernden Aufklärung*, S. 180–197, S. 181.

84 Bergfleth: Die zynische Aufklärung, S. 182.

85 Vgl. Streeck, Wolfgang (2021): *Zwischen Globalismus und Demokratie. Politische Ökonomie im ausgehenden Neoliberalismus.* Berlin: Suhrkamp und Wagenknecht, Sahra (2021): *Die Selbstgerechten. Mein Gegenprogramm – für Gemeinsinn und Zusammenhalt.* Frankfurt a.M.: Campus.

86 Bergfleth: Die zynische Aufklärung, S. 182.

87 Bergfleth: Die zynische Aufklärung, S. 191.

nicht mehr sagen.«[88] Zehn Jahre später beteiligte sich Bergfleth dann mit dem Beitrag »Erde und Heimat. Über das Ende der Ära des Unheils« am neurechten Sammelband *Die selbstbewußte Nation*. Darin konstatierte er, dass die »Beheimatung des Menschen« durch den »Universalitätsanspruch der aufklärerischen Vernunft sowohl wie durch die Plattwalzungstendenzen der Französischen Revolution«[89] problematisch geworden sei und rief zu einem apokalyptischen Paradigmenwechsel auf: »Die dramatische Zuspitzung des Kampfes zwischen Mensch und Erde nötigt uns zu einem Paradigmenwechsel: zu einer Denkkehre, die von der Oberflächlichkeit der Aufklärung zum Ursprungswissen des Mythos führt.«[90]

Bergfleths Rundumschlag zeigt, dass die in der Vergangenheit lokalisierte Entzweiung eine narrative Voraussetzung für das zukünftige apokalyptisches Finale ist. In der zeitgenössischen Kritik an diesen Veröffentlichungen ist deshalb schon auf die Transmissionsfunktion apokalyptischer Narrative hingewiesen worden. Laut Karin Priester verbindet die Tradition eines gnostischen Mystizismus die deutsche Rezeption des Poststrukturalismus mit neurechten Diskursen. Sie konstatiert für die 1970er Jahre einen »Übergang einer ehemals libertär-anarchistischen Linken zu konservativ-elitärem Denken über die Brücke des frisch entdeckten, aus Frankreich importieren [sic!] Nihilismus«.[91] Diederichsen hat in seiner Auseinandersetzung mit »Foucaults falschen Freunden« die folgenden Motive aufgeführt, die ihm als verbindende Elemente in den Texten aufgefallen sind:

> Zusammenarbeit mit Marginalisierten verpflichtete Autoren und Theorien, Subversionsideen, Transgressionsphantasien, Betonung von Isoliertheit, Einsamkeit, Überzeitlichkeit, Romantik, Glaube an das reine, unschuldige Lachen, das Herz, dazu klandestine Sprache.[92]

Aus heutiger Sicht sticht hervor, dass fast alle diese Motive auch auf den Demonstrationen gegen die Coronapolitik zu finden waren. Sie bilden eine semantische Brücke, mit der libertäre Gesellschaftsvorstellungen, Kritik an biopolitischen Maßnahmen und verschwörungsideologische und rechtspopulistische Gesellschaftsbilder verkoppelt werden. Das dahinterliegende Entzweiungsnarrativ verbindet ›linke‹ und ›rechte‹ Positionen und ermöglicht es den Renegaten, herrschaftskritische Positionen konser-

---

88 Bergfleth: Die zynische Aufklärung, S. 185.

89 Bergfleth, Gerd (1994): Erde und Heimat. Über das Ende der Ära des Unheils. In: Schwilk, Heimo/ Schacht, Ulrich (Hgg.): *Die selbstbewußte Nation. »Anschwellender Bocksgesang« und weitere Beiträge zu einer deutschen Debatte*. Berlin: Ullstein, S. 101–123, S. 106.

90 Bergfleth: Erde und Heimat, S. 120.

91 Priester, Karin (1995): Philosophie der Apokalypse. Geistige Pfadfinder der Neuen Rechten. In: *Blätter für deutsche und internationale Politik*, 40/10, S. 1241–1251, S. 1243.

92 Diederichsen: Der Anarch, der Solitär und die Revolte, S. 254.

vativ umzucodieren. Der endgültige Bruch mit der alten politischen Identität wird schließlich von Dekadenznarrativen gerahmt, die im Gegensatz zu den strukturbezogenen Entzweiungsnarrativen ein konkretes »Desidentifikationsangebot«[93] bieten.

### *3.2 Das Dekadenznarrativ*

Mit dem Dekadenznarrativ wird der moralische Verfall einer sozialen Gruppe oder einer Gesellschaft durch Hedonismus und Konsum erzählt. In vielen Zeitdiagnosen, die einen Wandel der gesellschaftlichen Sozialisationsinstanzen und der hegemonialen Subjektivierungsweisen konstatieren, finden sich Aspekte des Dekadenznarrativs. Ich möchte im Folgenden illustrieren, wann die Kritik an Konsum und Massenkultur, die aus der Perspektive einer dezidiert ›linken‹ Gesellschaftskritik formuliert werden kann, in konservative Ressentiments umzuschlagen droht. In den Renegatenerzählungen sind vor allem drei Motive dominant, die sich mit zeitdiagnostischen Dekadenznarrativen überschneiden: der Topos einer »Neuen Klasse«, die Vorstellung der 68er als Agenten des Neoliberalismus sowie die Zeitdiagnose einer permissiven Kultur.

Der Topos der »Neuen Klasse« stammt ursprünglich vom jugoslawischen Dissidenten Milovan Đilas. In seinem 1957 in den USA erschienenem Buch *The New Class: An Analysis of the Communist System* kritisierte Đilas, dass der jugoslawische Sozialismus eine neue Klasse von kommunistischen Parteikadern hervorgebracht habe, die ihre politische Stellung zur Anhäufung von Luxusgütern und sozialen Privilegien missbrauche.[94] Die aus marxistischer Perspektive formulierte Kritik am Realsozialismus wurde im antikommunistischen Mainstream des Kalten Krieges intensiv rezipiert und bald zu einem dominierenden Motiv der Renegatenliteratur. Auch in der neurechten Zeitschrift *Criticón* wurde sich häufig positiv auf Đilas bezogen und eine konservative Grundierung seiner Diagnose behauptet:

> Djilas ist ein politischer Konvertit. Die politischen Ereignisse gaben den Anstoß dafür, daß er eines Tages seine Überzeugungen wechselte. […] Was Djilas den Konservativen annähert, ist seine Idee der konkreten Freiheiten. Er zweifelt an der absoluten künftigen Freiheit und der absoluten gegenwärtigen Freiheit und zieht es vor, den Terminus im Plural zu benutzen. Doch besitzt das Denken Djilas' darüber hinaus eine allgemein konservative Struktur. Die Kritik am Kommunismus und Marxismus bindet er an die radikale Ablehnung von Ideologie und Utopie. Ideologie ist für ihn eine Anhäufung toter

93 Engel, Sonja/ Schrage, Dominik (2022): *Das Spießerverdikt. Invektiven gegen die Mittelmäßigkeit der Mitte im 19. Jahrhundert.* Bielefeld: transcript, S. 13.

94 Vgl. Đilas, Milovan (1957): *The New Class: An Analysis of the Communist System.* San Diego: Harcourt Brace Jovanovich.

Dogmen und Abstraktionen, die mit ihrem Schematismus dem reichen, vielfältigen und unvorhersehbaren Leben im Wege stehen.[95]

Der Topos der »neuen Klasse« erfuhr aber auch in den soziologischen Zeitdiagnosen der postindustriellen Gesellschaft Aufmerksamkeit und wurde dort als Konzept zur Beschreibung der neu entstandenen Wissens- und Dienstleistungsberufe gebraucht, die mit den klassischen sozialstrukturellen Kategorien nicht zu fassen waren.[96]

Im US-amerikanischen Neokonservatismus, etwa bei Irving Kristol, erfuhr der Begriff wenig später eine polemische Umdeutung, die vor allem gegen Staatsbedienstete und linke Intellektuelle gerichtet war und den Ausbau des Sozialstaates als Ausdruck ihrer Klassenmacht deutete.[97] In diesem Sinne popularisierte 1975 auch Helmut Schelsky den Begriff.[98] In den 1990er Jahren griffen linkspopulistische Autoren wie Christopher Lasch den Topos erneut auf,[99] wodurch er Eingang in eine Lebensstilkritik gefunden hat, die bis heute Polemiken gegen die neue Mittelklasse und die Sozialfiguren der »Bobos«, »Kosmopoliten« und »Anywheres« durchzieht.[100] Der kursorische Überblick zeigt, wie das zeitdiagnostische Motiv der »Neuen Klasse« in verschiedenen Kontexten rezipiert und instrumentalisiert wurde. Im Kontext von politischen Konversionserzählungen ist es geeignet, um das politische Herkunftsmilieu moralisch zu delegitimieren und eine Kontinuität der eigenen herrschaftskritischen Überzeugungen zu behaupten. So spricht etwa Jürgen Elsässer vom »Gros der altgewordenen Achtundsechziger« in verächtlichem Ton als »Latte-Macchiato-Linken mit ihrer aufgeschäumten Ideologie«.[101]

Ganz ähnlich strukturierte Abrechnungen mit der politischen Linken finden sich im Feld des französischen Neorepublikanismus, etwa bei Marcel Gauchet, Blandine Barret-Kriegel, Régis Debray, Pierre-André Taguieff und Jean-Claude Michéa. Alle fünf stammen aus der politischen Linken, die sie mittlerweile zum Teil scharf kritisieren,

95 Schwartz, Mladen (1975): Autorenporträt Milovan Djilas. In: *Criticón*, 27, S. 4–7, S. 5-6 (im Original kursiv).

96 Vgl. Touraine, Alain (1969): *La Société post-industrielle. Naissance d'une société.* Paris: Denoël und Bell, Daniel (1973): *The Coming of Post Industrial Society. A Venture in Social Forecasting.* New York: Basic Books.

97 Vgl. Dubiel, Helmut (1985): *Was ist Neokonservatismus?* Frankfurt a.M.: Suhrkamp, S. 111.

98 Vgl. Schelsky, Helmut (1975): *Die Arbeit tun die anderen. Klassenkampf und Priesterherrschaft der Intellektuellen.* Opladen: Westdeutscher Verlag.

99 Vgl. Lasch, Christopher (1996): *The revolt of the elites and the betrayal of democracy.* New York: Norton.

100 Vgl. Brooks, David (2000): *Bobos in Paradise. The New Upper Class and How They Got There.* New York: Simon & Schuster und Goodhart, David (2017): *The Road to Somewhere. The Populist Revolt and the Future of Politics.* London: Hurst & Company.

101 Elsässer, Jürgen (2009): *Nationalstaat und Globalismus. Als Linker vor der Preußischen Gesellschaft.* Waltrop: Manuscriptum, S. 11.

und werden heute im Umfeld der französischen Neuen Rechten rezipiert.[102] Auch die von der ehemaligen linken Journalistin Élisabeth Lévy gegründete Zeitschrift *Causeur*, die heute als reaktionär bis rechtsextrem charakterisiert wird, lässt sich in dieses Diskursfeld einordnen.

Vor allem Richard Sennetts und Christopher Laschs zeitdiagnostische Analysen zum Wandel der dominanten Sozialcharaktere in der postindustriellen Konsumgesellschaft werden im Neorepublikanismus aufgegriffen.[103] Kritisiert wird dabei der Verlust von familiären und öffentlichen Autoritäten im Sozialisationsprozess, die Verdrängung einer protestantischen Arbeitsethik durch eine Aufwertung des hedonistischen Konsumverhaltens, die Massenkultur sowie ein Verfall der bürgerlichen Öffentlichkeit durch Kommodifizierungsprozesse und Individualisierungserscheinungen. In Frankreich wurde diese Kritik zudem durch Gilles Lipovetskys Aufsatzsammlung *L'Ère du vide* popularisiert, in der er den Drang nach individueller Selbstverwirklichung und narzisstischer Selbstdarstellung als Gefahren für den gesellschaftlichen Zusammenhang beschrieben hat.[104] In der BRD hatte Frank Böckelmann in seinem 1966 für die Subversive Aktion formulierten Diskussionspapier *Die schlechte Aufhebung der autoritären Persönlichkeit*[105] ebenfalls ähnliche Gedanken formuliert, wie er 2021 in einem Interview mit der rechtslibertären Zeitschrift *Krautzone* bekräftigte:

> Ich legte nun in meinem Aufsatz dar, wie die liberale Massendemokratie mittels Werbung, Popkultur und permissiver Erziehung das Lustprinzip in Beschlag nimmt, um ihre Schäfchen zu eifrigen Dauerkonsumenten und zufriedenen Befehlsempfängern zu machen. Damit raubte ich den Sozialisten einen ihrer stillschweigenden Glaubensgrundsätze.[106]

Dass die Übernahme von Dekadenznarrativen in gesellschaftskritische Zeitdiagnosen langfristig in die Gefilde der politischen Rechten führt, lässt sich auch am Beispiel der US-amerikanischen Zeitschrift *Telos* nachzeichnen. Telos war 1968 als Journal der

102 Laut Audier: *La pensée anti-68*, S. 348 stammt Barret-Kriegel aus der maoistischen, Debray aus der guevaristischen, Gauchet aus der antistalinistischen und Taguieff aus der situationistischen Linken.

103 Sennett, Richard (1977): *The Fall of Public Man.* New York: Knopf und Lasch, Christopher (1979): *The Culture of Narcissism. American Life in an Age of Diminishing Expectations.* New York: Norton. Michéa hat für die französischen Übersetzungen von Lasch mehrere Vorwörter geschrieben.

104 Vgl. Lipovetsky, Gilles (1983): *L'ère du vide.* Paris: Gallimard.

105 Vgl. Böckelmann, Frank (2017): *Die schlechte Aufhebung der autoritären Persönlichkeit.* Freiburg: ça-ira.

106 Böckelmann, Frank (2021): Deutsche Verfügungsmasse. Interview mit Frank Böckelmannn. In: *Krautzone*, 23, S. 16–25, S. 19.

Neuen Linken gegründet worden und verstand sich als Diskussionsforum für Kritische Theorie und westlichen Marxismus. In den 1980er Jahren veränderten sich die Gesellschaftsanalysen in den Beiträgen der Zeitschrift durch die Rezeption von Carl Schmitt und Christopher Lasch. Hintergrund dieser Entwicklung war einerseits die US-amerikanische Auseinandersetzung mit John Rawls 1971 erschienener *Theory of Justice* und die daran anschließende Kommunitarismusdebatte, andererseits Jürgen Habermas' Neujustierung der Kritischen Theorie in seiner 1981 veröffentlichten *Theorie des kommunikativen Handelns.*[107] Wie Paul Piccone und Gary Ulmen in einem Einführungsartikel zu Carl Schmitt in Telos schrieben, sei die Kritische Theorie zu dieser Zeit

> caught between a political paralysis resulting from the inability of the first generation of thinkers to transcend well known antinomies, and a regression to a naive conformist liberalism brought about by the pollution of communication theory.[108]

Von Carl Schmitt erhofften sich die Herausgeber der Zeitschrift Impulse für eine Kritik der US-amerikanischen Außenpolitik im Kontext des Kalten Krieges. Gegen den realexistierenden Sozialismus und eurokommunistische Ansätze führten sie erneut den Topos der »Neuen Klasse« und die konservative Kritik am Egalitarismus ins Feld:

> Paraphrasing political theology: the secularized priesthood of the official left sanctifies this state of affairs from its academic cloister, where it has retreated from active political struggle, by calling for more and better management by a Welfare State/Church run by their New Class brethren to enforce an increasingly elusive equality.[109]

Heute gilt Telos als maßgeblicher Transmitter der europäischen Neuen Rechten in den USA.[110] Der Topos der »Neuen Klasse« ist mittlerweile zeitgenössischen Begriffen wie dem der »Globalisten« gewichen; das Narrativ einer korrupten und auf den eigenen Vorteil bedachten Linken jedoch geblieben.[111]

Das Dekadenznarrativ ist ein roter Faden, der unterschiedliche Renegatenerzählungen zusammenwebt. Egal ob libertär, neorepublikanisch oder souveränistisch, die moralische Abgrenzung von der Sozialfigur der hedonistischen und korrumpierten

107 Vgl. Richter, Emanuel (2015): Der falsche Prophet: Carl Schmitt in den USA. In: Voigt, Rüdiger (Hg.): *Mythos Staat. Carl Schmitts Staatsverständnis.* Baden-Baden: Nomos, S. 207–259, S. 224ff.

108 Piccone, Paul/ Ulmen, Gary L. (1987): Introduction to Carl Schmitt. In: *Telos,* 72, S. 3–14, S. 3.

109 Piccone/Ulmen: Introduction to Carl Schmitt, S. 6.

110 Vgl. Lowndes, Joseph (2017): From New Class Critique to White Nationalism: Telos, the Alt Right, and the Origins of Trumpism. In: *Konturen,* 9/9, S. 8–12.

111 Zuletzt schrieb Hans-Georg Maaßen eine Aktualisierung dieses Narrativs, vgl. Maaßen, Hans-Georg/ Eisleben, Johannes (2020): *The Rise and Fall of Postnationalism.* http://www.telospress.com/the-rise-and-fall-of-postnationalism. 11.09.2020.

Linken wirkt in hohem Maße identitätsstiftend für politische Konversionsprojekte. Es sind in erster Linie derartige narrative Strukturen, die Identifikation und Desidentifikation ermöglichen und die Renegatenerzählung dadurch plausibilisieren. Zeitdiagnostisch zugespitzt fungieren das Entzweiungs- und das Dekadenznarrativ als konservative »Erklärungsansätze für die Malaise von heute«.[112] Dem neurechten Querfronttheoretiker Benedikt Kaiser zufolge ist genau das die Aufgabe von rechten Intellektuellen.

## 4. Fazit

In diesem Artikel habe ich untersucht, wie rechte Renegaten ihre politische Konversion begründen und narrativ rahmen. Dazu habe ich geteilte Motive sowie semantische Muster in zwei verschiedenen Formen der Renegatenerzählungen rekonstruiert. Einerseits habe ich gezeigt, dass die Erzählungen der eigenen biografischen Konversion einer apokalyptischen Struktur folgen, die eine medial anschlussfähige Umcodierung der politischen Einstellung von ›links‹ nach ›rechts‹ ermöglicht. Die biografische Konversion wird dabei als Befreiung von moralischen Zwängen und utopistischen Illusionen erzählt. Andererseits habe ich herausgearbeitet, dass sich die politische Identität der Renegaten in zeitdiagnostischen Gesellschaftserzählungen manifestiert, in denen die apokalyptische Struktur der biografischen Konversion invertiert und auf die gesellschaftliche Makroebene übertragen wird. In diesen Gesellschaftserzählungen wird ein grundlegender Wandel der Gesellschaft und ihrer Subjekte behauptet, gegen die sich die Renegaten als aufrichtig und integer inszenieren. Beide Erzählformen sind widersprüchlich, wenn sie gleichzeitig Geltung beanspruchen, knüpfen aber je für sich an kulturell tradierte apokalyptische Semantiken an, die den Weltanschauungen der politischen Renegaten zugrunde liegen.

Karl Mannheim hat in seiner Wissens- und Intellektuellensoziologie zahlreiche Faktoren benannt, die zur Untersuchung individueller Renegatenbiografien herangezogen werden können. Im Anschluss an Mannheim lassen sich ideologische Verschiebungen durch positiv und negativ erfahrene soziale Mobilität erklären, die auf die soziale Gruppe der Intellektuellen in besonderer Weise wirkt. Wie ich gezeigt habe, gibt es neben diesen strukturellen Faktoren aber auch »narrative Dispositive«[113] wie die Apokalyptik, die eine spezifische Deutung der biografischen und der gesellschaftlichen Geschichte nahelegen. Aufgrund ihres Offenbarungscharakters sind sie für intellek-

112 Kaiser, Benedikt (2022): Organische Intellektuelle und Selbstvermarkter. In: *Sezession*, 106, S. 10–13, S. 11.

113 Boltanski, Luc (2015): *Rätsel und Komplotte. Kriminalliteratur, Paranoia, moderne Gesellschaft.* Berlin: Suhrkamp, S. 230.

tuelle Renegaten attraktiv. Die narrativen Strukturen der Apokalyptik können deshalb als Heuristik genutzt werden, um Gesellschaftsbeschreibungen und Gegenwartsdiagnosen zu identifizieren, die für Konversionsnarrative geeignet sind. Das muss nicht heißen, dass diese Beschreibungen deshalb gleich verworfen werden müssen. Eine epistemische Wachsamkeit gegenüber Entzweiungs- und Dekadenzerzählungen kann aber die Überraschung vor zukünftigen Renegaten vorwegnehmen.

## *Literaturverzeichnis*


Amlinger, Carolin/ Nachtwey, Oliver (2022): *Gekränkte Freiheit. Aspekte des libertären Autoritarismus.* Berlin: Suhrkamp.

Audier, Serge (2009): *La pensée anti-68. Essai sur les origines d'une restauration intellectuelle.* Paris: La Découverte.

Bar-On, Tamir (2009): Understanding Political Conversion and Mimetic Rivalry. In: *Totalitarian movements and political religions,* 10/ 3–4, S. 241–264.

Bell, Daniel (1973): *The Coming of Post Industrial Society. A Venture in Social Forecasting.* New York: Basic Books.

Benda, Julien (1927): *La trahison des clercs.* Paris: Grasset

Bergfleth, Gerd (1984a): Zehn Thesen zur Vernunftkritik. In: ders. (Hg.): *Zur Kritik der palavernden Aufklärung.* München: Matthes & Seitz, S. 7–13.

Bergfleth, Gerd (1984b): Die zynische Aufklärung. In: ders. (Hg.): *Zur Kritik der palavernden Aufklärung.* München: Matthes & Seitz, S. 180–197.

Bergfleth, Gerd (1994): Erde und Heimat. Über das Ende der Ära des Unheils. In: Schwilk, Heimo/ Schacht, Ulrich (Hgg.): *Die selbstbewußte Nation. »Anschwellender Bocksgesang« und weitere Beiträge zu einer deutschen Debatte.* Berlin: Ullstein, S. 101–123.

Bobbio, Norberto (1996): *Left and Right. The Significance of a Political Distinction.* Chicago: University of Chicago Press.

Böckelmann, Frank (1978): Vorübungen für die Schrift »Lieferungen für eine Revolutionsmaschine«. In: Böckelmann/ Kamper/ Künzel et al. (Hgg.): *Das Schillern der Revolte,* S. 35–61

Böckelmann, Frank (2017): *Die schlechte Aufhebung der autoritären Persönlichkeit.* Freiburg: ça-ira.

Böckelmann, Frank (2021): Deutsche Verfügungsmasse. Interview mit Frank Böckelmannn. In: *Krautzone,* 23, S. 16–25.

Böckelmann, Frank/ Kamper, Dietmar/ Künzel, Ellen et al. (Hgg.) (1978): *Das Schillern der Revolte.* Berlin/BRD: Merve.

Boltanski, Luc (2015): *Rätsel und Komplotte. Kriminalliteratur, Paranoia, moderne Gesellschaft.* Berlin: Suhrkamp.

Bourdieu, Pierre/ Passeron, Jean-Claude (1971): *Die Illusion der Chancengleichheit.* Stuttgart: Klett.

Brokoff, Jürgen (2001): *Die Apokalypse in der Weimarer Republik.* München: W. Fink.

Brooks, David (2000): *Bobos in Paradise. The New Upper Class and How They Got There.* New York: Simon & Schuster.

Carini, Marco (2012): *Die Achse der Abtrünnigen: Über den Bruch mit der Linken.* Berlin: Rotbuch.

Decker, Oliver/ Kiess, Johannes/ Heller, Ayline et al. (2022): *Autoritäre Dynamiken in unsicheren Zeiten: Neue Herausforderungen – alte Reaktionen?* Gießen: Psychosozial-Verlag.

Derrida, Jacques (1985): *Apokalypse. Von einem neuerdings erhobenen apokalyptischen Ton in der Philosophie.* Wien: Passagen.

Diederichsen, Diedrich (1995): Der Anarch, der Solitär und die Revolte. Rechte Poststrukturalismus–Rezeption in der BRD. In: Faber, Richard/ Funke, Hajo/ Schoenberner, Gerhard (Hgg.): *Rechtsextremismus. Ideologie und Gewalt.* Berlin: Edition Hentrich, S. 241–258.

Dilas, Milovan (1957): *The New Class: An Analysis of the Communist System.* San Diego: Harcourt Brace Jovanovich.

Dubiel, Helmut (1985): *Was ist Neokonservatismus?* Frankfurt a.M.: Suhrkamp.

Eichberg, Henning (1978): *Nationale Identität. Entfremdung und nationale Frage in der Industriegesellschaft.* München und Wien: Langen-Müller.

Elsässer, Jürgen (2009): *Nationalstaat und Globalismus. Als Linker vor der Preußischen Gesellschaft.* Waltrop: Manuscriptum.

Elsässer, Jürgen (2022): *Ich bin Deutscher. Wie ein Linker zum Patrioten wurde.* Berlin: dtw.

Engel, Sonja/ Schrage, Dominik (2022): *Das Spießerverdikt. Invektiven gegen die Mittelmäßigkeit der Mitte im 19. Jahrhundert.* Bielefeld: transcript.

Gauchet, Marcel (2021): *La droite et la gauche. Histoire et destin.* Paris: Gallimard.

Gerhards, Claudia (1999): *Apokalypse und Moderne. Alfred Kubins »Die andere Seite« und Ernst Jüngers Frühwerk.* Würzburg: Königshausen & Neumann.

Geyer, Christian (2018): Lethen und Sommerfeld: Wären nicht die Germanen im Ehebett. In: *FAZ* vom 9.6.2018: https://www.faz.net/aktuell/feuilleton/debatten/new-york-times-home story-ueberlethen-und-sommerfeld-15626492.html. 09.06.2018.

Goodhart, David (2017): *The Road to Somewhere. The Populist Revolt and the Future of Politics.* London: Hurst & Company.

Greiffenhagen, Martin (1974): Neokonservatismus in der Bundesrepublik. In: Greiffenhagen, Martin (Hg.): *Der Neue Konservatismus der siebziger Jahre.* Reinbek bei Hamburg: Rowohlt, S. 7–22.

Hofstadter, Richard (1996): The Paranoid Style in American Politics. In: *The Paranoid Style in American Politics and Other Essays.* Cambridge: Harvard University Press, S. 3–40.

Kaiser, Benedikt (2022): Organische Intellektuelle und Selbstvermarkter. In: *Sezession*, 106, S. 10–13.

Kamper, Dietmar (1978): Eingebrochene Hochschulpolitik. Von der eindeutigen Programmatik zur polyvalenten Pragmatik. In: Böckelmann/ Kamper/ Künzel et al. (Hgg.): *Das Schillern der Revolte*, S. 94–103.

Kleine-Hartlage, Manfred (2013): *Warum ich kein Linker mehr bin.* Schnellroda: Antaios.

Lasch, Christopher (1979): *The Culture of Narcissism. American Life in an Age of Diminishing Expectations.* New York: Norton.

Lasch, Christopher (1996): *The revolt of the elites and the betrayal of democracy.* New York: Norton.

Lenk, Kurt (1989): *Deutscher Konservatismus.* Frankfurt a.M.: Campus.

Lewis, Rebecca (2018): Alternative Influence: Broadcasting the Reactionary Right on YouTube. In: *Data&Society:* https://datasociety.net/wp-content/uploads/2018/09/DS_Alternative_Influence.pdf.

Lindenberg, Daniel (2002): *Le rappel à l'ordre. Enquête sur les nouveaux réactionnaires.* Paris: Seuil.

Lipovetsky, Gilles (1983): *L'ère du vide.* Paris: Gallimard.

Lowndes, Joseph (2017): From New Class Critique to White Nationalism: Telos, the Alt Right, and the Origins of Trumpism. In: *Konturen,* 9/9, S. 8–12.

Luhmann, Niklas (1974): Der politische Code »konservativ« und »progressiv« in systemtheoretischer Sicht. In: *Zeitschrift für Politik,* 21/3, S. 253–271.

Maaßen, Hans-Georg/ Eisleben, Johannes (2020): *The Rise and Fall of Postnationalism.* http://www.telospress.com/the-rise-and-fall-of-postnationalism. 11.09.2020.

Makropoulos, Michael (1997): *Modernität und Kontingenz.* München: Fink.

Makropoulos, Michael/ Müller, Robert (1978): Das Schillern der Revolte. In: Böckelmann/ Kamper/ Künzel et al. (Hgg.): *Das Schillern der Revolte,* S. 7–34.

Mannheim, Karl (1984): *Konservatismus. Ein Beitrag zur Soziologie des Wissens.* Frankfurt a.M.: Suhrkamp.

Mannheim, Karl (1985): *Ideologie und Utopie.* Frankfurt a.M.: Klostermann.

Mannheim, Karl (2022): *Soziologie der Intellektuellen. Schriften zur Kultursoziologie.* Berlin: Suhrkamp.

Metz, Markus/ Seeßlen, Georg (2018): Renegaten, Dissidenten, Konvertiten, Überläufer, Verräter oder Überzeugungstäter. Die Wanderung von Intellektuellen aus dem linken ins rechte Lager. In: Metz, Markus/ Seeßlen, Georg (Hgg.): *Der Rechtsruck. Skizzen zu einer Theorie des politischen Kulturwandels.* Berlin: Bertz + Fischer, S. 37–51.

Mohler, Armin (1974): Die Kerenskis der Kulturrevolution. Zur Invasion APO-geschädigter Liberaler ins konservative Lager. In: *Criticón,* 21, S. 23–25.

Müller-Funk, Wolfgang (2002): *Die Kultur und ihre Narrative. Eine Einführung.* Wien: Springer.

Müller-Funk, Wolfgang (2006): Kulturtheorie. Einführung in Schlüsseltexte der Kulturwissenschaften. Tübingen/ Basel: A. Francke Verlag.

Nagel, Alexander-Kenneth (2008): Europa wider den Antichrist. Politische Apokalyptik zwischen Innovation und Institutionalisierung. In: *Zeitschrift für Religionswissenschaft,* 16/2, S. 133–156.

Nagel, Alexander-Kenneth/ Schipper, Bernd U./ Weymann, Ansgar (2008): Apokalypse – Zur religiösen Konstruktion gesellschaftlicher Krise. In: Nagel, Alexander-Kenneth/ Schipper, Bernd U./ Weymann, Ansgar (Hgg.): *Apokalypse. Zur Soziologie und Geschichte religiöser Krisenrhetorik.* Frankfurt a.M.: Campus, S. 303–309.

Nünning, Ansgar (2013): Wie Erzählungen Kulturen erzeugen. Prämissen, Konzepte und Perspektiven für eine kulturwissenschaftliche Narratologie. In: Strohmeier, Alexandra (Hg.): *Kultur – Wissen – Narration. Perspektiven transdisziplinärer Erzählforschung für die Kulturwissenschaften.* Bielefeld: transcript, S. 15–53.

Osrecki, Fran (2011): *Die Diagnosegesellschaft. Zeitdiagnostik zwischen Soziologie und medialer Popularität.* Bielefeld: transcript.

Osrecki, Fran (2018): Die Geschichte der Gegenwartsdiagnostik in der deutschsprachigen Soziologie. In: Moebius, Stephan/ Ploder, Andrea (Hgg.): *Handbuch Geschichte der deutschsprachigen Soziologie.* Wiesbaden: Springer Fachmedien Wiesbaden, S. 453–475.

Pfahl-Traughber, Armin (2023): Gibt es eine aus Links- und Rechtsextremisten bestehende »Querfront«? In: *Bundeszentrale für politische Bildung:* https://www.bpb.de/themen/linksextremismus/dossier-linksextremismus/522435/gibt-es-eine-aus-links-und-rechtsextremisten-bestehende-querfront. 31.07.2023.

Piccone, Paul/ Ulmen, Gary L. (1987): Introduction to Carl Schmitt. In: *Telos,* 72, S. 3–14.

Priester, Karin (1995): Philosophie der Apokalypse. Geistige Pfadfinder der Neuen Rechten. In: *Blätter für deutsche und internationale Politik,* 40,/10, S. 1241–1251.

Priester, Karin (2019): Umrisse des populistischen Narrativs als Identitätspolitik. In: Müller, Michael/ Precht, Jørn (Hgg.): *Narrative des Populismus. Erzählmuster und -strukturen populistischer Politik.* Wiesbaden: Springer VS, S. 11–25.

Reese-Schäfer, Walter (2019): Zeitdiagnose als wissenschaftliche Aufgabe. In: *Deutungen der Gegenwart. Zur Kritik wissenschaftlicher Zeitdiagnostik.* Berlin: J.B. Metzler, S. 15–32.

Richter, Emanuel (2015): Der falsche Prophet: Carl Schmitt in den USA. In: Voigt, Rüdiger (Hg.): *My-thos Staat. Carl Schmitts Staatsverständnis.* Baden-Baden: Nomos, S. 207–259.

Robin, Corey (2018): *Der reaktionäre Geist. Von den Anfängen bis Donald Trump.* Berlin: Ch. Links Verlag.

Sapiro, Gisèle (2020): Transformationen des intellektuellen Feldes in Frankreich seit den 1970er-Jahren und der Bedeutungsgewinn von Rechtsintellektuellen. In: Gilcher-Holtey, Ingrid/ Oberloskamp, Eva (Hgg.): *Warten auf Godot?* München: De Gruyter Oldenbourg, S. 161–174.

Schelsky, Helmut (1975): *Die Arbeit tun die anderen. Klassenkampf und Priesterherrschaft der Intellektuellen.* Opladen: Westdeutscher Verlag.

Schilk, Felix (2021): »Heroismus als Weg zur Transzendenz«. Metadiskursive Religionsbezüge und apokalyptische Diskurspraxis der Neuen Rechten. In: *Zeitschrift für Religion, Gesellschaft und Politik,* 5/2, S. 445–469.

Schilk, Felix (2023): Inszenierung und Narrativ. In: *der rechte rand,* 201, S. 14–15.

Schilk, Felix (2023): *Die neurechte Erzählgemeinschaft. Eine Soziologie konservativer Krisennarrative* [unv. Diss.]. Technische Universität Dresden.

Schipper, Bernd U. (2008): Apokalyptik und Apokalypse. Ein religionsgeschichtlicher Überblick. In: Nagel/ Schipper/ Weymann (Hgg.): *Apokalypse,* S. 73–98.

Schwartz, Mladen (1975): Autorenporträt Milovan Djilas. In: *Criticón,* 27, S. 4–7.

Seitter, Walter (1991): Vom rechten Gebrauch der Franzosen. In: *Tumult,* 15, S. 5–14.

Sennett, Richard (1977): *The Fall of Public Man.* New York: Knopf.

Séville, Astrid (2023): Renegatentum als politische Pose im Rechtspopulismus. In: *Mittelweg,* 36/1, S. 79–99.

Siri, Jasmin (2017): Zur Aktualität von Karl Mannheims Analyse des politischen Konservatismus. In: Endreß, Martin/ Lichtblau, Klaus/ Moebius, Stephan (Hgg.): *Zyklos 3: Jahrbuch für Theorie und Geschichte der Soziologie.* Wiesbaden: Springer, S. 91–111.

Sommerfeld, Carolin (2021): »Verschwörungstheoretiker« und wir. In: *Sezession im Netz:* https://sezession.de/64361/verschwoerungstheoretiker-und-wir. 19.06.2021.

Sommerfeld, Carolin (2022): Solitäre, Kippfiguren, Masse. In: *Sezession,* 106, S. 14–17.

Sommerfeld, Caroline (2019): Das unsichtbare Böse. In: *Sezession*, 92, S. 33–39.
Sternhell, Zeev (1997): *La droite révolutionnaire: 1885–1914. Les origines françaises du fascisme.* Paris: Gallimard.
Sternhell, Zeev (2023): Von der Aufklärung zum Faschismus und Nazismus. Reflektionen über das Schicksal von Ideen in der Geschichte des zwanzigsten Jahrhunderts. In: Botsch, Gideon/ Burschel, Friedrich/ Kopke, Christoph et al. (Hgg.): *Rechte Ränder. Faschismus, Gesellschaft und Staat.* Berlin: Verbrecher Verlag, S. 25–69.
Streeck, Wolfgang (2021): *Zwischen Globalismus und Demokratie. Politische Ökonomie im ausgehenden Neoliberalismus.* Berlin: Suhrkamp.
Touraine, Alain (1969): *La Société post-industrielle. Naissance d'une société.* Paris: Denoël.
Volkmann, Ute (2015): Soziologische Zeitdiagnostik. Eine wissenssoziologische Ortsbestimmung. In: *Soziologie*, 44/2, S. 139–152.
Vondung, Klaus (1988): *Die Apokalypse in Deutschland.* München: Deutscher Taschenbuch Verlag.
Wagenknecht, Sahra (2021): *Die Selbstgerechten. Mein Gegenprogramm – für Gemeinsinn und Zusammenhalt.* Frankfurt a.M.: Campus.
Weiß, Volker (2017): *Die autoritäre Revolte. Die Neue Rechte und der Untergang des Abendlandes.* Stuttgart: Klett-Cotta.
Weymann, Ansgar (2008): Gesellschaft und Apokalypse. In: Nagel/ Schipper/ Weymann (Hgg.): *Apokalypse*, S. 13–48.
Wölk, Volkmar (2016): »Das Schillern der Revolte« im »Tumult«. der rechte rand 162: https://www.der-rechte-rand.de/archive/1609/das-schillern-der-revolte-im-tumult/.

*Hans Kruschwitz*

# Agon und Desengagement

## Über liberale Mimikry und linkes Renegatentum

ABSTRACT: This article describes the liberal mimicry of the New Right and the attitude of disengagement that springs from it as an essential point of contact for leftist renegades. Using the example of a volume of stories by the writer Botho Strauß, who was originally considered more of a leftist, he shows how important set pieces of this attitude – from the rejection of the concept of progress to the pose of the aestheticist spectator – recur in his work. In addition, he outlines the extent to which Strauß' ›aesthetic mobilization‹ against the alleged ›left-wing mainstream‹ was inspired by the latter's reception of Foucault – and the extent to which Foucault can thus be understood as a ›bridge-builder‹ between right and left, even if he himself was not a right-winger and can hardly be claimed by the New Right.

KEYWORDS: new right, liberal mimicry, disengagement, aesthetic mobilization, renegacy

### 1. Liberale Mimikry

Obwohl der Liberalismus ihr erklärter »Hauptfeind« ist,[1] kokettiert die Neue Rechte gerne mit ihrer Liberalität. Die Operation, die sie dabei durchführt, ist die des mathematischen Vorzeichenwechsels. Wie die Linke unterzieht die Neue Rechte die Zentrismen, die die europäische Kolonialgeschichte, seine Rassismen und seine Genozide getrieben haben, mittlerweile einer scharfen Kritik,[2] allerdings tut sie es nur, um deren Geschichte bis zur Erklärung der universellen Menschenrechte fortzuschreiben[3] und damit den liberalen Egalitarismus der Gleichmacherei anzuklagen. Denn bewirke der liberale Egalitarismus, so fragen die Vertreter der Neuen Rechten unter Berufung auf Ernst Jünger[4], nicht das Gegenteil der Anerkennung kultureller Differenzen? Schaffe die ›Doktrin‹ von der Universalität der Menschenrechte nicht lediglich eine neue, willkürliche eurozentrische Norm?

Insbesondere Armin Mohler, den man mit Recht als Gründungsvater der Neuen Rechten bezeichnen darf,[5] hat das so gesehen und den westlichen Egalitarismus, den

1 Benoist, Alain de (2017): *Kulturrevolution von rechts.* Dresden: Jungeuropa Verlag, S. 44.

2 Vgl. Benoist: *Kulturrevolution von rechts*, S. 83–103.

3 Vgl. Böhm, Michael (2017): Einführung: Die Eroberung der Geister. In: Alain de Benoist: *Kulturrevolution von rechts.* Dresden: Jungeuropa Verlag, S. 7–20, S. 11.

4 Vgl. Mohler, Armin (2020): *Der faschistische Stil.* Schnellroda: Antaios, S. 39ff.

5 Vgl. Weiß, Volker (2017): *Die autoritäre Revolte. Die Neue Rechte und der Untergang des Abendlandes.* Stuttgart: Klett-Cotta, S. 39–40.

seine Epigonen als »Sozialdemokratismus« verschreien, dem alle Differenzen »für schlechthin unerträglich gelten«[6], programmatisch einen ›rechten Sinn‹ für das Mannigfaltige entgegengesetzt. Der Rechte oder Faschist, so erläutert Mohler, wolle die Dinge nämlich gerade *nicht* gleichmachen, »die Welt« *nicht* »in ein vorgefaßtes Schema pressen«, sondern einfach wahrnehmen, »was da ist«[7]. Er verzichte auf umfassende Welterklärungs- und Ordnungssysteme, um das »Einzelne« und »Besondere« in den Blick zu bekommen.[8] Die einzige starre Dichotomie, die er anerkenne, sei die von »Form und Formlosigkeit« als die zwischen dem Geformten und dem Chaotischen oder Gleichgemachten. »Einheit in der Vielfalt (und umgekehrt)«, so Mohler, sei dem Rechten »Selbstverständlichkeit.«[9]

Zentrale Grundwerte des Liberalismus wie Sinn für Toleranz, Freiheit (gegenüber generalisierenden Ansprüchen) und Selbstbestimmtheit, so endet die Operation des Vorzeichenwechsels, würden demnach gar nicht vom Liberalismus selbst, sondern von den Rechten vertreten. Martin Lichtmesz, einer der umtriebigsten von Mohler beeinflussten Publizisten, erklärt in seinem *Traktat über die Vielfalt* entsprechend selbstbewusst: »Die Idee der Vielfalt als Wert hat in Wirklichkeit ihre legitime Heimat auf der Rechten, während ihre Beschlagnahme durch den politischen Gegner ihre Orwell'sche Verkehrung ins Gegenteil zur Folge hat.«[10] Ähnliches kann man, wenn man möchte, auch bei Alain de Benoist, dem Vordenker der französischen Nouvelle Droite lesen.[11]

Der philosophische Fluchtpunkt dieses ›rechten Pluralitätsdenkens‹ ist Friedrich Nietzsche. Mohler hat ihn schon in seiner Dissertation *Die Konservative Revolution in Deutschland 1918–1932* (1950), mit der er den Mythos von einer deutschen Rechten gestiftet hat, deren Denker man nach 1945 allzu undifferenziert dem Nationalsozialismus zugeschlagen hätte, obwohl sie in vielem seine Antipoden gewesen wären, als *spiritus rector* seines Denkens markiert.[12] Die beiden wichtigsten Schlagworte, die er von ihm übernimmt, sind schnell benannt. Sie lauten »Nihilismus« und »Ewige Wiederkehr«, und ihr Ineinandergreifen sei im Folgenden kurz skizziert:

Mohler verbindet Nietzsches Einsicht in den Konstruktionscharakter metaphysischer Begriffe, seinen Ruf vom ›Tod‹ Gottes als jener Instanz, die diesen Begriffen allein ein Zentrum gegeben habe, kurz: Nietzsches Übergang zum Nihilismus,[13] richtig mit

6 Sieferle, Rolf Peter (2020): *Finis Germania*. 2. Aufl. Berlin: Landtverlag, S. 28.

7 Mohler: *Der faschistische Stil*, S. 28.

8 Mohler: *Der faschistische Stil*, S. 29.

9 Mohler: *Der faschistische Stil*, S. 48.

10 Lichtmesz, Martin (2017): *Die Verteidigung des Eigenen. Fünf Traktate*. 7. Aufl. Schnellroda: Antaios. S. 52.

11 Vgl. Benoist: *Kulturrevolution von rechts*, S. 30.

12 Vgl. Mohler, Armin (1989): *Die Konservative Revolution in Deutschland 1918–1932. Ein Handbuch.* Bd. 1. 3. Aufl. Darmstadt: WBG, S. 29.

13 Die verbreitete Auffassung, dass Nietzsche den Nihilismus ›zu überwinden‹ trachtete, weist

dessen Rückwendung von der linearen zur zyklischen Zeitvorstellung. Hatte das Christentum die antike Ansicht vom Kreislauf des Natürlichen durch die Lehre vom (heils)geschichtlichen Fortschritt verdrängt, der einen klaren Anfang und ein klares Ende hat, so wandte sich Nietzsche im Anschluss an den von ihm verkündeten ›Tod‹ Gottes tatsächlich wieder einem Kreislaufdenken zu: »Alles geht, alles kommt zurück; ewig rollt das Rad des Seins. Alles stirbt, alles blüht wieder auf, ewig läuft das Jahr des Seins. / Alles bricht, alles wird neu gefügt; ewig baut sich das gleiche Haus des Seins.«[14]

Bei der Neuen Rechten erhält sich diese Ablehnung der Fortschrittsidee einerseits in der ausdrücklichen »Bejahung der Welt, ›wie sie ist‹«[15], in der »tragischen Zustimmung« zu ihr und allem, »was in ihr geschieht«[16], sowie andererseits in der Ablehnung bestimmter Denkfiguren, die gleich noch näher erläutert werden sollen. An die Stelle der ›Linie‹ setzt die Neue Rechte den ›Kreis‹, an die Stelle des ›Begriffs‹ setzt sie das ›Bild‹, und an die Stelle des ›Systems‹ die ›Kunst‹.[17] Häufig liest man bei ihren Vertretern, dass der Rechte »eher eine ästhetische Sicht« auf die Welt habe, ähnlich »wie sie Künstlern eigen ist.«[18]

Die Angst der Neuen Rechten vor dem ›Systemischen‹ – das sie in der Theoriebildung gleichwohl anstrebt[19] – ist dabei mit der Vorstellung verbunden, dass Systematisierung immer Funktionalisierung und Entfremdung bedeutet. Der Mensch, der in einer ›systemischen Welt‹ lebt, ist für sie immer schon ein gleichgemachter, aufs bloße Funktionieren reduzierter Mensch. Wirklich hervortreten kann der Mensch in seiner Einzigartigkeit aus Sicht der Neuen Rechten nur in einer ›organischen‹, das heißt von geschichtlichen Auslese- und Differenzierungsprozessen ›natürlich‹ gegliederten Welt oder im Kampf. Denn hier, in der ›organischen Welt‹, wäre der Mensch eben ein von ganz spezifischen Traditionsbeständen geprägtes, vom liberalen Konstrukt des ›allgemeinen Menschen‹ scharf unterschiedenes Subjekt – und dort, im Kampf, würde er

---

Werner Stegmaier mit klaren Worten zurück: »Der Nihilismus […] ist nach Nietzsche ›ein normaler Zustand‹. Er ist nichts, das zu ›überwinden‹ wäre […]. Bei Nietzsche gibt es dafür keinen Beleg.« (Stegmaier, Werner (2016): *Orientierung im Nihilismus – Luhmann meets Nietzsche.* Berlin: de Gruyter, S. 33) »Auch dass der Nihilismus durch den Gedanken der ewigen Wiederkehr *überwunden* werden könne […], sagt Nietzsche nicht. Der Nihilismus wird durch das Gedankenexperiment im Gegenteil bekräftigt, extremer gedacht«. (Stegmaier: *Orientierung im Nihilismus,* S. 33)

14 Nietzsche, Friedrich (1994b): Also sprach Zarathustra. In: ders.: *Werke in drei Bänden.* Bd. 2. Hg. von Karl Schlechta. Frankfurt a.M.: Büchergilde Gutenberg, S. 275–561, S. 463.

15 Mohler, Armin (2018a): *Gegen die Liberalen.* 4. Aufl. Schnellroda: Antaios, S. 60.

16 Benoist: *Kulturrevolution von rechts,* S. 45.

17 Vgl. Mohler: *Die Konservative Revolution,* S. 18–20 und 82–86; sowie Amlinger, Carolin (2020): Rechts dekonstruieren. Die Neue Rechte und ihr widersprüchliches Verhältnis zur Postmoderne. In: *Leviathan,* 48.2, S. 318–337, S. 323.

18 Böhm: Einführung: Die Eroberung der Geister, S. 16.

19 Vgl. Benoist: *Kulturrevolution von rechts,* S. 39.

durch den Schock der existentiellen Erfahrung alles ›aufgesetzte Allgemeine‹ schnell abstreifen. Wo das »rein Agonale« hervortritt[20], verschwindet nach Mohler nämlich alle Ideologie. »Das geformte Gebilde, in das man sich, angesichts des Chaos, zurückzieht«, so schreibt er, sei die gerade »noch überschaubare kämpfende Einheit«,[21] die oft genug nur vom Charisma ihres Führers zusammengehalten werde.

Mit der Idee des Kampfs, der den Menschen aus allen falschen Allgemeinheiten befreit und zur ›Wahrheit‹ des ewigen Kreislaufs zurückführt, stößt man ins Zentrum des neurechten Denkens vor. Das »rein Agonale«[22] ist die Brandmauer der Neuen Rechten gegen die ›soziale Maschinerie‹[23], deren Entstehung sie überall dort wittert, wo sich »der Typus ›Herdentier‹«[24] ausbreitet, angeführt von den, wie Mohler sie verunglimpft, politischen »Mechanikernaturen«[25], die im beständigen Eifer, die Welt besser zu machen, alles immer nur gleichmachen. Carolin Amlinger hat diesen ins Technikfeindliche übergehenden Affekt der Neuen Rechten treffend beschrieben:

> Die vollständige Erfüllung moderner Prinzipien – Fortschrittsdenken, Rationalisierung und Naturbeherrschung – generiert auf der Ebene der politischen Ordnung, so die einhellige Ansicht der Neuen Rechten, eine neue Form postpolitischen Regierens, das die Bürger durch technokratische Kontrolle verwaltet.[26]

Es ist an dieser Stelle, dass das von Nietzsche abgeleitete ›rechte Pluralitätsdenken‹ seine Grundlage erhält: Hier ist das vermeintlich realistische, am ›Kreis‹ der ewigen Wiederkehr orientierte Denken, das – frei nach Mohler – die Einzigartigkeit jeder Kultur und ihres Versuchs würdigt, diesem »rätselhafte[n] Ineinander von Vernichtung und Geburt« etwas wie auch immer Geformtes entgegenzuhalten, das »dem Chaos standhält«[27]. Dort ist das angeblich utopische, an der ›Linie‹ des Fortschritts orientierte Denken, das den vermessenen Versuch unternimmt, das Tragische aus der Geschichte zu bannen, und nicht erkennt, dass der ›sogenannte Fortschritt‹ immer auf Homogenisierung, das heißt auf dem Abbau des Einzigartigen beruht. Der heroische ›Kampf gegen das Chaos‹ wird damit gegen das ›Automatenleben‹ in Stellung gebracht, das den Menschen – so schließt man an eine Denkfigur der Romantik an[28] –

20 Mohler: *Der faschistische Stil*, S. 59
21 Mohler: *Der faschistische Stil*, S. 60.
22 Mohler: *Der faschistische Stil*, S. 59.
23 Vgl. Benoist: *Kulturrevolution von rechts*, S. 57.
24 Benoist: *Kulturrevolution von rechts*, S. 137.
25 Mohler, Armin (2018b): *Notizen aus dem Interregnum*. 3. Aufl. Schnellroda: Antaios, S. 47.
26 Amlinger: Rechts dekonstruieren, S. 324.
27 Mohler: *Notizen aus dem Interregnum*, S. 10.
28 Vgl. Frank, Manfred (1989): Brauchen wir eine ›Neue Mythologie‹? In: ders.: *Kaltes Herz. Unendliche Fahrt. Neue Mythologie. Motiv-Untersuchungen zur Pathogenese der Moderne*. Frankfurt

angeblich zur Maschine herabwürdigt. Entsprechende Vorwürfe, die sich ganz explizit auch gegen den Ausbau des Fürsorge- und Wohlfahrtsstaats richten, finden sich unter anderem in den Schriften von Ernst[29] und Friedrich Georg Jünger[30]. Von ihnen führt eine gerade Linie zu Rolf Peter Sieferle, der in seiner Nachlassschrift *Finis Germania* (nicht: *Germaniae*) (2017) aus demselben Geist gegen Ulrich Beck polemisiert:

> Nietzsche hatte von der Herde gesprochen, deren Moral die moderne Welt kennzeichne – er hatte dabei die Schafherde vor Augen, die vielleicht sogar von einem (mehr oder weniger guten) Hirten geweidet wird. Heute scheint sich für die Beschreibung solcher moralischen Ordnung eher das Bild des Hühnervolks anzubieten. Sein erstes Merkmal ist die rasche Bereitschaft zur Furchtsamkeit, zur Panik vor allem, was auch nur im entferntesten nach einem Fuchs aussieht. Nur ein Deutscher konnte auf die Idee kommen, den Zustand der Herde, die bis ins Letzte sozial-, kranken-, hausrat-, unfall- und feuerversichert ist, mit dem Begriff einer »Risikogesellschaft« zu belegen.[31]

Wesentlich ästhetisch ist das neurechte Ideal vom ›heroischen Kampf‹, weil dieser Kampf sich in letzter Konsequenz von Nietzsches Denken, wonach »das Dasein und die Welt« »nur als *ästhetisches* Phänomen« auf »ewig *gerechtfertigt*« sind[32], gar nicht sachlich, sondern nur stilistisch fundieren lässt. Sieferle bringt das völlig klar auf den Punkt, wenn er schreibt: »Es gibt keine natürliche Grenze« des Nietzscheanischen Nihilismus. »Er macht nicht vor der Unterscheidung von Kultur und Kultur, von Epoche und Epoche, von Gruppe und Gruppe halt. [...] Die eigene Kultur [...] wird zu einer Möglichkeit unter unendlich vielen«[33]. Das Einzige, das einer Kultur im Widerstand gegen den ununterbrochenen Strom von Werden und Vergehen noch *besonderen* Wert verleiht, ist die Einzigartigkeit der *Form*, die sie ihrem Betrachter darbietet. Folgerichtig beantwortet Sieferle die Frage, was am Ende des Relativismus, »d.h. nach Abstreifung der letzten normativen Elemente« noch übrigbleibt[34], auch unter Reverenz

a.M.: Suhrkamp, S. 93–118, S. 99.

29 Vgl. Jünger, Ernst (1960a): Über die Linie. In: ders.: *Werke.* Bd. 5. Stuttgart: Klett, S. 245–289, S. 257; Jünger, Ernst (1960b): Der Waldgang. In: ders.: *Werke.* Bd. 5. Stuttgart: Klett, S. 291–387, S. 358ff.

30 Vgl. Jünger, Friedrich Georg (2010): *Die Perfektion der Technik.* 8. Aufl. Frankfurt a.M.: Klostermann, S. 163–164.

31 Sieferle, Rolf Peter (2020): *Finis Germania.* 2. Aufl. Berlin: Landtverlag, S. 65.

32 Nietzsche, Friedrich (1994a): Die Geburt der Tragödie oder Griechentum und Poesie. In: ders.: *Werke in drei Bänden.* Bd. 1. Hg. von Karl Schlechta. Frankfurt a.M.: Büchergilde Gutenberg, S. 7–134, S. 40.

33 Sieferle: *Finis Germania*, S. 42.

34 Sieferle: *Finis Germania*, S. 102.

an »Ernst Jünger als Erzieher«[35][36]: »Es bleibt allein ein wechselvolles Spiel der Musterbildung, und es bleibt die Möglichkeit, dieses mit interesselosem Wohlgefallen zu betrachten [...] als die letzte und radikalste Form des Erhabenen.«[37]

Entscheidend kann für die Neue Rechte im Nachraum Nietzsches damit nicht mehr sein, dass sich das Eigene im Kampf tatsächlich behauptet, sondern nur, dass es bis zuletzt unverwechselbar bleibt. Die Gegnerschaft des Eigenen zum Fremden braucht nicht auf Geringschätzung, gar auf einem essentialistischen Hierarchiedenken, aufgebaut zu werden. Das Gegenteil ist der Fall: Gerade das Bewusstsein vom Fehlen absoluter Maßstäbe macht die Niederlage des Eigenen im Kampf – wenigstens prinzipiell – genauso erträglich wie den Sieg. *Darum* kann Mohler in seinem Traktat über den »Faschistischen Stil« schreiben, dass der Faschist für den »Kampf an sich« brennt – dass es ihm im Kampf aber »wenig darauf ankommt, daß der Angesprochene [...] auf der anderen Seite« steht.[38] Mohlers Faschist soll frei von Essentialismus sein. Keine Idee soll ihn zum Kampf treiben, sondern das Bewusstsein, dass Distinktion im ewigen Wechsel von »Vernichtung und Geburt«[39] nur durch Widerstand gegen das Zurücksinken ins Ungeformte gewonnen werden kann. Welcher konkrete Inhalt sich mit dem auszufechtenden Kampf verbindet, ist für Mohler ausdrücklich nachrangig, »der Stil tritt vor die Gesinnung, die Form rangiert vor der Idee.«[40] Und weil das auf beiden Seiten einer Auseinandersetzung so ist, schreibt Mohler, könne zwischen miteinander Kämpfenden sogar »eine besondere« Art der »Brüderlichkeit« entstehen.[41] Oft, so behauptet er, stünden sich die Kontrahenten auf dem Schlachtfeld näher »als dem ›Bürger‹, dem ›Spießer‹ im eigenen Lager«,[42] und zwar um so mehr, wenn der Kampf bereits aussichtslos, das heißt strategisch sinnlos oder reine Gebärde geworden sei. Denn im Übergang zur bloßen Gebärde kommt der Faschismus für Mohler zu sich selbst:

> Faschistische Gewalt ist direkte, [...] sichtbare, demonstrative Gewalt, die immer zugleich auch symbolisch wirken soll: [...] das Aufpflanzen der eigenen Fahne auf dem feindlichen Hauptquartier oder etwa das Halten eines als sinnbildlich geltenden Gebäudes um jeden Preis, auch wenn es militärischen Fachleuten als sinnlos erscheint und

---

35 Diese Kapitelüberschrift spielt deutlich auf Nietzsches dritte Unzeitgemäße Betrachtung *Schopenhauer als Erzieher* (1874) an.
36 Sieferle: *Finis Germania*, S. 101.
37 Sieferle: *Finis Germania*, S. 102.
38 Mohler: *Der faschistische Stil*, S. 25.
39 Mohler: *Gegen die Liberalen*, S. 45.
40 Mohler: *Der faschistische Stil*, S. 26.
41 Mohler: *Der faschistische Stil*, S. 25.
42 Mohler: *Der faschistische Stil*, S. 25.

sinnlose Opfer kostet. Wobei der Sinn solcher Opfer eben gerade in ihrer offensichtlichen Sinnlosigkeit liegt.[43]

Was bei Mohlers Feier des Kampfes und seiner Konturierung des Faschismusbegriffs auffallen muss, ist zweierlei – nämlich erstens, wie richtig Walter Benjamins und Susan Sontags Hinweise auf die Ästhetisierung des Politischen im Faschismus waren. Man sieht, dass Benjamins Urteil, nach dem die »Selbstentfremdung des Menschen« im Faschismus einen »Grad erreicht«, der ihm noch »seine eigene Vernichtung« zum »ästhetischen Genuß ersten Ranges« macht[44], von Mohlers Kult um das sinnlose Opfer exakt bestätigt wird. Man sieht auch, dass Sontags Erinnerung an Joseph Goebbels, der den Politiker mit einem Künstler verglich, der Staat und Volk distinkte Formen verleiht,[45] in Sieferles Klage über die allgemeine Stillosigkeit der politischen Nachkriegskultur in Deutschland, die man als Konsequenz der Massendemokratie wohl oder übel zu ertragen habe,[46] ein entlarvendes Komplement besitzt.

Wichtiger im hiesigen Zusammenhang ist jedoch das Zweite, das auffallen muss, nämlich die merkwürdige Tatsache, dass die neurechte Feier des »rein Agonalen«, so vitalistisch sie daherkommt, im Grunde ein Plädoyer für Desengagement ist. Der Kampf wird nicht gelobt, weil er das Schicksal in Machsal verwandeln würde. Damit bliebe man hinter Nietzsches Nihilismus zurück. Die Hingabe an ihn ist vielmehr *Ergebung* ins Schicksal. Seine Grundlage ist, um noch einmal Mohlers Anschluss an Nietzsche zu zitieren, die »Bejahung der Welt, ›wie sie ist‹«[47]. Er basiert, wie Benoist formuliert, auf dem *amor fati*, der »tragischen Zustimmung« zu dieser Welt und allem, »was in ihr geschieht«.[48] Denn das Leben ist nun einmal Konflikt.[49]

Die vorgebliche Liberalität der Neuen Rechten, ihr Sinn für die »Vielfalt als Wert«[50], gibt sich damit – im Kern – als ungeheure Gleichgültigkeit zu erkennen, und zwar dem Eigenen genauso wie dem Fremden gegenüber. Mohlers Verzicht auf umfassende Welterklärungs- und Ordnungssysteme mag darauf zielen, das »Einzelne« und »Besondere« in den Blick zu bekommen[51] – aber dieser Blick ist durch und durch kaltblütig.

43 Mohler: *Der faschistische Stil*, S. 52.

44 Benjamin, Walter (1989): Das Kunstwerk im Zeitalter seiner technischen Reproduzierbarkeit. In: ders.: *Gesammelte Schriften*. Bd. VII/1. Hg. von Rolf Tiedemann und Hermann Schweppenhäuser. Frankfurt a.M.: Suhrkamp, S. 350–384, S. 384.

45 Vgl. Sontag, Susan (1981): Fascinating Fascism. In: dies.: *Under the Sign of Saturn*. New York: Vintage Books, S. 73–105, S. 92.

46 Vgl. Sieferle: *Finis Germania*, S. 20–28.

47 Mohler: *Gegen die Liberalen*, S. 60.

48 Benoist: *Kulturrevolution von rechts*, S. 45.

49 Vgl. Benoist: *Kulturrevolution von rechts*, S. 95.

50 Lichtmesz: *Die Verteidigung des Eigenen*, S. 52.

51 Mohler: *Der faschistische Stil*, S. 29.

Er mag vieles verzeichnen, emotionale Bindungen erzeugt er nicht. Wieder ist es Sieferle, der das völlig klar artikuliert, wenn er – weiterhin an »Ernst Jünger als Erzieher«[52] orientiert – als die einzige heute noch mögliche Haltung gegenüber der Welt die des teilnahmslosen, ganz und gar ästhetizistischen Zuschauers bestimmt:

> Es kommt [...] darauf an, hinter den Zerstörungen die Muster der Ordnung zu sehen, wobei es sich nicht um eine Ordnung handeln kann, die kommen wird (oder soll), sondern allein um eine Ordnung, die sich im Prozeß der Zerstörung offenbart. Die Geschichte der Menschheit ist bis in ihre finale Krise hinein als ein grandioses Naturschauspiel anzusehen. Die letzte ästhetische Möglichkeit liegt in der Radikalität einer solchen neutralen Beobachterposition, die sich jenseits von Gejammer, von Kritik und Praxiswut ansiedelt.[53]

## 2. Das Beispiel Botho Strauß[54]

Fragt man danach, wie linke Intellektuelle ihren Weg zur Neuen Rechten finden, muss eine Antwort lauten: nicht zuletzt über diese Brücke des ästhetischen Desengagements. Als Beispiel für einen, der sie begangen hat, darf der Schriftsteller Botho Strauß gelten, der als Adorno-Adept lange Zeit als eher linker Schriftsteller galt, bevor er sich spätestens 1991, mit der Veröffentlichung des sofort heftig umstrittenen *Spiegel*-Essays *Anschwellender Bocksgesang*, dezidiert rechts positionierte.

Unter den jüngeren Veröffentlichungen von Strauß befindet sich u.a. der 2019 erschienene Erzählband *zu oft umsonst gelächelt*, dessen großes Thema die Liebe ist. Ein alter »Romancier« hebt darin an, dem »jungen Kollegen«[55], den er zum Abendessen eingeladen hat, von den »ausgestorbene[n] Liebesarten«[56] der Menschen zu erzählen, indem er sagt:

> *Was bleibt mir von der Welt als nur die Episode? Von Mann und Frau, von Gott und Mensch? Die Episode. Es folgt nun eine auf die andere, narratio continua. Ein Wort gibt das andere... Der Personen Schreien, Weinen, Befehlebrüllen, ihr Beten und Schmeicheln, ohne*

52 Sieferle: *Finis Germania*, S. 101.

53 Sieferle: *Finis Germania*, S. 103.

54 Dieser Abschnitt folgt teils inhaltlich, teils wörtlich meiner Auseinandersetzung mit Botho Strauß in Kruschwitz, Hans (2023): »Dasein heißt keine Rolle spielen.« Liebe, Geschichte und keine Erlösung bei Botho Strauß. In: Hahn, Hans-Joachim/ Kruschwitz, Hans/ Waldschmidt, Christine (Hgg.): *»Aggregate der Gegenwart«. Entgrenzte Literaturen und Erinnerungskonflikte.* Bielefeld: transcript, S. 307–320.

55 Strauß, Botho (2019): *zu oft umsonst gelächelt.* München: Hanser, S. 9.

56 Strauß: *zu oft umsonst gelächelt*, S. 20.

*jeden Zusammenhang, nur Stöße, Reize, Sprünge, Wirbel: immerzu auf den Spuren ausgestorbener Liebesarten*[57].

Was auf diese Einleitung folgt, ist eine Reihe von Prosaskizzen, die tatsächlich allein vom Thema Liebe lose zusammengehalten und nur dann und wann von einer in Kursivschrift eingeschobenen Metareflexion des Romanciers unterbrochen werden. Der Band widerspricht damit, ähnlich wie das schon frühere Bände von Strauß getan haben, bereits formal der Idee von Zusammenhang und Fortschritt. Aber nicht nur das, er verdeutlicht überdies, was es heißt, die »Geschichte der Menschheit« mit Rolf-Peter Sieferle als »grandioses Naturschauspiel anzusehen« – oder anders formuliert: Er führt vor, was es bedeutet, zur ›ästhetischen Mobilmachung‹ der Neuen Rechten beizutragen. Drei Charakteristika des Bandes sind in diesem Zusammenhang besonders wichtig.

Da ist zunächst das Motiv der Liebe, dem Strauß sich bereits so häufig gewidmet hat, dass Stefan Willer geradezu von einer »Liebestheorie« des Autors hat sprechen wollen[58]. Seine Besonderheit soll darin bestehen, dass der Wunsch und die Bereitschaft, sich einem anderen mit Urvertrauen hinzugeben, immer wieder mit der Erfahrung von »Fremdheit, Zufall« und »Plötzlichkeit« verspannt wird.[59] So ist es bereits in *Paare, Passanten* (1981) und in *Niemand anders* (1987), und so ist es auch hier. Gleich in einer der ersten Skizzen des Bandes tritt ein Paar auf, über dessen männliche Hälfte der Romancier sagt, dass er »der größte Unordnungsstifter von allen«[60] sei. Sie, so ergänzt er, stehe ihm allerdings in nichts nach. Die Wohnung der Freunde, in der sie übernachten, verwandeln sie darum innerhalb kürzester Zeit in ein Schlachtfeld, und als zwischen ihnen ein Streit ausbricht, wer an dem Chaos schuld sei, einigen sie sich zur beiderseitigen Entlastung schnell auf die Formel: »Nichts, wo Menschen am Werk sind, befindet sich am rechten Fleck. In der gesamten Weltgeschichte gibt's weltweit ein ständiges Suchen, Verlegen, Vergessen, Verwechseln und Liegenlassen.«[61] Das ist offenbar eine traurige Einsicht für sie. Darum rufen sie sogleich mit einer Stimme: »Halt, [...] [n]icht weiterschweifen! Am Ende plagt uns Ernüchterung, und nichts zum Verlieben können wir je wieder aneinander entdecken.«[62] Ihre Liebe soll sich also als beides erweisen: einerseits als das weitgeöffnete Tor, durch das das Chaos (in Gestalt des Partners) in ihr Leben einbricht, andererseits als die Rettung (ebenfalls in Gestalt

57 Strauß: *zu oft umsonst gelächelt*, S. 20.
58 Willer, Stefan (2000): *Botho Strauß zur Einführung*. Hamburg: Junius, S. 104.
59 Willer: *Botho Strauß zur Einführung*, S. 105.
60 Strauß: *zu oft umsonst gelächelt*, S. 16.
61 Strauß: *zu oft umsonst gelächelt*, S. 16.
62 Strauß: *zu oft umsonst gelächelt*, S. 16.

des Partners) vor der ernüchternden Einsicht in eben dieses immer wieder einbrechende, nicht auszumerzende, vernichtende Chaos.

Das zweite Charakteristikum des Bandes steht unmittelbar mit dem so umrissenen Doppelcharakter der Liebe in Zusammenhang und äußert sich als Vorstellung, dass Weltgeschichte eigentlich nur als Aggregat zusammenhangloser Bruchstücke verstanden werden kann. Aus einer höheren Perspektive ist die Liebe, wenn man sich dafür eines Zitats aus Strauß' Essay *Der Aufstand gegen die sekundäre Welt* (1991) bedienen möchte, lediglich der Sprengsatz, der das »scheinbar undurchdringliche Geflecht von Programmen und Prognosen, Gewöhnungen und Folgerichtigkeiten«[63], das die Menschen gesponnen haben, um die Weltgeschichte als eine zusammenhängende erscheinen zu lassen, zerreißt und uns auf diesem Wege daran erinnert, »daß es der Geschichte sehr wohl beliebt, Sprünge zu machen, ebenso wie der Natur.«[64]

Wie sehr Strauß gegen dieses »scheinbar undurchdringliche Geflecht« ankämpft, offenbart sich insbesondere an jenen Stellen des Bandes, wo er seinen Romancier daran gehen lässt, die »liberalen Sicherungen unserer Moral«[65] als wesentlichen Teil jenes Geflechts außer Kraft zu setzen. Das ist zum Beispiel in der kleinen Skizze vom Maler Vescor der Fall, den Strauß' Romancier nicht nur als Sohn eines »tapfere[n]« holländischen »Widerstandskämpfer[s] und Antifaschist[en]« vorstellt[66], sondern auch als Abkömmling eines »eitle[n]« und »kalte[n]« Manns, den er stets als »widerwärtig«[67] empfunden hat. Anstatt mit dem Vater hält Vescor es Zeit seines Lebens eher mit der Mutter, obwohl diese ihren Mann ausgerechnet in der schwierigsten Zeit seines Widerstands betrog. In der Erinnerung an sie und an ihre Untreue ist Vescor der »Entwurf einer gestaltenreichen, frei erfundenen Mythologie«, »einer dunklen, gewalttätigen Alptraumgesellschaft« gelungen[68] – wofür er indes nicht nur Anerkennung erringt, sondern gerade im Bekanntenkreis seiner Freundin, einer jungen Kunststudentin, auch unter Druck gerät. Der offenkundige Bruch mit dem Vater, der sich ausgehend von der Ästhetik bis aufs Feld der Politik zu erstrecken scheint, wird nämlich sozial sanktioniert. »Reaktionärer Kitsch!«[69], schallt es der Referentin entgegen, die es wagt, Vescors Werke an der Staatlichen Kunstschule in den Rang großer zeitgenössischer Malerei zu erheben. Sein Credo: »Ich bin dabei, alles Neue mit feu-

63 Strauß, Botho (2020a): Der Aufstand gegen die sekundäre Welt. Bemerkungen zu einer Ästhetik der Anwesenheit. In: ders.: *Die Expedition zu den Wächtern und Sprengmeistern. Kritische Prosa.* Hamburg: Rowohlt, S. 15–30, S. 15.

64 Strauß: Der Aufstand gegen die sekundäre Welt, S. 15.

65 Strauß: *zu oft umsonst gelächelt,* S. 83.

66 Strauß: *zu oft umsonst gelächelt,* S. 36.

67 Strauß: *zu oft umsonst gelächelt,* S. 36.

68 Strauß: *zu oft umsonst gelächelt,* S. 36.

69 Strauß: *zu oft umsonst gelächelt,* S. 35.

rigem Altem zu zertrümmern«[70] wird von den Kommilitoninnen und Kommilitonen seiner Freundin als Salafismus auf ästhetischem Gebiet gerügt.

Dass politische Ansprüche an die Kunst gestellt werden, soll offenbar als Skandal empfunden und die Erzählung von der Liebe zwischen Vescor und seiner Freundin als Sprengsatz wahrgenommen werden, der das politisch korrekte »Geflecht von Programmen und Prognosen, Gewöhnungen und Folgerichtigkeiten« auflöst, um kenntlich zu machen, worum es sich bei diesem Geflecht in Wahrheit handelt: nämlich um ein verfestigtes ideologisches Gerüst, das der Disparatheit der politischen, privaten und ästhetischen Bruchstücke, die es zu verbinden sucht, nicht im Ansatz gerecht wird.

Noch deutlicher wird Strauß' Abneigung gegen solche angemaßte ideologische Deutungshoheit über die disparaten Bruchstücke der Wirklichkeit, wenn Strauß seinen Romancier in einem jener wenigen Prosastücke, die eigentlich gar nichts mehr mit Liebe zu tun haben, kaum verhüllt gegen die ›rot-grüne Meinungsdiktatur‹ vom Leder ziehen lässt, die – insbesondere nach neurechter Ansicht – in Deutschland herrscht. Es soll dies eine Meinungsdiktatur sein, die darauf aus ist, es jedem mutmaßlich Benachteiligten oder Zukurzgekommenen recht zu machen, indem man ihre Geschichte in einen allgemeinen Opferdiskurs einbettet, und in der es darum unmöglich ist, (wie Vescor) noch irgendeinen *eigenen*, abweichenden Standpunkt zu vertreten:

> Gisbert, ein Mann, der sich in Gegenwart jedes Menschen, der eine feste Behauptung aufstellt, geradezu windet vor Zustimmung, der's voller Bestätigungsdrang gar nicht erwarten kann, in ein erlösendes Nicken und Bejahen zu verfallen, sich von ganzem Herzen sinken läßt in die Zustimmung. Bestätigen als Daseinsform. Dagegen schlingernd, vorbehaltlich, verschämt und unterwürfig, was er selbst als Urteil oder Meinung beisteuert, der offenen Behauptung eher ausweichend.
> Der kleine Gisbert, Begründer der Gisbertologie, der Lehre vom Zustimmen. Am Beispiel des Gisbert, der zart und mitfühlend ist und sich auch an Hitzetagen stets eine rotgrün karierte Decke über die Beine legt, lernt man, wie man bekräftigend wirkt auf seinen Nächsten.
>
> Seit jeher vermeidet er, eine abweichende Meinung zu vertreten. Der moralische Anspruch des Abweichens und Andersseins überfordert ihn.[71]

Gegen solche Neigung, sich zur Geisel der Ansprüche anderer zu machen,[72] aus den vereinzelten Ansprüchen gar eine zusammenhängende »Lehre vom Zustimmen« zu entwickeln, lässt Strauß seinen Romancier offen für einen Umgang mit Geschichte

---

70 Strauß: *zu oft umsonst gelächelt*, S. 35.

71 Strauß: *zu oft umsonst gelächelt*, S. 115.

72 Der Name Gisbert wird zuweilen auf die ahd. Wurzel »gîsal«, Geisel, zurückgeführt.

plädieren, in dem Vergangenheit und Gegenwart ohne ›ideologische Scheuklappen‹ angesehen werden und das Geschehene in seiner Bruchstückhaftigkeit erhalten bleibt. Wie das funktionieren soll, scheint wiederum ein anderes Prosastück erklären zu wollen, in dem von einem ganz besonderen Fenster die Rede ist, nämlich einem solchen, das dem, der hindurchsieht, gleichsam in Anverwandlung von Ernst Jüngers ›stereoskopischem Blick‹[73], eine doppelte Perspektive auf die davorliegende Straße bietet. Einerseits sieht man diese Straße dadurch nämlich »so, wie sie gewöhnlich« ist, dann aber auch »in einer virtuellen ›historischen‹ Perspektive«:

> Narzissen im Regen und ein Fenster im Treppenhaus, von dem man die Straße gesondert in zwei Versionen sah. Einmal so, wie sie gewöhnlich war, nüchtern gegenwärtig. Und einmal in einer virtuellen ›historischen‹ Perspektive. Kolonnen von behelmten Motorradpolizisten waren in beiden, also gegenläufigen Richtungen unterwegs. Sie eskortierten eine nicht abreißende Folge von Aufmärschen, jeweils in Fahrtrichtung, so daß sie den gesamten Straßenverkehr verdrängten, zwar nur den virtuellen, aber man fand sich auch in seinem ›realen‹ Auto im fiktiven Gedränge. In der Mitte der Fahrbahn wechselten Revolutions-Szenen, gab es eine Hinrichtung, umgeben von dichter Volksmenge, schnell geschehen, dann im raschen Wechsel Volksredner, Brände, Lagerkämpfe, Erschießungen, Führerovationen, Attentate – immer begleitet von den rollenden Kolonnen behelmter (heutiger) Polizisten. Das Fenster zum Aufruhr.[74]

Man darf vermuten, dass Strauß mit diesem kurzen Text ein Bild davon entwerfen will, was es heißen soll, »die Übermacht einer Erinnerung zu erleben«[75], wie seine Formel für den vermeintlich richtigen Umgang mit Geschichte im Essay *Anschwellender Bocksgesang* lautet. Entscheidend ist in diesem Bild selbstverständlich, dass die »Kolonnen behelmter (heutiger) Polizisten« darin als Störfaktor empfunden werden. Denn die behelmten heutigen Polizisten sind natürlich die, die die Geschichte, anstatt sich von ihr überwältigen zu lassen, lieber ›ordnen‹, ›regeln‹ und ›bewältigen‹ wollen. Sie sind die Fehlgeleiteten, die das Vergangene gleichsam nach Kolonialherrenart den politischen Maßstäben ihrer Gegenwart unterwerfen, dergestalt jene »Totalherrschaft der Gegenwart« inaugurierend,[76] gegen die Strauß schon 1989 eine seiner Stimmen aus den *Fragmenten der Undeutlichkeit* hat wettern lassen:

---

73 Vgl. Spits, Jerker (2009): Waldgänger und Außenseiter-Heros. Ernst Jünger und Botho Strauß als Dichter der Gegenaufklärung. In: Białek, Edward (Hg.): *Ein Gedenkband zum 10. Todestag von Professor Konrad Gajek.* Dresden: Neisse Verlag, S. 231–252, S. 243–251.

74 Strauß: *zu oft umsonst gelächelt,* S. 13.

75 Strauß, Botho (2020b): Anschwellender Bocksgesang. In: ders.: *Die Expedition zu den Wächtern und Sprengmeistern. Kritische Prosa.* Hamburg: Rowohlt, S. 225–244, S. 230.

76 Strauß: Anschwellender Bocksgesang, S. 230.

> Wir stürzen unsere Zeit über alle anderen nieder. Kolonialherren der Vergangenheit! Die siegreiche Gegenwart unterwirft sich, was allemal *anders* gewesen ist, zerstört die Wildnis, die Regenwälder der Geschichte. Warum haben wir nicht gelernt, dies alles unverständiger zu betrachten, die Fremde zu ehren, statt sie zu erobern und mit unbefugten Begriffen zu beherrschen. Wann endlich dient die Methode dem helleren Nicht-Verstehen?[77]

Dieses Zitat ist deshalb wichtig, weil es die Alternative zu dem Bemühen, dem Vergangenen irgendeinen Sinn oder irgendeine politische Lehre für die Zukunft abzuringen, klar benennt. Sie besteht im programmatischen Nicht-verstehen-wollen der Geschichte – was endlich zum dritten Charakteristikum des Bandes überleitet, nämlich der Konsequenz, die aus der Gegenüberstellung wilder »Regenwälder der Geschichte« hier und der vermeintlich fehlgeleiteten Ordnungsversuche »behelmter (heutiger) Polizisten« dort gezogen wird: Es ist das Plädoyer fürs ästhetische Desengagement.

Etwa in der Mitte des Bandes lässt Strauß seinen Romancier unumwunden erklären: »*Dasein heißt keine Rolle spielen*«[78]. Die mittlerweile säkularisierte christliche Überzeugung, dass Geschichte Heilsgeschichte sei, Geschichte also auf irgendeinen Fortschritt zuhalte, sei, so erklärt er, eine Mär. »*Nackt, bedürftig, verirrt und einsam unter gleißender Sonne durch den Staub schleichen*« ist »*des Menschen Los von Anbeginn.*«[79] »*Ewig fortgesetzt wird einzig die Vertreibung*« aus dem Paradies.[80] Walter Benjamins Glaube daran, so darf man ergänzen, dass »uns wie jedem Geschlecht, das vor uns war, eine *schwache* messianische Kraft mitgegeben« sei, auf »welche die Vergangenheit Anspruch« hat,[81] erscheint ihm also als Irrglaube. Der Versuch, vergangene Geschlechter zu erlösen, indem man – wie Gisbert – ihre Opfer anerkennt, ist bestenfalls wirkungslos und schlimmstenfalls kontraproduktiv, weil das zu nichts als zur Produktion neuer Opfer führt. Erlösung gibt es in diesem Teufelskreis für niemanden. Allenfalls gibt es eine ästhetische Konsequenz.

Was der Romancier noch unmittelbar vor seiner Erzählung von den »Kolonnen behelmter (heutiger) Polizisten« meinte beklagen zu müssen, die schwindende Zeugkraft der Worte,[82] erneuert sich nun nämlich. Wiederbelebt und geradezu archetypisch verkörpert kehrt sie – so viel Stereotype müssen sein – in den Worten einer Frau wieder, die der männlichen Vernunft ganz und gar unzugänglich bleiben:

---

77 Strauß, Botho (1989): *Fragmente der Undeutlichkeit.* München: Hanser, S. 57–58.

78 Strauß: *zu oft umsonst gelächelt*, S. 107.

79 Strauß: *zu oft umsonst gelächelt*, S. 107.

80 Strauß: *zu oft umsonst gelächelt*, S. 107.

81 Benjamin, Walter (1980): Über den Begriff der Geschichte. In: ders.: *Gesammelte Schriften.* Bd. I,2. Hg. von Rolf Tiedemann und Hermann Schweppenhäuser. Frankfurt a.M.: Suhrkamp, S. 691–704, S. 694.

82 Strauß: *zu oft umsonst gelächelt*, S. 12.

> Mit ihrer Scheu vor eindeutigen Worten, vor jedem »Klartext« zurückzuckend, aber flink und unverfolgbar in verschlungenen Ornamenten sprechend, bleibt sie ihrem Liebsten, bleibt sie männlicher Vernunft an sich oft unzugänglich und wird nur selten so verstanden wie erwünscht. Niemals wird sie etwas sagen können, ohne sich in Abschweifungen zu verlieren. Was sie selber glaubt offen dargelegt zu haben, bleibt für ihre Umgebung eine dichte Verästelung von einander widerstrebenden und sich überlagernden Botschaften, gleichsam ein Glossenwerk, überfüllte Ränder eines letztlich unerschließbaren Haupt- und Grundtextes. Doch schön ist es, wie jedes ihrer Geistesgewächse, jede ihrer sich rankenden Umschreibungen die natürliche Wildnis verdichtet, der zwei Menschen ihre erhöhte Wachsamkeit wie auch ihr blindes Vertrauen zueinander verdanken.[83]

Als wesentlich auf Desengagement gerichtet gibt sich diese ›Ästhetik des Wilden‹, die dem linearen Erzählen, der Herstellung kohärenter Geschichte gegenübergestellt wird, insofern zu erkennen, als Mann und Frau mit diesen Worten, wie es in einem nicht weit entfernten Prosastück heißt, in den »Garten der Beunruhigung«[84], entlassen werden, in dem es wenig darauf ankommt, was sie mit ihren Worten wirklich ausdrücken oder bewirken wollen. Viel wichtiger als das ist die Erfahrung, dass sie »auf einmal ohne Zusammenhang, ungehemmt, von allem zugleich sprechen, von Lüsten, Armut, Schmerzen und Religion«[85]– ja, dass ihre Worte »in ein freies Entgleiten übergeh[en],« in »ein Abschwirren und Drunter-und-Drüber, in ein dämonisches Allerlei, das schließlich der Wind der Beliebigkeit vollends zerstreut.«[86]

Das ›dämonische Allerlei‹, das am Ende der Aufzählung steht, sollte natürlich hellhörig machen. Es kann im Kontext des Urteils, wonach das Dasein der Menschen »keine Rolle« spielt, eigentlich nur auf jene Unordnung bezogen werden, die unseren Alltag immer wieder gewaltsam erschüttert – und in deren *Gewaltsamkeit* der Romancier mehrheitlich etwas Positives erkennt. So ist es in dem Prosastück, in dem ein enttäuschter Liebhaber aus Rache zum Mord schreitet und der »Gewaltakt«[87] gelobt wird, weil er einen »Krater in den Alltag« schlägt. Der Mord verhindert nämlich, dass der Alltag »irgendwann nichts Unalltägliches mehr zu[lässt]«[88]. So ist es zudem im Text über Vescor, in dem die allzu langweilige ›politische Korrektheit‹ des Vaters, dieses »tapfere[n] Widerstandskämpfer[s] und Antifaschist[en]«[89], von der »dunk-

83 Strauß: *zu oft umsonst gelächelt*, S. 167.
84 Strauß: *zu oft umsonst gelächelt*, S. 144.
85 Strauß: *zu oft umsonst gelächelt*, S. 145.
86 Strauß: *zu oft umsonst gelächelt*, S. 145.
87 Strauß: *zu oft umsonst gelächelt*, S. 97.
88 Strauß: *zu oft umsonst gelächelt*, S. 97.
89 Strauß: *zu oft umsonst gelächelt*, S. 36.

len, gewalttätigen Alptraumgesellschaft«[90] des Sohnes in schöne Unordnung gebracht wird; und so ist es erst recht in der Eloge des Romanciers auf Shakespeare, in der er seinen Vorgänger lobt, weil er es verstanden habe, »den Konflikt stets bis zum Eklat des Humanums zu führen, so daß nichts mehr von einem Menschen übrig bleibt als die heiße Welle seines Bluts«[91]. Stets weist das ›Dämonische‹ in seinen Erzählungen über das Ästhetische hinaus, bleibt also nicht Metapher für das wilde Gestöber der Worte, sondern schlägt um in konkrete Gewaltfaszination. Wofür sich der Romancier stets begeistert, das ist – wenn man eine seiner eigenen Formulierungen mit einer von Rolf Peter Sieferle verbinden möchte – der rasche »Wechsel« der »Volksredner, Brände, Lagerkämpfe, Erschießungen, Führerovationen« und »Attentate«[92], die historische Blutspur also und das Muster, das sie im »grandiose[n] Naturschauspiel« der Menschheitsgeschichte hinterlässt.

## 3. Strauß' Foucault und Foucaults Flaubert

Kann man das ästhetische Desengagement derart als Brücke beschreiben, die von links sehr weit nach rechts zu führen vermag, sollte man auch die Beschaffenheit ihrer Auflager in Augenschein nehmen. Im Fall von Botho Strauß wird das zu der Entdeckung führen, dass seine Kritik an der Neigung, gleichsam als »Kolonialherr[] der Vergangenheit« aufzutreten und die »siegreiche Gegenwart« über alle anderen Zeiten niederzustürzen,[93] nicht unwesentlich von Michel Foucault und dessen ›archäologischer Methode‹ inspiriert worden ist. Christoph Parry hat deutlich herausgearbeitet, dass Strauß den Begriff und das Konzept der ›archäologischen Methode‹ schon im *Versuch, ästhetische und politische Ereignisse zusammenzudenken* (1970) von Foucault übernimmt. Er versteht sie als vergleichende historische Analyse, der es nicht darum zu tun ist, die »Unterschiedlichkeit« der vergangenen »Rede- und Denkweisen zu vermindern«, sie gar auf eine »einheitliche Gesamtheit« zu bringen, sondern sie im Gegenteil in ihrer Unterschiedlichkeit zu erhalten. »Das archäologische Vergleichen«, so paraphrasiert Strauß, »geschehe nicht im Bewußtsein des Vereinheitlichens, sondern des Vervielfältigens.«[94] Es ist *genau diese* Position, von der sich auch seine spätere Invektive gegen die »Totalherrschaft der Gegenwart«[95]– verstanden als Versuch, die

90 Strauß: *zu oft umsonst gelächelt*, S. 36.

91 Strauß: *zu oft umsonst gelächelt*, S. 47.

92 Strauß: *zu oft umsonst gelächelt*, S. 13.

93 Strauß, Botho (1987): Versuch, ästhetische und politische Ereignisse zusammenzudenken. In: ders.: *Versuch, ästhetische und politische Ereignisse zusammenzudenken. Texte über Theater, 1967–1986.* Frankfurt a.M.: Verlag der Autoren, S. 50–76, S.51.

94 Strauß: Versuch, ästhetische und politische Ereignisse zusammenzudenken, S. 51.

95 Strauß: Anschwellender Bocksgesang, S. 230.

Unterschiede der historischen Rede- und Denkweisen hegemonial zu vereinheitlichen – herschreiben wird.

Sollte man Strauß' Rechtswende darum mit seiner Foucault-Rezeption in Verbindung bringen? Spätestens seit Jürgen Habermas' Kritik am Poststrukturalismus und seinem bösen Wort von den »Jungkonservativen«, mit dem er ab 1980 nicht zuletzt gegen Bataille, Foucault und Derrida zu Felde zog, weil sie sich nicht – wie man polemisch formuliert hat – »bei drei«[96] zu den emanzipatorischen Potentialen der Moderne bekennen wollten, erscheint jeder solche Versuch wie ein Griff in die Schlangengrube. Habermas ist für seinen Kritik am Poststrukturalismus schwer gescholten worden. Nicht wenigen gilt seine Vorlesungssammlung *Der philosophische Diskurs der Moderne* (1985), in der er seine Position breit zu entfalten versucht hat, bis heute als das schlechteste Buch, das er je geschrieben hat. Dennoch soll hier eine solche Verbindung hergestellt werden. Es soll gezeigt werden, warum die deutsche Foucault-Rezeption unabhängig davon, wie falsch oder richtig Habermas' Einschätzung des Poststrukturalismus gewesen ist, immerhin zur Entwicklung eines ›Jungkonservativen‹ wie Strauß hat beitragen können.

Festzustellen ist dafür zunächst, dass es die *eine richtige*, überzeitlich konstante Foucault-Rezeption schon darum nicht geben kann, weil sich Foucaults Denken im Laufe der Zeit erheblich veränderte. Philipp Sarasin hat erst kürzlich nachgezeichnet, wie sehr sich Foucault erst gegen Ende der 1970er Jahre für das Konzept der Freiheit zu interessieren und mit ihm das liberale Regierungssystem zu verteidigen begann. Das Konzept der Freiheit, aufgefasst als Vermögen der »Entunterwerfung«[97] unter ein Machtregime, tauchte auf, ohne dass sich dessen Möglichkeit in seinen vorangegangenen Schriften irgendwie abgezeichnet hätte. Foucaults linke Anhänger hatten erwartet, dass seine Analyse der Disziplinartechniken in *Überwachen und Strafen* (1975), die allesamt auf dem Prinzip der Internalisierung beruhen, ihn dahin führen müssten, auch in der liberalen Gouvernementalität nichts anderes als »eine besonders raffinierte Form der Dressur«, »ein ausgefeiltes Dispositiv der Macht im Innern der bloß angeblich freien Subjekte« zu erkennen.[98] Als Foucault das nicht tat, wurden sie um so mehr überrascht, als sie längst im Begriff waren, ihre kritische Energie mehr gegen den »Liberalismus selbst als gegen die damaligen totalitären Regime« zu richten.[99]

Mit Blick auf diesen Bruch in Foucaults Denken und die Überraschung seiner linken Anhänger kann Habermas' Urteil, wonach Foucaults Projekt weniger darauf ziele, das

96 Biebricher, Thomas (2021): Eine Verirrung des Geistes? In: *DIE ZEIT*, 22.04.2021, S. 56.

97 Sarasin, Philipp (2019): Foucaults Wende. In: Marchart, Oliver/ Martinsen, Renate (Hgg.): *Foucault und das Politische. Politologische Aufklärung – konstruktivistische Perspektiven.* Wiesbaden: Springer, S. 9–22, S. 14.

98 Sarasin: Foucaults Wende, S. 11.

99 Koschorke, Albrecht (2018): Linksruck der Fakten. In: *ZMK Zeitschrift für Medien- und Kulturforschung*, 9.2, S. 107–118, S. 112

emanzipatorische Potential der Moderne zu verteidigen, als vielmehr darauf, sich in »die reflexionslose Objektivität einer teilnahmslos-asketischen Beschreibung von kaleidoskopisch wechselnden Praktiken der Macht« zurückzuziehen,[100] kaum als völlig unbegründet zurückgewiesen werden. Das Urteil lag bis in die 1970er Jahre nicht nur sachlich, sondern insofern auch epistemologisch nahe, als kaum zu sagen war, mit welchem normativen Anspruch seine Arbeiten eigentlich auftraten. Wenn es wahr sein sollte, dass jeder Wissensanspruch in der Machtwirkung aufgeht, die er entfaltet, musste das selbstverständlich auch noch für die von dieser Einsicht inspirierte Forschung gelten.[101] Einen normativen Anspruch darf sie, ohne sich selbst zu diskreditieren, eigentlich kaum erheben.

Wer in derselben Zeit überdies nach einer Bestätigung suchte, dass Foucault seine Diskursanalysen gleichsam im Anschluss an Nietzsches Nihilismus durchführte, konnte sie, wenn er unbedingt wollte, zudem in einem kleinen Aufsatz entdecken, der nicht lange vor der *Archäologie des Wissens* (1969) erschienen war – nämlich in Foucaults Nachwort zur Neuausgabe von Gustave Flauberts *Versuchung des heiligen Antonius* (1966), dem Text eines Autors, den Karl Löwith zusammen mit Charles Baudelaire zu den bedeutendsten Vertretern des europäischen Nihilismus gerechnet hat.[102]

Flauberts Roman ist das Produkt einer langen, mindestens 25-jährigen Beschäftigung des Autors mit der Antoniuslegende. Der Text gliedert sich in sieben Kapitel, von denen die ersten beiden den Weg nachzeichnen, den der Heilige gegangen ist, bis er zum Einsiedler wurde. Man erfährt aus ihnen, dass das Gefühl der Öde, das Antonius nun plagt, wesentlich aus dem Gegensatz zu seinem früheren Leben herrührt, und man versteht, dass die Erinnerungen und Fantasien, die ihn heimsuchen, diese Bilder intensiver erotischer, kulinarischer und kriegerischer Gelüste, ihn nicht zuletzt deshalb anfallen, weil sie die tief empfundene Leere in ihm zu füllen versprechen.

Die folgenden vier Kapitel legen den Fokus auf die Gegenwart. Hilarion, einer von Antonius' ehemaligen Schülern, tritt auf und führt den Heiligen mit Hilfe unzähliger Beispiele die grundlegende Unsicherheit der Unterscheidung zwischen wahren und unwahren Glaubensvorstellungen vor Augen. Er will ihn wanken machen, indem er ihn auf zahlreiche Widersprüche im alten und neuen Testament hinweist. Überdies konfrontiert er seinen ehemaligen Lehrer mit einer Reihe von Häresiarchen, also Oberhäuptern vermeintlich abweichlerischer Kirchenlehren, sowie mit einer Reihe von Götzen, die – recht betrachtet – Christus alle verdächtig ähnlichsehen. Als der Heilige

100 Habermas, Jürgen (1985): *Der philosophische Diskurs der Moderne. Zwölf Vorlesungen.* Frankfurt a.M.: Suhrkamp, S. 324.

101 Vgl. Habermas: *Der philosophische Diskurs der Moderne,* S. 328.

102 Vgl. Löwith, Karl (1990): Der europäische Nihilismus. Betrachtungen zur geistigen Vorgeschichte des europäischen Krieges. In: ders.: *Der Mensch inmitten der Geschichte. Philosophische Bilanz des 20. Jahrhunderts.* Hg. von Bernd Lutz. Stuttgart: Metzler, S. 49–114, S. 68–69.

sich von diesen ›falschen Göttern‹ abwenden will, ruft sein ehemaliger Schüler ihm nach: »Findest du nicht, daß sie … manchmal … dem wahren gleichen?« [103]

Lange wehrt sich Antonius dagegen, die erkenntniskritische Lektion, die ihm sein Schüler so aufdringlich erteilen möchte, anzunehmen, und es ist nicht vor dem sechsten Kapitel, in dem Hilarion als Repräsentant der Wissenschaft auftritt, dass der Heilige sie zu akzeptieren beginnt. Es bedarf buchstäblich der Einsicht in die jüngst erkannten Naturgesetze des Kosmos, um sein spätantikes Weltbild umzustürzen und ihn davon zu überzeugen, dass es bisher doch eher die »Forderungen [s]eines Geistes« waren, die »den Dingen ihr Gesetz« gaben[104] als die Dinge selbst. Dann aber, im siebenten und letzten Kapitel, wendet sich Antonius von aller Metaphysik ab. Er erklärt seine Religion zum »Wahn«[105], und was ihn ursprünglich zur Einsiedelei getrieben hat, der Wunsch nämlich, sich »von allem Vergänglichen [zu] lösen«[106], verkehrt sich ins Gegenteil. Anstatt als »geistiges Wesen«[107] will Antonius nun ganz und gar körperlich leben – oder richtiger: Er will als Materie existieren und die Metamorphosen der Materie im ewigen Strom von Wollust und Tod, von Werden und Vergehen, dessen Zeuge er durch Hilarion geworden ist,[108] mitvollziehen:

> Das Blut pocht zum Zerspringen in meinen Adern. Ich möchte fliegen, schwimmen, bellen, blöken, brüllen, hätte gern Flügel, einen Rückenschild, eine Rinde, möchte Rauch schnauben, einen Rüssel tragen, meinen Körper winden, mich teilen und in alles eingehen, mich in Gerüchen verströmen, mich entfalten wie die Pflanzen, fließen wie Wasser, schwingen wie der Ton, schimmern wie das Licht, jede Form annehmen, in jedes Atom eindringen, mich in den Grund der Materie senken – die Materie sein![109]

Die unverhohlene Sympathie für diesen Entwicklungsgang, die Foucault in seinem Nachwort zur Neuauflage von Flauberts Roman bezeugt, hat mindestens zwei Gründe. Der erste liegt darin, dass Flaubert sich bei der Komposition des Romans eines gleichsam archäologischen Verfahrens bedient hat. Denn keine der Fantasien, die Antonius heimsuchen, so stellt Foucault fest, ist erfunden. Vielmehr hat Flaubert sie übernommen: »Der Text beschwört Bilder herauf, die völlig traumhaft zu sein scheinen, die große Diana von Ephesus z.B., mit Löwen auf den Schultern, vom Hals herabhängenden Früchten, Blumen und Sternketten, Trauben von Brüsten und einem Rock, aus dem Greifen und Stiere hervorquellen.« »Aber«, so setzt Foucault fort, »diese

103 Flaubert, Gustave (1966): *Die Versuchung des heiligen Antonius.* Frankfurt a.M.: Insel, S. 138.
104 Flaubert: *Die Versuchung des heiligen Antonius*, S. 167.
105 Flaubert: *Die Versuchung des heiligen Antonius*, S. 169.
106 Flaubert: *Die Versuchung des heiligen Antonius*, S. 46.
107 Flaubert: *Die Versuchung des heiligen Antonius*, S. 46.
108 Vgl. Flaubert: *Die Versuchung des heiligen Antonius*, S. 176.
109 Flaubert: *Die Versuchung des heiligen Antonius*, S. 189.

›Phantasie‹ findet sich Wort für Wort, Zeile für Zeile im letzten Band von Creutzer[s]« *Religionen des Altertums,* »Tafel 88: man braucht bloß mit dem Finger den Einzelheiten des Stiches zu folgen, und es stellen sich getreulich dieselben Wörter ein wie bei Flaubert.«[110] »Was nach Phantasmen aussieht«, sind tatsächlich »umgeschriebene Dokumente«[111]. Der Roman erweist sich als »Monument gründlichsten Wissens«[112], das Phantastische darin als »Bibliotheksphänomen«[113].

Es kann kein Zweifel daran bestehen, dass Foucault in diesem Kompositionsprinzip, das auf nichts anderes zielt, als darauf, im Durchgang durch das bibliothekarisch gesammelte ›Wissen‹ die »Allmacht des Irrtums« zu erweisen[114], eine große Nähe zu seiner eigenen Archäologie der Wissensdiskurse gesehen haben muss, – und zwar um so mehr als Flaubert seine Auseinandersetzung mit der nie einzuholenden Historizität des Wissens bekanntlich fortgesetzt und dabei zu einer spezifischen Verhaltensform gefunden hat, mit dieser problematischen Historizität umzugehen:

> Nachdem Flaubert *Die Versuchung des heiligen Antonius* beendigt hatte, worin diesen Heiligen aller Glaube und Aberglaube versucht, der je in unserer Welt erdacht worden ist, begann er mit der Ordnung und Analyse des wissenschaftlichen Bildungschaos des 19. Jahrhunderts. Er faßte den Plan, eine Aktensammlung der menschlichen Dummheit anzulegen, die eine ironische Verherrlichung alles dessen sein sollte, was im Laufe der Zeit als Wahrheit galt. Das Ergebnis dieses absurden Studiums war der Roman *Bouvard und Pécuchet.* Zwei ehrlich um ihre höhere Bildung bemühte, gutartige und verständige Spießbürger, die zuvor Büroschreiber waren, durchwandern auf ihrem glücklich erworbenen Landsitz den ganzen Irrgarten des angesammelten Wissens – von der Gartenkunst, Chemie und Medizin, zur Geschichte, Archäologie, Politik, Pädagogik und Philosophie –, um sich schließlich wieder an ihre Schreiberarbeit zu begeben und aus den vergeblich studierten Büchern Auszüge herzustellen. Das ganze Werk bewegt sich im Stil einer ›haute comedie‹ durch das Reich der entfremdeten Bildung, um bei dem absoluten Wissen zu enden, daß unsere ganze Bildung sinnlos ist.[115]

Diese Verhaltensform, auf die die *Versuchung des heiligen Antonius* vorausdeutet, ist der zweite Grund, warum Foucault dem Buch mit Sympathie begegnet. Er spürt, dass irgend »[e]twas im ›Heiligen Antonius‹« nach *Bouvard und Pécuchet* »verlangt«.[116]

110 Foucault, Michel (1966): Nachwort. In: Flaubert, Gustav: *Die Versuchung des heiligen Antonius.* Frankfurt a.M.: Insel, S. 215–251, S. 220–221.
111 Foucault: Nachwort, S. 243.
112 Foucault: Nachwort, S. 220.
113 Foucault: Nachwort, S. 222.
114 Foucault: Nachwort, S. 242.
115 Löwith: Der europäische Nihilismus, S. 68.
116 Foucault: Nachwort, S. 245.

»Die Elemente« beider Bücher, so stellt er fest, seien ja im Grunde »dieselben«: Sie entstünden jeweils aus anderen Büchern und bildeten aufgrund dieses Bauprinzips eine »gelehrte Enzyklopädie« der »Kultur«. Zudem finde der Durchgang durch das gesammelte ›Wissen‹ und mit ihr die »Versuchung«, seinen Ansprüchen zu erliegen, hier wie dort »inmitten der Abgeschiedenheit« statt[117] – hier inmitten der Abgeschiedenheit des Einsiedler-, dort inmitten der Abgeschiedenheit des Gelehrtenlebens. Zuletzt, so Foucault, konvergierten beide Bücher darin, dass für sie die »Verbindung zwischen der Heiligkeit und der Dummheit«[118] konstitutiv sei:

> Bouvard und Pécuchet verbinden Heiligkeit und Dummheit im Modus des Machen-Wollens. Sie, die sich erträumt hatten, reich, frei, Rentiers und Hausbesitzer zu sein, und es auch wurden, sind unfähig, es schlicht und einfach zu sein, ohne in den Kreislauf des endlosen Werkelns einzutreten: die Bücher, die sie dem, was sie zu *sein* haben, näherbringen sollen, entfernen sie davon, indem sie ihnen vorschreiben, was sie zu *machen* haben: Stupidität und Tugend, Heiligkeit und Dummheit jener, die [...] die übernommenen Vorstellungen in die Tat umsetzen wollen; die sich ihr Leben lang still abrackern, um in blinder Arbeitswut ihre Natur einzuholen. Der heilige Antonius dagegen verbindet Heiligkeit und Dummheit im Modus des Sein-Wollens: er wollte ein Heiliger sein in der reinen Trägheit der Sinne, des Verstandes und des Herzens und, über das Buch, eins werden mit dem Bild der Heiligkeit, das es ihm vermittelt. [...] Aber erst angesichts der Materie triumphiert in ihm der Wunsch, das zu sein, was er sieht: er möchte blind sein, schläfrig, gefräßig, blöde wie der Katoblepas [...]. Im Schlaf des Denkens, in der Unschuld der Begierden, die nur Bewegung wären, wäre er endlich wieder bei der stupiden Heiligkeit der Dinge angekommen.[119]

Der Witz von Foucaults Beobachtung besteht dabei selbstverständlich darin, dass die Verbindung von Heiligkeit und Dummheit die Protagonisten im Kreis herumführt – und zwar einem Kreis, der an Nietzsches ewige Wiederkehr gemahnt. Foucault formuliert das ganz ausdrücklich, wenn er in Bezug auf Antonius' letzte Versuchung, nämlich den Wunsch, zum Moment der Entstehung von Leben und Welt zurückzukehren, schreibt:

> Und noch weiter zurück, jenseits der ersten Zelle, jenseits des Ursprungs der Welt, der seine eigene Geburt ist, verlangt es Antonius nach der unmöglichen Rückkehr in die Bewegungslosigkeit angesichts des Lebens: [...] Ein anderer sein, alle anderen sein – und alles soll von vorn anfangen wie das erste Mal – an den Beginn der Zeit zurück-

117 Foucault: Nachwort, S. 245.
118 Foucault: Nachwort, S. 248.
119 Foucault: Nachwort, S. 249–250.

> kehren, damit der Kreis der Wiederkehr sich schließe: das ist der Höhepunkt der Versuchung. Die Vision aus dem Engadin ist nicht weit entfernt davon.[120]

Allerdings ist damit noch nicht Schluss. Denn aus der Kreisbewegung der ›Ewigen Wiederkehr‹ schließt Foucault weiter auf das, was er für den Kern der von Bouvard und Pécuchet vorgeführten Verhaltensform hält: das Desengagement:

> Auch Bouvard und Pécuchet fangen von vorn an: am Ende der Prüfungen verzichten sie darauf [...] das zu machen, was sie unternommen hatten, um zu werden, was sie waren. Jetzt sind sie es schlicht und einfach: sie lassen ein großes Doppelpult anfertigen und knüpfen an dem wieder an, was sie aufgehört hatten zu sein, machen abermals das, was sie jahrzehntelang gemacht hatten – sie kopieren. Was kopieren sie? Bücher, ihre Bücher, alle Bücher und zweifellos auch das Buch ›Bouvard und Pécuchet‹. Denn kopieren heißt: nichts *machen*, heißt: die Bücher *sein*, die man kopiert, heißt: [...] der Rücklauf der Rede in sich selbst sein [...].[121]

Nur wenig später, in seiner Inauguralvorlesung am Collège de France vom 02.12.1970, wird Foucault genaue diese Verhaltensform übernehmen, wenn er gleich zu Beginn über sein Begehren spricht, »jedes Anfanges enthoben zu sein«[122]. Foucault möchte, wie er sagt, »nicht in jene gefährliche Ordnung des Diskurses eintreten müssen«, denn er möchte »nichts zu tun haben mit dem, was es Einschneidendes und Entscheidendes in ihm gibt«[123] – und genau dazu dient ihm die ›Archäologie‹ als Verfahren, lediglich den Bestand des kulturellen Archivs historisch und phänomenologisch aufzunehmen. Denn einen Bestand lediglich aufnehmen heißt: eben nicht zum Autor des Archivs werden, heißt: sich im Geiste Nietzsches in »die reflexionslose Objektivität einer teilnahmslos-asketischen Beschreibung von kaleidoskopisch wechselnden Praktiken der Macht«[124] zurückzuziehen. – In diesem Sinn brauchte Strauß Foucault wahrlich nicht falsch zu lesen, nicht grundlegend misszuverstehen, um im Anschluss an seine ›archäologische Methode‹ später zum Renegaten zu werden.

Was dieser – gewiss sehr knappe – Durchgang durch das Gedankengebäude zuerst der Neuen Rechten, dann von Strauß und zuletzt von Foucault zeigen soll, ist, dass Habermas' Argwohn gegenüber dem Poststrukturalismus, sein Verdacht, dass viele seine Hauptvertreter, darunter Foucault, eben dadurch, dass sie sich nicht »bei drei«[125]

---

120 Foucault: Nachwort, S. 238.

121 Foucault: Nachwort, S. 250–251.

122 Foucault, Michel (1970): *Die Ordnung des Diskurses. Inauguralvorlesung am Collège de France, 2. Dezember 1970.* Frankfurt a.M.: Fischer, S. 9.

123 Foucault: *Die Ordnung des Diskurses*, S. 10.

124 Habermas: *Der philosophische Diskurs der Moderne*, S. 324.

125 Biebricher: Eine Verirrung des Geistes?, S. 56.

zu den emanzipatorischen Potentialen der Moderne bekennen wollten, durchaus begründet war. Dieses Zögern hat, wie man an jenen Linken sehen kann, die ihrem Idol Foucault vorauszueilen meinten, als sie den westlichen Liberalismus stärker als die tatsächlich totalitären Regime zu kritisieren begannen, mit den Boden dafür bereitet, dass eher linke Intellektuelle wie Strauß die Brecht'sche Devise: »Ändere die Welt, sie braucht es« guten Gewissens verabschieden und gegen offenes Desengagement eintauschen konnten. Die Neue Rechte hat sich dann nicht auf Foucault beziehen müssen, um ihnen mit ihrer liberalen Mimikry entgegenzukommen. Dafür reichten (und reichen) ihnen Jünger, Mohler, Benoist und Sieferle.

## *Literaturverzeichnis*

Amlinger, Carolin (2020): Rechts dekonstruieren. Die Neue Rechte und ihr widersprüchliches Verhältnis zur Postmoderne. In: *Leviathan*, 48.2, S. 318–337.

Benjamin, Walter (1980): Über den Begriff der Geschichte. In: ders.: *Gesammelte Schriften.* Bd. I,2. Hg. von Rolf Tiedemann und Hermann Schweppenhäuser. Frankfurt a.M.: Suhrkamp, S. 691–704.

Benjamin, Walter (1989): Das Kunstwerk im Zeitalter seiner technischen Reproduzierbarkeit. In: ders.: *Gesammelte Schriften.* Bd. VII/1. Hg. von Rolf Tiedemann und Hermann Schweppenhäuser. Frankfurt a.M.: Suhrkamp, S. 350–384.

Benoist, Alain de (2017): *Kulturrevolution von rechts.* Dresden: Jungeuropa Verlag.

Biebricher, Thomas (2021): Eine Verirrung des Geistes? In: *DIE ZEIT*, 22.04.2021, S. 56.

Böhm, Michael (2017): Einführung: Die Eroberung der Geister. In: Alain de Benoist: *Kulturrevolution von rechts.* Dresden: Jungeuropa Verlag, S. 7–20.

Flaubert, Gustave (1966): *Die Versuchung des heiligen Antonius.* Frankfurt a.M.: Insel.

Foucault, Michel (1966): Nachwort. In: Gustave Flaubert: *Die Versuchung des heiligen Antonius.* Frankfurt a.M.: Insel, S. 215–251.

Foucault, Michel (1970): *Die Ordnung des Diskurses. Inauguralvorlesung am Collège de France, 2. Dezember 1970.* Frankfurt a.M.: Fischer.

Frank, Manfred (1989): Brauchen wir eine ›Neue Mythologie‹? In: ders.: *Kaltes Herz. Unendliche Fahrt. Neue Mythologie. Motiv-Untersuchungen zur Pathogenese der Moderne.* Frankfurt a.M.: Suhrkamp, S. 93–118.

Habermas, Jürgen (1985): *Der philosophische Diskurs der Moderne. Zwölf Vorlesungen.* Frankfurt a.M.: Suhrkamp.

Jünger, Ernst (1960a): Über die Linie. In:ders.: *Werke.* Bd. 5. Stuttgart: Klett, S. 245–289.

Jünger, Ernst (1960b): Der Waldgang. In: ders.: *Werke.* Bd. 5. Stuttgart: Klett, S. 291–387.

Jünger, Friedrich Georg (2010): *Die Perfektion der Technik.* 8. Aufl. Frankfurt a.M.: Klostermann.

Koschorke, Albrecht (2018): Linksruck der Fakten. In: *ZMK Zeitschrift für Medien- und Kulturforschung*, 9/2, S. 107–118.

Kruschwitz, Hans (2023): »Dasein heißt keine Rolle spielen.« Liebe, Geschichte und keine Erlösung bei Botho Strauß. In: Hahn, Hans-Joachim/ Kruschwitz, Hans/ Waldschmidt,

Christine (Hgg.): *»Aggregate der Gegenwart«. Entgrenzte Literaturen und Erinnerungskonflikte.* Bielefeld: transcript, S. 307–320.

Lichtmesz, Martin (2017): *Die Verteidigung des Eigenen. Fünf Traktate.* 7. Aufl. Schnellroda: Antaios.

Löwith, Karl (1990): Der europäische Nihilismus. Betrachtungen zur geistigen Vorgeschichte des europäischen Krieges. In: ders.: *Der Mensch inmitten der Geschichte. Philosophische Bilanz des 20. Jahrhunderts.* Hg. von Bernd Lutz. Stuttgart: Metzler, S. 49–114.

Mohler, Armin (1989): *Die Konservative Revolution in Deutschland 1918–1932. Ein Handbuch.* Bd. 1. 3. Aufl. Darmstadt: WBG.

Mohler, Armin (2018a): *Gegen die Liberalen.* 4. Aufl. Schnellroda: Antaios.

Mohler, Armin (2018b): *Notizen aus dem Interregnum.* 3. Aufl. Schnellroda: Antaios.

Mohler, Armin (2020): *Der faschistische Stil.* Schnellroda: Antaios.

Nietzsche, Friedrich (1994a): Die Geburt der Tragödie oder Griechentum und Poesie. In: ders.: *Werke in drei Bänden.* Bd. 1. Hg. von Karl Schlechta. Frankfurt a.M.: Büchergilde Gutenberg, S. 7–134.

Nietzsche, Friedrich (1994b): Also sprach Zarathustra. In: ders.: *Werke in drei Bänden.* Bd. 2. Hg. von Karl Schlechta. Frankfurt a.M.: Büchergilde Gutenberg, S. 275–561.

Sarasin, Philipp (2019): Foucaults Wende. In: Marchart, Oliver/ Martinsen, Renate (Hgg.): *Foucault und das Politische. Politologische Aufklärung – konstruktivistische Perspektiven.* Wiesbaden: Springer, S. 9–22.

Sieferle, Rolf Peter (2020): *Finis Germania.* 2. Aufl. Berlin: Landtverlag.

Sontag, Susan (1981): Fascinating Fascism. In: dies.: *Under the Sign of Saturn.* New York: Vintage Books, S. 73–105.

Spits, Jerker (2009): Waldgänger und Außenseiter-Heros. Ernst Jünger und Botho Strauß als Dichter der Gegenaufklärung. In: Białek, Edward (Hg.): *Ein Gedenkband zum 10. Todestag von Professor Konrad Gajek.* Dresden: Neisse Verlag, S. 231–252.

Stegmaier, Werner (2016): *Orientierung im Nihilismus – Luhmann meets Nietzsche.* Berlin: de Gruyter.

Strauß, Botho (1987): Versuch, ästhetische und politische Ereignisse zusammenzudenken. In: ders.: *Versuch, ästhetische und politische Ereignisse zusammenzudenken. Texte über Theater, 1967–1986.* Frankfurt a.M.: Verlag der Autoren, S. 50–76.

Strauß, Botho (1989): *Fragmente der Undeutlichkeit.* München: Hanser.

Strauß, Botho (2019): *zu oft umsonst gelächelt.* München: Hanser.

Strauß, Botho (2020a): Der Aufstand gegen die sekundäre Welt. Bemerkungen zu einer Ästhetik der Anwesenheit. In: ders.: *Die Expedition zu den Wächtern und Sprengmeistern. Kritische Prosa.* Hamburg: Rowohlt, S. 15–30.

Strauß, Botho (2020b): »Anschwellender Bocksgesang«. In: ders.: *Die Expedition zu den Wächtern und Sprengmeistern. Kritische Prosa.* Hamburg: Rowohlt, S. 225–244.

Willer, Stefan (2000): *Botho Strauß zur Einführung.* Hamburg: Junius.

Weiß, Volker (2017): *Die autoritäre Revolte. Die Neue Rechte und der Untergang des Abendlandes.* Stuttgart: Klett-Cotta.

# KULTURWISSENSCHAFTLICHE ZEITSCHRIFT

Herausgegeben von der Kulturwissenschaftlichen Gesellschaft (KWG)

Die *Kulturwissenschaftliche Zeitschrift* versteht sich als ein offenes Forum der kulturwissenschaftlichen Debatte, in dem historische wie gegenwartskulturelle Themen, Theorien und Forschungsansätze aus allen Bereichen und Strömungen der Kulturwissenschaften vorgestellt und verhandelt werden. Neben Tagungsberichten und Rezensionen versammelt die KWZ halbjährlich mehrere durch ein doppeltblindes Peer-Review-Verfahren qualitätsgesicherte Aufsätze in deutscher oder englischer Sprache sowie einen Gastbeitrag zu aktuellen fachbezogenen Trends oder Forschungsgegenständen. Neben den regulären Ausgaben erscheinen pro Jahr 1–2 Schwerpunkthefte, die von Gastherausgeberschaften begleitet werden.

Zur interdisziplinär besetzten Redaktion gehören die Linguistin *Nina Kalwa* (Karlsruher Institut für Technologie), der Literatur- und Medienwissenschaftler *Lars Koch* (TU Dresden), die Amerikanistin und Kulturwissenschaftlerin *Nicole Maruo-Schröder* (Universität Koblenz), der Literaturwissenschaftler *Bernhard Stricker* (TU Dresden), die Amerikanistin *Maria Mothes* (Universität Koblenz) und der Germanist *Hendrik Groß* (TU Dresden).



Vorschläge für Beitragsmanuskripte werden erbeten an:
*manuskripte@kulturwissenschaftlichezeitschrift.de*

Vorschläge für Rezensionsmanuskripte werden erbeten an:
*rezensionen@kulturwissenschaftlichezeitschrift.de*

Bei Fragen wenden Sie sich gerne an die Redaktion unter:
*redaktion@kulturwissenschaftlichezeitschrift.de*

Felix Meiner Verlag GmbH, Richardstraße 47, D-22081 Hamburg
Tel. +49 (40) 29 87 56-0 · vertrieb@meiner.de · www.meiner.de/kwz

www.ingramcontent.com/pod-product-compliance
Lightning Source LLC
LaVergne TN
LVHW091416190726
843491LV00006B/1450

* 9 7 8 3 7 8 7 3 4 6 5 5 4 *